국경 간 전자상거래와 무역벤처 창업

스타트업을 위한 무역벤처 창업 전략

CROSS-BORDER E-COMMERCE AND START-UP OF A TRADE VENTURE

국경 간 전자상거래와 무역벤처 창업

김학민 지음

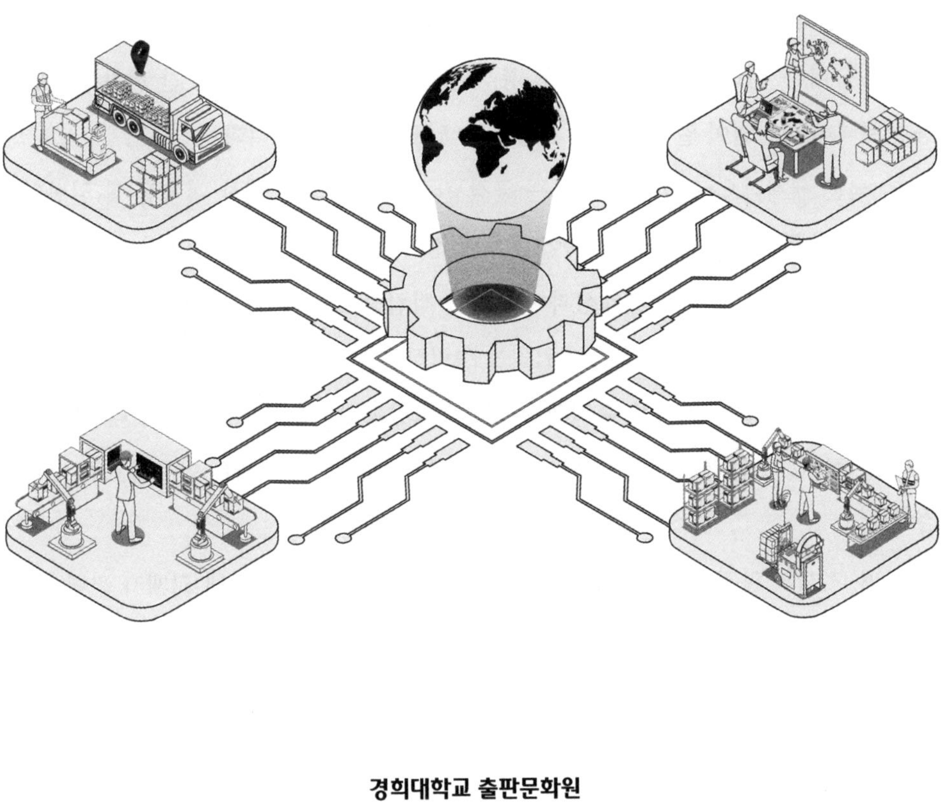

경희대학교 출판문화원

저서를 출간하면서

대한민국의 경제발전은 무역의 성장과 그 맥을 같이하고 있습니다. 과거 우리나라는 수출 중심의 경제성장을 통하여 세계가 부러워하는 경제성장을 실현하였습니다. 지금의 국제통상환경은 격변의 시기입니다. 경기침체에 대한 우려감이 증가하고 있고, 새로운 무역장벽이 강화되어 탈세계화로 인한 보호무역이 증대되고 있는 등 과거 우리가 경험하지 못했던 대내외 환경이 조성되고 있습니다. 또한 인터넷의 발전과 함께 AI, 빅데이터, 자율자동차, ESG 적용 등 새로운 기술의 변화와 함께 기술적 패권을 주도할 수 있도록 선진국들의 경쟁이 치열해지고 있습니다. 과거는 우리의 역사를 통하여 현재를 돌아보고, 더 나아가 앞으로 우리가 나아갈 방향을 생각하게 합니다. 특히, 국경 간 전자상거래(cross-border e-commerce)의 지속적인 성장과 적용은 무역의 패러다임과 글로벌 공급망의 체계를 변화시키고 있습니다. 따라서 급변하는 무역 통상 환경의 변화 속에서 국경 간 전자상거래를 활용한 무역벤처 창업이 일부 해답을 제공할 수 있으리라 생각합니다.

이 책은 세계적으로 확산되고 있는 국경 간 전자상거래에 대한 대학생 및 일반인들의 이해와 지식수준을 제고하고, 더 나아가 우리 경제를 선도적으로 발전시킬 수 있는 기업가 정신과 무역벤처 창업과의 연계성과 전문성을 정립하고자 하였습니다. 이 책의 작업을 본격적으로 시작하기에 앞서, 몇 가지 원칙을 수립하였습니다.

첫째, 독자 중심의 저서를 출간하겠다는 점이었습니다. 지식을 단순히 나열하는 것을 삼가고 독자들이 쉽게 이해할 수 있도록 표현했으며, 다양한 사례를 인용하고자 노력하였습니다.

둘째, 저서의 일관성을 유지하고자 하였습니다. 과거, 전자상거래 교재가 관련 주제 중심으로만 이루어져 다소 국지적이고 중복성이 노출되는 등 일관성이 떨어지는 점들이 지적되었습니다. 이 책은 그러한 단점을 극복하기 위하여 목차 구성에서의 중복성을 피함과 동시에 주제의 연결성을 가지고자 노력하였습니다.

셋째, 이론과 실무를 조화롭게 연계시키고자 하였습니다. 저서는 총 4편으로 구성하였으며, 제1편은 기업가정신과 인터넷의 발전, 2편은 국경 간 전자상거래의 이론과 실제, 3편은 무역벤처 창업 전략, 4편은 무역벤처 창업 실무로 구성하였습니다. 또한 1, 2, 3편은 이론, 4편은 무역벤처 창업의 실무적 측면을 다루고자 하였습니다.

물론 이 책에도 한계점이 있습니다. 이 책의 학문적 깊이나 완결성에 대해서 여러 학자분이나 실무에 계신 분들의 비평을 받아들일 많은 개선점이 존재한다는 것을 인정합니다. 그러나 이 책을 통해 학술적 담론이 활성화되고, 더욱 많은 기업과 일반인이 세계시장으로의 진출을 실천할 수 있는 계기가 된다면 그 기쁨은 크다고 생각됩니다.

이 책을 발간하면서 꼭 기억하고 싶은 몇 분을 소개하고 싶습니다. 먼저 이 책의 출간을 위해 성원해주신 경희대학교 연구처, 바쁜 일정에도 불구하고 원고 교정과 자료수집에 노력을 아끼지 않은 저의 연구실 김경원, SU WENSHUAI 대학원 박사과정생들에게 깊은 감사의 마음을 전합니다. 마지막으로, 책 편집과 자료수집에 도움을 준 경희대학교 무역학과 김가은 학우에게 고맙다는 말을 전하며, GTEP(Glocal Trade Expert·Incubating Program, 지역특화 청년무역 전문가 양성사업단) 학생들의 지적 호기심과 실천의 학습을 충족시키는 계기가 되었으면 좋겠습니다.

2024년 12월 **김 학 민**

목차_CONTENTS

목차_CONTENTS

표목차_CONTENTS

그림목차 _ CONTENTS

PART 1

기업가정신과 국경 간 전자상거래의 발전

PART 1에서는 무역벤처 창업의 기초가 되는 기업가정신과 전자상거래의 기본적 특징에 대하여 학습한다. 기업가정신의 유래, 무역업무에 대한 이해, 더 나아가 국경 간 전자상거래의 기술적 특성과 무역벤처 창업과의 관계 등에 대하여 학습한다.

제1장

기업가정신

1. 기업가정신

1) 기업가정신의 개념

기업가란 '착수하다(undertake)'와 '시작하다(commence)'라는 뜻의 프랑스어인 'Enteprendre'에서 유래하여 새로운 사업을 수행하는 사람을 말한다. 17세기부터 18세기 유럽에서는 위험한 해외무역에 종사하는 모험적인 상인들을 표현했으나 19세기 후반 새로운 기술의 발명을 실행하여 기업적으로 성공한 사람들을 일컬었다.

이러한 기업가의 역할은 불확실성을 수용하고, 기회를 포착하며 혁신적인 가치 창출을 끌어내는 것이다. 그뿐만 아니라 이해관계자들에게 가치를 분배하여 사회의 성장과 고용의 확대를 만든다.

기업가의 의미를 중심으로 한 기업가정신이란 기회를 포착하여 위험을 무릅쓰고 혁신적 사고와 행동을 수행하여 시장에서 새로운 가치를 창출하는 생각과 의지를 말한다(김학민, 2024). 이는 기회를 포착하고 위험을 감수하며 혁신적인 정신을 모두 포함한다. 역사적으로 기업가정신은 다양한 의미를 내포하고 있다. 다음은 기업가정신에 대한 학자들의 다양한 견해를 살펴보도록 한다.

2) 기업가정신의 다양한 의미

다양한 기업가정신의 의미와 관련하여 학자들이 정의한 개념은 다음과 같다.

(1) 조지프 슘페터(Joseph Alois Schumpeter)

슘페터(1934)는 시장경쟁에서 승리하기 위해서는 기업이 혁신을 통하여 차별화해야 한다고 주장했다. 혁신의 방법으로는 원가를 낮추는 공정 혁신, 새로운 기능을 부과하는 제품 혁신, 조직의 생산성을 올리는 조직 혁신으로 나뉜다. 또한 독점 기업은 관료화되고, 혁신가들에 대한 저항과 후진성으로 인해 경쟁력이 없어지고, 혁신성이 없는 기업들은 몰락하기 때문에 혁신이 필요하다고 말했다. 이러한 혁신에 대해 기업은 보상 정책을 수립하고, 금전적인 보상들은 세금으로서 사회에 기여하거나 자발적으로 사회 환원으로 이루어지는 구조가 지속적인 혁신을 만들어낸다고 주장했다.

혁신

기존의 관습, 방식, 제품, 서비스 또는 아이디어를 새롭고 효과적인 방식으로 개선하거나 완전히 새로운 것을 창출하는 과정이다.

(2) 프리드리히 하이에크(Friedrich August Hayek)

하이에크(1978)는 경쟁을 위해 합리성을 끌어내고 이는 가격을 확산시킨다는 주장을 바탕으로 기업가정신의 요소가 합리성, 행동, 경쟁, 가격이라고 말했다. 새로운 정보와 지식이 경쟁을 통해 완성되며, 발견 과정에서 경쟁, 정보의 전달망으로서 가격 기구라는 개념이 형성된다. 이는 애덤 스미스(Adam Smith)의 『국부론』을 보완하는 개념으로서 보이지 않는 손(경쟁과 가격)이 기업가정신을 촉진하는 역할을 한다고 주장한다.

국부론

애덤 스미스의 「국부론」은 시장경제에서 개인의 이익 추구가 사회 전체의 부를 증진시키는 원리를 설명한 경제학의 고전이다.

하이에크가 말하는 기업가정신에 따르면, 기업가정신은 국가, 정부의 역할인 공적 영역과 민간 부문의 역할인 사적 영역으로 나누어진다. 이때 공적 영역은 최소한으로 이루어져야 하며, 동시에 사적 영역이 활성화될 때 기업가정신이 제대로 이루어진다. 또한 기업가정신은 단순히 개인이 아니라 혁신을 경쟁적으로 걸러주는 시장과 적정 가격구조에 의해 발현된다.

(3) 피터 드러커(Peter Ferdinand Drucker)

드러커(1992)는 기업가정신이란 개인적인 성격의 문제라기보다는 어려움에 직면했을 때 위기를 극복해 나갈 줄 아는 등 행동 양식의 문제라고 정의한다. 이는 개인적인 성향의 문제라기보다는 조직과 시스템적인 성격을 강조하고 있음을 보여준다. 즉, 기업가로서의 기업가정신보다는 조직과 시스템의 역할을 부각하면서, 혁신과 이를 실행할 수 있는 시스템이 중요하다고 밝히고 있다. 또한 드러커는 기업가정신의 기초는 직관이 아니라 개념과 이론을 설명하는 것이라고 밝히고 있다. 즉, 훈련되고 배양할 수 있는 요소라고 말하고 있다.

(4) 미셸 루퍼트 펜네더(Michael Rupert Peneder)

펜네더(2009)는 기업가정신에 대한 모듈식 개념을 제시했는데 이는 행동, 기능, 직업으로 구성되어 있다.

첫 번째로 기업가정신은 행동이 수반되어야 한다. 펜네더가 주장하는 기업가정신은 이윤을 얻을 기회를 포착하여 발굴하고 추구하는 역량을 말한다. 기업가정신과 수반되어야 하는 행동에는 리더십 발휘, 불확실한 상황에서의 의사결정, 새로운 사업과 수단의 창출이 있다.

두 번째로 기업가정신은 균형 달성, 불균형 달성의 기능을 수행해야 한다. 균형 달성은 차별성이나 왜곡된 균형을 달성하는 것을 의미하고, 불균형 달성은 혁신적인 기술에 대한 개발을 말한다.

세 번째, 기업가정신은 직업으로 나타날 수 있다. 창업 혹은 벤처 기업가인 독립 기업가와 사내에 존재하여 조직 내 업무 수행에 도움을 주는 사내 기업가로 존재한다.

죽음의 계곡(Death Valley)

기업가들이 벤처 창업 초기에 직면하는 어려움으로 자금 조달, 시장 진입 등에 대한 문제들이 있다.

(5) 제프리 티몬스(Jeffry Timmons)

티몬스(1994)가 제시한 기업가정신 모델(Timmons Model)은 기회, 자원, 팀의 세 가지로 이루어져 있다. 창업자의 주요 과제는 이 세 가지의 균형을 맞추는 것이다. 기업가라면 새로운 기회를 포착할 줄 알아야 하고, 기업가적 활동을 구현하기 위해 필요한 자원을 준비해야 하며, 팀과 함께 협동해야 한다. 또한 초기 벤처 창업 과정에 수반될 수밖에 없는 죽음의 계곡(Death Valley) 문제를 적절히 극복해야 한다.

(6) OECD

OECD에서 기업가란 경쟁에서 변화와 성장의 주체이며, 혁신적인 아이디어의 생성 · 확산 · 활용을 가속화하여 자원의 효율적 활용을 도모하고 경제활동의 범위를 확장하는 사람을 말한다. 이는 슘페터의 '혁신'과 피터 드러커의 '혁신의 원천'이라는 의미를 내포하고 있다.

2. 기업가의 혁신

무역과 기업가의 혁신은 어떤 연관성을 가지고 있을까? 본질적으로 기업가정신의 어원은 해상무역을 추진했던 사람들을 대상으로 발전해왔다. 결국 기업가의 혁신은 무역과 밀접한 연관성이 있다. 혁신적 제품, 새로운 시장, 이를 추진하는 조직과 리더십, 해외사업의 위험을 수용하고 관리한다는 측면에서 매우 밀접한 연관성을 가지게 된다.

1) 무역과 통상

무역이란 민간 분야에서의 교역 활동을, 통상이란 국가와 국가가 대표성을 가지고 하는 협약, 협정 등을 동반하는 활동을 말한다. 예를 들어, 자유무역협정(Free Trade Agreement, FTA)은 아세안 지역이 맺은 포괄적인 경제협력을 말하는데 관세 장벽과 비관세 장벽을 줄여 민간경제에서 기업가정신이 발휘되도록 여건을 조성해준다.

무역 통상 전문가는 본질적으로 기업가의 특성을 갖는다. 첫째, 국제시장에서 기회를 추구한다. 둘째, 무역 및 통상 위험을 감수하며 이를 관리한다. 셋째, 팀 단위로 협동하며 사업을 수행한다. 마지막으로 무역기업가는 관리자의 영역을 넘어서 기업가적 리더를 의미한다. 무역과 통상이 어우러지는 현대사회에서는 무역 통상의 기업가정신을 발휘하는 것이 중요하다.

2) 혁신의 방법

기업가의 혁신을 위한 구체적인 방법은 다음과 같이 8단계로 나뉜다.

(1) 문제 도출과 아이디어 발굴

기존의 문제나 기회를 파악하고 분석하여 어떤 혁신이 필요한지 식별하는 과정을 말한다. 이 과정을 거쳐 창의적인 방법으로 아이디어를 도출하고 기록한다. 아이디어 발굴은 브레인스토밍(Brainstorming) 또는 관련 전문가 및 트렌드를 조사하는 방법이 있다.

브레인스토밍
(Brainstorming)
모스본(A. F. Osborn)이 고안한 것으로 두뇌선풍 또는 두뇌폭풍이라고 한다.

(2) 디자인 씽킹(Design Thinking)

디자인 씽킹
(Design Thinking)
디자인을 통해 조직의 창조적 역량을 높이는 것으로, 혁신적인 제품을 개발하고자 하는 사고의 과정이다.

보통 문제 해결을 위한 아이디어는 창업자의 시선이기 마련이다. 디자인 씽킹은 공감을 활용한 사용자 중심의 접근법이다. 무역할 때는 기존에 존재하던 제품을 가지고 무역하는 경우와 새롭게 제품을 만들어 무역하는 경우가 있다. 기존에 만들어진 제품은 전자상거래를 통해 해외시장에 대한 반응을 파악한다. 또한 죽음의 계곡 문제를 이해하고 이를 해결할 수 있도록 해야 한다. 새롭게 제품을 만들어 무역하는 경우, 다음 단계를 통해 시뮬레이션을 확인할 수 있다.

(3) 실험과 프로토타입

프로토타입이란 아이디어나 개념을 검증하는 과정을 말한다. 아이디어를 구현하는 과정에서 발생할 상황들을 검증하며 장단점을 확인할 수 있다. 이를 바탕으로 투자를 얻어내거나 사업의 확장을 통해 본격적으로 사업 진행이 가능해진다.

(4) 팀 협력

프로젝트 매니지먼트
특정 목표를 달성하기 위해 프로젝트의 계획, 실행, 모니터링, 통제, 종료 과정을 조직적이고 체계적으로 관리하는 활동.

검증된 아이디어들을 모두 추진하려면 협동해야 한다. 효율적인 팀 협력을 위해서는 가장 먼저 업무 분담에 대한 정리가 필요하다. 창업 초반에는 대부분 한 사람이 여러 업무를 담당하게 된다. 따라서 하나의 역할에만 국한하면 어려움에 직면하므로 업무를 적절히 배분하는 것이 프로젝트 매니지먼트의 스킬 중 중요한 부분이다.

(5) 기술과 데이터 활용

과거에는 기존에 만들어진 제품을 카탈로그로 새로운 시장에 제시하는 등 기술과 데이터의 활용도가 높지 않았다. 하지만 최근에는 글로벌한 공급자의 등장으로 경쟁이 치열해지며 기술과 데이터의 활용도에 대한 중요성이 높아지고 있다.

예를 들어, AI를 활용한 상담, 빅데이터를 활용한 의견 도출, 역할 및 위치에 대한 분석이 있는데, 이러한 기술과 데이터를 활용하여 지능화된 전자상거래 무역 창업을 시작해야 한다.

(6) 시장조사

창업 무역의 초반에는 자원과 인력이 제한되어 있을 가능성이 매우 높다. 따라서 효과적이며 실천할 수 있는 시장조사를 추구해야 한다. 경쟁사 동향 및 고객의 요구사항을 파악하고, 이를 바탕으로 벤처 창업 방향을 모색하는 것이 바람직하다.

(7) 실패 허용

창업한다면 실패를 두려워하기 마련이다. 하지만 1천 개, 1만 개의 아이디어 중 제품화하여 소위 말하는 '성공'까지 가는 사례는 약 10개 정도로 극히 적은 수준이다. 실제로 새로운 신제품을 개발하여 성공할 확률은 100분의 1 혹은 1,000분의 1에 불과하다. 하지만 이 확률에 들지 않는다고 좌절하기엔 이르다. 실패를 통해 더 나은 방향을 찾고 중요한 경험을 얻을 수 있기 때문이다. 스타트업에서 일한 사람이 보통 도전의식과 책임감을 느끼므로 다른 형태의 기업에서 일할 때 더 높은 성과를 도출한다. 기업가정신의 실패를 허용할 줄 아는 태도도 갖추어야 한다.

(8) 지속적인 개선

혁신은 일회성이 아닌 지속적인 노력이 필요하다. 죽음의 계곡 문제에 직면한 기업은 이를 극복하면서 새로운 기회를 창출하고 사업을 확장할 수 있게 된다. 정기적으로 제품, 서비스, 프로세스 개선 등 최신의 변화에 대응하는 과정이 필요하다.

이렇듯 8단계로 기업가의 혁신이 이루어지는데, 이 과정에서 리더의 역할이 더욱 중요해지고 있다. 리더는 혁신을 촉진하고, 지원하며, 정착할 수 있도록 해야 한다. 혁신의 피로감이 왔을 때 이를 극복할 수 있도록 해야 한다.

옴니채널(Omni-Channel)
다양한 채널(온라인, 오프라인) 간의 상호작용을 통해 소비자에게 일관되고 원활한 쇼핑 경험을 제공하는 마케팅 전략이다.

또한 리더의 역할만큼 중요한 것이 자금 조달과 외부와의 협업이다. 혁신을 위해 도출한 아이디어를 구현하려면 외부의 자금과 전문지식을 활용할 수 있어야 한다. 벤처 캐피털과 협업을 진행하거나 기술·영업·마케팅 파트너십을 체결하는 방법이 있다. 옴니채널(Omni-Channel)로 전환하는 시대를 고려하여 목표에 맞는 적절한 파트너십을 체결하는 것이 중요하다.

3) 무역 통상 전문가의 변화

과거에는 보편적인 실무영역에 초점을 맞춰 무역 인력을 양성

[표 1-1] 무역 전문가 양성 패러다임의 변화

세부 요인	과거	현재	미래
기능별	무역 실무	실무, 통상, 지역 전문가, 창업 전문가	융합형 인재
지역별	수출 주요국 (미국, 중국, 일본)	수출 주요국, FTA 체결국, 신흥시장국가	융복합 지역 전문가 (산업+기술+상품+투자 +지역 전문가)
양성의 주체	교육기관	교육기관, 해외 진출 기업	다수의 기관
창의성의 정도	보통	중간	높음
기업가정신	낮음	보통	높음
핵심 역량	의사소통 역량 실무 역량 글로벌 역량	자산 특유성 의사소통 역량 산업기술 역량 지역시장 역량 프로젝트 관리 역량	종합화 역량 사업화 역량 의사소통 역량 리더십 역량 통상협상 역량
무역의 다양성과 전문성	상품 분야로 제한	상품 분야, 서비스 분야, 투자 분야 확대	상품, 서비스, 투자, 지식재산권, 비관세 장벽 등 전문화
양성 방법	기초 지식 (일방향)	기본 지식, 체험형, 실무형, 종합형 등	융합형, 캡스톤 디자인

출처: 김학민(2024)

하는 데 주력했다면, 최근에는 세계화, 지역화, 디지털화, 경제 통합화를 거쳐 무역의 범위와 형태가 변화하며 무역 인력 양성의 패러다임까지 변화했다. 이 과정에서 무역벤처 창업가를 어떻게 양성할 것인지에 대한 중요성이 증대되었다. 무역벤처 창업가를 양성하기 위해서는 융합적인 접근방법이 필요하며 전자상거래 무역벤처 창업을 추진할 수 있는 지식을 확대해야 함을 알 수 있다.

캡스톤 디자인
학습한 이론과 기술을 바탕으로 실제 문제를 해결하는 프로젝트를 수행하는 과정으로, 참여자의 실무 능력과 창의적 문제 해결 능력을 기를 수 있는 교육 과정을 말한다.

3. 기업가의 활동

1) 기업가의 창의성

2017년 빌 게이츠, 제프 베조스, 잭 마(마윈) 등은 '깨끗한 고기(대체육)' 재배에 필요한 자금 지원에 나섰다. 육류 수요의 증가가 공급을 능가할 것으로 예상되는 반면 동물 사육은 온실가스 배출, 과도한 에너지 사용과 같은 부정적인 영향을 주기 때문이다. 실제로 쇠고기 1칼로리는 23칼로리의 투입량이 있어야 하지만, 대체육의 경우 필요한 1칼로리만 있으면 된다. 대체육에 대한 필요성 증대에 따라 대체육을 개발하고 연구를 촉진하기 위해 네덜란드의 제이슨 매서니(Jason Matheny)는 뉴하비스트(New Havest)를 설립하고 정부와 협력했다.

이를 통해 사회적 인식의 변화가 혁신성을 차단할 수 있음을 알 수 있는데, 이 문제를 어떻게 극복하여 대비책을 마련하는지가 중요하다.

따라서 무역벤처 창업을 꿈꾸는 우리의 경우 기회를 어떻게 모색할 것인지가 가장 큰 과제라고 할 수 있다. 여기서는 기업가정신에서 중요한 혁신성과 창의성 중 창의성의 하위요인과 그 세부 요소인 기업가적 활동을 파악해보고자 한다.

창의성을 구성하는 하위요인들은 혁신의 기회가 다양하게 존재하고 다수의 기관과 협력하면서 새로운 창의적인 발견이 일어날 수 있기에 협업에도 매우 중요한 요소로 작용한다.

2) 기업가적 활동

(1) 기업가정신과 창의성

[표 1-2] 기업가정신의 속성을 정의한 학자

학자	기업가정신의 속성
자릴로(Jarillo), 1990	모든 기회 포착과 기회 추구
럼프킨과 데스 (Lumpkin & Dess), 1996	혁신적, 위험 감수, 적극성, 자율성, 경쟁적 공격성
밀러(Miller), 1983	혁신성, 위험감수성 및 진취성
모리스와 루이스 (Morris & Lewis), 1995	혁신성, 진취성 및 위험감수성의 세 속성을 기업가적 태도와 행동의 근간으로 봄

이러한 학자들의 기업가정신을 바탕으로 정의한 국제 기업가정신은 새로운 사업 기회를 해외 진출의 과정에서 모색하는 활동이다. 일반적인 기업가정신과 무역벤처 창업에서의 기업가정신은 다를 수밖에 없는데, 차이점은 기업가정신이 이루어지는 배경이 해외 진출 과정이라는 점이다. 해외 진출 과정에서 이루어지는 사업 기회에 대한 포착은 국내와 비교하여 다양한 장벽이 존재하고, 이는 연구의 지연을 불러일으킨다. 하지만 이를 역으로 생각해보면 문제를 완화할 방안을 제시한다면 더 많은 기회 포착이 가능함을 시사한다.

기업가정신의 장벽은 내부 장벽과 외부 장벽으로 나뉘는데, 이 사이에서 시간별 일관성을 갖는 것이 중요한 문제이다. 시간별 일관성은 초기 창업 단계에서 발생하는 죽음의 계곡에 진입할 때 가장 중요하며, 이때 적절히 극복하여 기회로 만드는 것이 바로 성공의 핵심 요소이다.

다음의 [표 1-3]과 [표 1-4]는 각각 창의성과 기업가정신 연구 변수의 조작적 정의와 측정용 도구를 정리한 것이다. 이는 창의성 발현, 기업가정신 발현에 매우 중요한 요소들이다. 이 측정 문항들을 통해 본인의 창의성과 기업가정신을 진단하고 조직문화에 긍정적인 영향을 줄 수 있도록 노력해야 한다.

[표 1-3] 창의성 연구 변수의 조작적 정의 및 측정 도구

잠재 변수	관측 변수	조작적 정의	측정 문항	선행 연구
창의적 사고	영역 관련 지식	전문지식에 대한 교육과 이해하고 있는 정도	전문적인 지식과 경험을 쌓기 위해 노력함	Byrd & Turner (2001)
			전문지식에 대한 지적인 호기심이 많음	
			내 업무 분야에 대한 지식과 경험 풍부	
			내 업무 분야에 대한 전문성을 인정받음	
	창의적 사고 기술	독특한 표현을 잘 나타내는 정도	평범하지 않은 독특한 표현을 잘하는 편임	Amabile (1983)
			다른 것을 결합하여 새로운 것을 잘 만드는 편임	
			틀에 박히지 않는 유연한 생각을 많이 함	
			독창적 사고를 많이 하는 편임	
	내재적 직무 동기	나의 직무와 전공에 만족하는 정도	열정적으로 직무를 수행하는 편임	Dillon (1982)
			내가 하는 직무가 즐거움	
			나의 직무에 만족함	
			내가 하고 있는 직무를 계속하고 싶음	

(2) 기업가적 활동

기업가적 활동의 기반이 되는 것은 바로 기회의 활용과 탐색이다. 활용이란 기존에 만들어진 것을 적용 또는 응용하며 발생하는 기회를 뜻한다. 탐색이란 추진 또는 시도하지 않았던 것을 적용해보는 것을 말한다. 기업가적 활동은 새로운 시도를 위한 탐색적 역량과 기존에 존재하던 것을 응용하는 활용적 역량을 모두 활용해야 하는데, 이렇게 두 가지

양손잡이(Ambidextrous) 전략
조직이 탐색과 활용의 두 가지 상반된 활동을 동시에 효과적으로 수행할 수 있는 능력이다.

역량을 모두 활용하는 것을 양손 역량이라고 한다. 이를 양손잡이(Ambidextrous) 전략이라고 한다. March(1991)의 연구 결과에 따르면 이 개념은 조직이 학습과정을 효율적이고 효과적으로 진행하기 위해 활용과 탐색이 동시에 필요하다는 것을 의미한다. 이러한 양손잡이 전략은 투시먼과 오레일리(Tushman & O'Reilly III, 1996)[1)]의 연구 결과에서 발전했는데, 이들의 연구는 기업이 지속 가능한 성공을 하려면 기업가와 조직원이 반드시 양손잡이가 되어야 한다고 주장했다. 실제로, 무역 통상 전문가는 활용과 탐색을 모두 할 줄 아는 양손잡이 역량을 가질 필요가 있다.

[표 1-4] 기업가정신 연구 변수의 조작적 정의 및 측정 도구

잠재 변수	관측 변수	조작적 정의	측정 문항	선행 연구
창의적 사고	혁신성	새로운 제품과 기술에 호기심을 가짐	새로운 제품 및 기술에 호기심이 많음	Shumpeter (1934)
			새로운 변화를 추구함	
			독창적 아이디어를 적극적으로 수용함	
			뛰어난 관찰력으로 새로운 아이템을 개발함	
창의적 사고	진취성	어려운 일도 포기하지 않으며 마음먹은 일을 함	마음만 먹으면 무엇이든지 배울 수 있음	Lumpkin (1996)
			어려운 일도 포기하지 않고 해결하길 원함	
			원하는 일을 계획하고 달성하기 위해 노력함	
			자신의 힘으로 문제를 해결할 수 있다고 믿음	
			사업가로 성공하고 있음	
	위험 감수성	새로운 도전을 두려워하지 않음	새로운 도전에 두려움을 갖지 않음	Venkatrarman (1989)
			위험하더라도 새로운 것을 추진함	
			기회를 포착하기 위해 망설이지 않음	
			결과가 불확실함에도 과감히 도전함	

창업과 관련된 기업가적 활동은 새로운 사업 개발과 고용 창출의 핵심이라서 경제발전 및 성장의 주요 원동력 중 하나로 꼽힌다. 이러한 기업가적 활동의 개념을 시스템적으로 바라보는 사고가 필요하다. 예를 들어, 기업가가 취하는 방법, 실행, 의사결정의 유형 등을 검토하면서 기업가적 활동에 대한 세부적인 요소를 도출해 보아야 한다. 또한 기회 분석 매트리스를 활용하여 기회에 대한 포착을 어디에서 발견하는지, 나와 어떤 연관성을 갖는지, 사업 모델의 검증과 어떻게 연결될 수 있을지 고려해야 한다.

기회 포착이 기반이 되는 기업가적 활동의 중요한 요소로는 매출 성장, 시장 점유율, 수익성, 전반적 성과 및 이해관계자 만족이 있다. 이 요소들은 모두 시장에서 검증할 수 있으므로 중소기업들에게 기업가의 활동은 기업의 성장과 수익성에 영향을 미치는 결정요인으로 제시된다.

기업가의 사업적 아이디어가 성공하기 위한 조건에는 특출난 제품의 유용성, 전략적인 가격 결정, 수익성 있는 비즈니스 모델 수립, 새로운 고객의 창출, 시장 형성의 혁신이 있다.

본질적으로 기업가정신과 무역업무는 매우 밀접한 연관성이 있다. 무역업무는 기업가정신의 특성과 매우 유사하기 때문이다. 즉, 해외시장 진출의 기회를 포착하면서 새로운 시장, 새로운 제품, 새로운 비즈니스 모델을 추구한다. 또한 무역업무에서 환율의 변동, 파트너의 위험, 외환 및 금융거래의 불확실성 등 다수의 위험을 포함한다. 이런 측면을 고려할 때 무역기업가의 리더십은 매우 중요한 요소이며, 시장에서의 혁신적인 기업의 출현을 기대한다.

1) Tushman, Michael L., and Charles A. O'Reilly III. (1996). Ambidextrous organizations: Managing evolutionary and revolutionary change. California management review. 38(4).

평가문제

진위형(O, X 문제)

1	기업가정신은 문제를 해결하고 기회를 찾는 능력보다는 안전하게 위험을 피하는 것이 핵심이다.	
2	처음 창업을 할 때 가장 큰 비중을 차지하고 좋은 아이디어가 반드시 좋은 기회가 된다.	
3	무역은 통상보다는 기업가정신과 기업가의 특성이 더욱 많이 나타난다. 왜냐하면 무역업무는 민간 분야의 특성을 보이고, 통상은 국가와 국가 간의 조약 특성을 가지게 되기 때문이다.	
4	창의성에 대한 하위요인들로서 과제에 대한 민감성, 사고의 유창성, 사고의 융통성이라는 세 가지 요인이 창의적인 사람들이 갖는 공통적인 지적 특성임을 확인하였다.	
5	아이디어를 기회로 변환하기 위해 활용하는 기회 분석 매트릭스는 수요를 거시적 관점으로만 분석함으로써 핵심 역량을 발굴하고, 진정한 기회인지를 평가하는 데 목적이 있다. 이를 통해 기회를 더욱 현실 가능하고 경쟁력 있는 사업 기회로 전환시킬 수 있다.	

단답식

6. '착수하다(undertake)'와 '시작하다(commence)'라는 뜻의 프랑스어인 'enteprendre'에서 유래하여 새로운 사업을 수행하는 사람을 뜻하는 말은?

7. 기회를 포착하여 위험을 무릅쓰고 혁신적 사고와 행동을 수행하여 시장에서 새로운 가치를 창출하는 생각과 의지를 의미하는 것은?

8. 벤처 창업 3~5년 시기에 어려움에 직면했을 때 겪게 되는 지속성 문제는?

---

9. 최근 많이 보이는 유통 방식으로 온라인과 오프라인 채널을 모두 활용하고 고객과 연결된 모든 채널을 아우르는 유통 방식은?

---

10. 기업가적 활동은 새로운 시도를 위한 탐색적 역량과 기존에 존재하던 것을 응용하는 활용적 역량을 모두 활용해야 하는데, 이렇게 두 가지 역량을 모두 활용하는 것을 뜻하는 단어는?

주관식

11. 혁신의 기회를 발견할 수 있는 구체적인 방법을 나열하고, 이들을 각각 설명하시오.

---

12. 일반적인 기업가정신과 무역벤처 창업에서의 기업가정신에 관해 설명하시오.

정답

1. X **2.** X **3.** O **4.** X **5.** X **6.** 기업가 **7.** 기업가정신 **8.** 죽음의 계곡(Death Valley)
9. 옴니채널(Omni-Channel) **10.** 양손 역량

참고문헌

김태석(2014). "기업가정신과 기술혁신 및 경영성과 간의 관계." 석사학위 논문. 한양대학교 기업경영대학원.

김학민(2024). 『국경 간 전자상거래와 무역벤처 창업』. K-Mooc.

김학민, 최주철(2021). "무역창업가의 창의사고가 기업가정신에 미치는 영향." 『통상정보연구』. 통상정보연구학회 제23권 제2호. pp. 97~121.

유세종, 조용석, 김우형(2023). "양손잡이 전략 균형이 벤처기업 경영성과에 미치는 영향." 『무역학회』. 한국무역학회. 제48권 제1호. pp. 83~126.

Amabile, T. M.(1983). The social psychology of creativity. New York: Springer-Verlag.

Byrd, T. A. and Turner, D. E.(2001). "An exploratory analysis of the value of the skills of IT personnel: Their relationship to IS infrastructure and competitive advantage." Decision Sciences. Vol.32, No.1. pp. 21~54.

Dillon, J. T.(1982). Creativity, intelligence, and problem finding: retrospect and prospect. Problem Finding, Problem Solving, and Creativity. pp. 130~150.

Drucker, P. F.(1992). The new venture. In Sahlman,W. A. and H. H. Stevenson(Eds.). The Entrepre neurial Venture. Boston, MA: Harvard Business School Publications. pp. 247~262.

Hayek, F. A.(1978). Competition as a discovery procedure. In New Studies in Philosophy, Politics, Economics and the History of Ideas. London: Routledge & Kegan Paul.

Lumpkin, G. T, and Dess, G. G.(1996). "Clarifying the entrepreneurial orientation construct and linking it to performance." Academy of Management Review. Vol.21, No.1. pp. 135~172.

Miller, D.(1983). "The correlates of entrepreneurship in three types of firms." Management science. Vol.29, No.7. pp. 770~791.

Morris, M. H., Lewis, P. S.(1995). "The determinants of entrepreneurial activity : Implications for marketing." European Journal of Marketing. Vol.29, No.7. pp. 31~34.

Peneder, Michael,(2010). "The impact of venture capital on innovation behaviour and firm growth." Venture Capital. Vol.12(2). pp. 83~107.

Schumpeter, J.(1934). The Theory of Economic Development. Cambridge, Mass : Harvard University Press.

Stevenson, H. H., and Jarllio, J. C.(1990). "A Paradigm of Entrepreneurship, Entrepreneurial Management." Journal of Strategic Management. Vol.11, No.5. pp. 17~27.

Timmons, J. A.(1994). "New Venture Creation: Entrepreneurship for the 21st Century." Irwin.

Tushman, Michael L., and Charles A. O'Reilly III.(1996). Ambidextrous organizations: Managing evolutionary and revolutionary change. California management review. 38(4).

Venkatraman, N.(1989). "Strategic Orientation of Business Enterprises: The Construct, Dimensionality, and Measurement." Management Science. Vol.35, No.8. pp. 942~962.

제2장

무역업무의 이해

무역
국가와 국가 간에 물품을 팔고 사는 국제적인 상거래를 말한다.

무역벤처 창업을 효과적으로 실천하려면 그 바탕 지식이 되는 무역업무에 대한 이해가 선행되어야 한다. 제2장에서는 무역 및 국제통상의 기본 개념과 절차, 무역계약 등 핵심적인 내용을 학습하고자 한다.

1. 한국의 경제발전과 무역 통상의 관계

무역이란 국가와 국가 간에 물품을 팔고 사는 국제간 상거래를 말하며, 거래대상은 물품의 교환이나 매매를 넘어서 기술, 용역, 자본거래를 포함한다. 무역은 국내 거래와는 다르게 수출입국의 무역 관련 법규들의 영향을 받게 된다. 이는 수출국뿐 아니라 수입국에서도 존재한다. 역사적으로 자유무역과 보호무역은 그 비중을 달리하면서 발전하고 있다. 또한 다자간 무역규범, 예를 들면 세계무역기구(World Trade Organization)의 제반 규정을 준수해야 한다.

자유무역주의가 국가의 간섭 없이 무역을 영위하자는 주장이라면, 보호무역주의는 국가가 간섭하여 국내의 취약한 산업을 보호하자는 주장이다. 결국 무역이 국가 경제에 미치는 영향은 국가마다 사정이 다르다. 대한민국의 경우는 경제성장과 밀접한 연관성을 가지고 있다. 즉, 한국의 경제성장은 수출주도형 경제성장이 그 저변을 형성하고 있다. 우리나라의 인구와 영토, 자원을 고려할 때, 10위권의 무역 강국을 실현하고 있는 점은 주목할 만한 결과이다. 이런 이유로 세계 각국에는 자국만의 무역을 규제하는 법령과 규범이 존재한다. 무역 법규는 자국 산업을 보호하는 측면을 가짐과 동시에, 일정 기능과 산업을 촉진하는 역할도 담당하게 된다.

우리나라에는 대표적인 무역3법이 존재하는데, 이들은 '대외무역법', '관세법' 그리고 '외환관리법'이다. 이 중 대외무역법 제2조에서는 "무역이란 다음 각 목의 어느 하나에 해당하는 것(이하 물품)의 수출과 수입을 말한다"라고 정의하면서, 세부적으로는 "물품, 대통령령으로 정하는 용역, 그리고 대통령령이 정하는 전자적 형태의 무체물을 수출 또는 수입하는 것"이라고 정의하고 있다.

관세법 제2조에서는 "1. '수입'이란 외국 물품을 우리나라에 반입하거나 우리나라에서 소비 또는 사용하는 것"이라고 정의하고 있으며, "2. '수출'이란 내국 물품을 외국으로 반출하는 것을 말한다"라고 규정하고 있다. 또한 "3. '반송'이란 국내에 도착한 외국 물품이 수입통관 절차를 거치지 아니하고 다시 외국으로 반출되는 것을 말한다"라고 규정하고 있다. 즉, 무역은 수입과 수출로 구성되어 있는데, 수입은 외국 물품이 내국 물품화

WTO

세계무역기구로서 다자간 자유무역을 원활하게 수행하기 위하여 설립된 기구이다.

대외무역법의 무역의 정의

물품재화 및 서비스의 수출. 수입 그리고 대통령령이 정하는 전자적 형태의 무체물을 수출 또는 수입하는 것을 말한다.

관세법의 무역의 정의

무역은 수입과 수출로 구성되어 있는데, 수입은 외국 물품이 내국 물품화되는 것이며, 수출은 내국 물품이 외국 물품화되는 것이다.

되는 것이며, 수출은 내국 물품이 외국 물품화되는 것을 의미한다고 밝히고 있다.

무역과 유사한 개념으로 국제통상이 있다. 무역과 통상은 유사한 의미로 쓰이고 있지만, 다음과 같은 차이점이 있다. 무역은 전통적으로 민간 분야의 거래에 초점을 맞추고 있지만, 통상은 국가와 국가 간의 조약(예, FTA, WTO 협정)에 그 의미를 더 부여하고 있다. 따라서 무역은 개인이나 기업의 거래에 초점을 두고 있지만, 통상은 자유무역협정, 지적재산권에 관한 협약 같은 국가의 대표적인 협정 등에 초점을 맞추게 된다. 우리가 보통 조약을 이야기할 때, 통상조약이라고 하지만 무역조약이라고 언급하지 않는 이유는 바로 이런 차이에서 발생하는 것이다.

국제통상

국가 간에 상업을 서로 통하게 하는 것을 말한다. 국가와 국가 간의 경제활동을 원활하게 한다는 목표를 가지고 국가를 대표하여 수행하는 제반 업무를 의미한다.

자유무역협정

협정을 체결한 국가 간에 상품/서비스 교역에 대한 관세 및 무역 장벽을 철폐함으로써 배타적인 무역특혜를 서로 부여하는 협정.

그렇다면 누가 무역업을 할 수 있을까? 만일 여러분이 무역업무에 종사하거나 무역 창업을 계획하고 있다면, 그 주체자의 역할을 분류하는 기준을 이해하고 있어야 한다. 이를 조금 더 세분화하면, 무역거래자는 1) 수출 또는 수입을 하는 자, 2) 외국의 수입업자 또는 수출업자의 위임을 받은 자, 3) 물품의 수출, 수입 행위의 전부 또는 일부를 위임하거나 행하는 자로서 무역업무 전체를 수행하지 않더라도 무역업을 영위하는 자로 구분할 수 있다.

편의상 무역거래자는 무역업자와 무역대리업자로 구분하며, 대외무역 촉진을 위하여 2000년 1월 1일부터 무역업이 완전히 자유화되었다. 그 결과, 개인이나 법인의 경우, 사업자등록증만 있으면 누구나 무역거래(일반 무역업자)를 할 수 있도록 변경되었다. 그러나 모든 국가가 무역을 누구나 할 수 있는 것은 아니다. 즉, 무역업무를 수행하는 자의 지위와 자격은 국가마다 그 상황이 다르다. 또한 무역거래 대상에 따라 인허가가 필요한 때도 있고, 그렇지 않은 경우도 있다. 우리나라는 무역업무는 허가사항이 아니고 간편하게 신고하여 누구라도 무역업을 수행할 수 있다는 특징이 있다. 하지만 그 거래대상의 특성(예, 의약품, 해외 직접투자)에 따라 무역업무의 인허가사항이 존재하는 것도 사실이다.

1) 구매대리업자(Agent)

구매대리업자는 법적 의미로는 무역당사자(principal)로부터 일정한 권한을 위임받아(수임하여) 제3자에 대해 특정 무역업무를 수행하는 자를 말한다. 무역거래에 참여하는 다양한 형태의 대리인들이 있으나, 우리나라에서 주로 활동하는 무역대리업자들은 그 업무영역에 따라 오퍼상 또는 구매대리업자로 지칭한다.

과거 무역대리업을 하고자 하는 자는 의무적으로 신고하도록 했으나, 2000년 1월 1일부터는 이 규정이 폐지되었고 과거의 갑류 무역대리업 및 을류 무역대리업의 구분도 없어졌다. 다만 여기서는 업무의 이해를 위하여 구분해서 설명한다.

갑류 무역대리업(offer agent)은 외국의 수출업자를 대리하여 국내에서 물품매도확약서 발행을 업으로 하는 자를 말하며, 흔히 오퍼상이라 한다. 외국의 수출업자를 대리하여 국내 수입업자들에게 물품매도확약서를 발행하고, 부수적으로 수입업무를 대행해주는 무역대리업자를 말한다.

을류 무역대리업(buying office)은 외국 수입업자의 위임을 받아 국내에서 수출물품 구매행위를 업으로 하는 자를 말하며, 구매대리업이라고 한다. 구매대리업자는 외국의 수입업자를 대리하여 국내에서 물품의 구매, 구매 알선 또는 부대 업무를 취급하는 외국기업의 국내 대리점 또는 국내 지사를 말한다.

무역과 경제발전은 깊은 연관성을 가진다. 만일 한 경제주체(예, 기업, 개인, 시민단체, 공공기관 등) 단위가 해외시장 진출을 하게 되면 국가경제와 기업활동, 더 나아가 국민경제에 어떤 효과

무역구매대리업

외국의 수출업자를 대신하여 국내에서 물품매도확약서 발행을 업으로 하는 자(offer agent), 혹은 외국 수입업자의 위임을 받아 국내에서 수출물품 구매행위를 업으로 하는 자(buying office)를 말한다. 최근에 국경 간 전자상거래에서 발생하는 구매대행은 무역구매대리업과 유사한 성격을 가지고 있다.

를 발생시킬 수 있을지를 검토해보자. 또한 무역의 효과 중 수출의 효과와 수입의 효과를 구분하여 생각해보도록 하자.

2) 수출의 효과

수출의 효과

외화 조달, 산업구조 고도화, 생산 파급, 고용증대, 수입 증대, 소득 증대 효과를 유발한다.

(1) 외화 조달 효과

국가경제에서 수출은 수출대금을 외화로 획득하여 국가경제의 수익을 증대시키는 역할을 수행한다. 더 나아가 수출은 경제발전의 원동력이 되는 시설투자에 필요한 외화를 공급해주는 중요한 외화공급원의 역할을 한다.

(2) 산업구조 고도화 효과

산업구조 고도화

산업의 조직과 생산력의 관계를 생산력 구조라고 하는데, 첨단기술화, 고부가가치화 등 경제 전반의 생산성이 증가하는 것을 의미한다.

수출을 통해 국가는 대량생산에 따른 분업의 촉진, 생산방법과 경영능률의 향상, 새로운 기술혁신의 촉진을 달성할 수 있다. 이는 다시 제품의 품질개선 및 다양화를 촉진시키게 된다. 결국 제품의 국제경쟁력을 강화시켜 수출을 증대시키고, 산업구조의 고도화에 기여하게 된다.

수출 증대에 의한 산업구조의 고도화는 4차 산업혁명 시대를 맞이하여 제조업과 서비스업을 포함해 고기술 산업 분야에서 더욱 강조되고 있다. 결국 산업고도화를 통한 국제경쟁력의 강화는 국가 경제성장의 가속화로 누적적인 발전 효과를 촉진시킨다.

(3) 생산 파급효과

생산 파급효과

수출품을 생산하는 과정에서 타 생산물의 확산을 유발하게 되는 효과를 의미한다. 제조업뿐만 아니라 서비스업까지 광범위하게 파급효과가 발생한다.

수출품을 생산하기 위해서는 제품 공정과정에서 파급적으로 타 생산물의 확산을 유발하게 된다. 이러한 생산유발은 공정상의 수직적 산업은 물론 운수, 창고, 보험과 같은 수평적 서비스 산업까지도 광범위하게 파급효과를 미쳐 산업 전반의 생산 활동을 증대시킨다. 일반적으로 수출 증가에 따라 생산유발 효과가 큰 산업으로는 제조업 중에서 섬유, 가죽, 전기 및 전자기기, 화학제품, 제1차 금속제품을 들 수 있으며, 비제조업 중에서는 도소매업과 운수 및 보관업 등을 들 수 있다.

(4) 고용증대 효과

수출로 인하여 고용이 증대되는 효과를 의미한다. 물론 고용유발의 규모와 강도는 국가산업의 기술구조 또는 자본집약도 등에 따라 바뀔 수 있다. 만일 산업구조가 고도화된 제조업의 경우에는 한 단위의 수출상품을 생산하는 데 필요한 자본의 비율인 자본계수가 높아지게 되면 상대적으로 고용유발 효과가 낮아질 수밖에 없지만, 그 반대의 경우에는 고용유발 효과가 높게 나타난다.

한편으로 고도화산업으로 진전하면서 혁신성장은 중요한 의미를 내포한다. 즉, 우리나라의 경우 산업구조가 고도화되면서 노동의 생산성을 높임과 동시에, 새로운 일자리를 탄생시킬 수 있는 무역벤처 창업이 중요한 이유가 되기 때문이다.

혁신성장

혁신활동을 중심으로 경제성장을 지속하는 정책과 전략을 의미한다. 혁신에 더 우호적인 환경, 제도, 시스템 등에 따라 혁신성장의 성과 차이가 발생한다고 전제하고 있다. 세부적인 방안은 환경 및 역량에 따라 다양성을 보인다.

(5) 수입 증대 효과

부존자원이 빈약하고 산업이 성숙하지 못한 국가의 경우에는 공산품 수출을 증대시키기 위해 타국에 대한 원자재 수입에 의존하게 된다. 따라서 수출과 관련하여 직간접으로 필요한 원자재 및 자본재에 대한 유발수입이 발생하게 되는데 이러한 효과를 수출의 수입유발 효과라고 한다.

(6) 소득 증대 효과

수출의 소득유발은 수출산업은 물론이고, 수출과 관련된 산업들의 생산과정에서 발생한 부가가치의 합계로 산출된다. 국

수출의 소득유발 효과

수출의 소득유발은 수출산업과 관련된 연관 산업의 부가가치의 합계로 산출된다.

가의 수출이 유발하는 소득액은 각 수출산업별 생산유발액에 각 산업별 부가가치율을 곱해서 산출할 수 있다.

3) 수입의 효과

(1) 필요 물자의 조달

수입의 효과

필요 물자의 조달, 기술 개발, 수요 창출, 경쟁력 제고, 후생 증대, 국가 재정수입의 증대 효과를 발생한다.

수입의 중요한 점은 국민경제의 운영에 필요한 물자를 조달하는 창구로서의 역할이다. 글로벌 공급망에서 필요로 하는 물자의 수입은 필수불가결하고, 특히 국내에서 생산 불가능한 원자재의 공급원 역할을 하고 있다. 수입국의 소비자들은 국내 조달이 불가능하거나 또는 가능하다고 하더라도 외국보다 상대적으로 가격이 높거나 품질이 낮은 소비재들을 수입함으로써 그들의 경제적 후생과 소비의 질을 높일 수 있게 된다.

(2) 기술 개발과 수요 창출의 효과

기술 수준이 낮은 저개발국에서는 수입이 선진기술 등에 대한 학습과 모방의 창구로서의 역할을 한다. 저개발국의 경제발전 또는 산업구조의 고도화를 달성하기 위해서는 자체 능력으로 한계가 있으므로 선진국이 이루어 놓은 것들을 도입, 모방하는 것이 필수불가결한 요소가 된다.

(3) 경쟁력 제고와 후생의 증대 효과

수입 문화가 개방되면 외국으로부터 더 저렴하고, 품질이 우수하며, 다양화된 동종의 상품들과 국내시장에서 경쟁하게 된다. 따라서 이러한 상품들과 경쟁하게 된 국내 산업들은 경쟁에서 살아남기 위하여 생산성 향상을 통한 원가의 절감, 새로운 기술혁신을 통한 품질의 고급화와 다양화, 그리고 시설과 경영의 합리화를 도모하게 된다. 이에 따라 한 나라의 국내 산업이 경쟁력을 갖게 됨과 동시에 국내 소비자들의 후생도 증대된다.

(4) 재정수입의 증대 효과

수입은 정부 재정수입의 원천이 되기도 한다. 관세는 법률에 따라 관세영역을 통과하는 물품에 대하여 징수하기 때문에 다른 어떤 조세보다 징수가 용이하며, 사용료나 수수료와는 달리 납부자에 대한 어떤 반대급부를 공여할 필요도 없다. 따라서 이러한 관세는 부과가 시작된 중세시대 이후 오늘에 이르기까지 정부 재정수입 확보의 주요한 원천이 되고 있으며, 후진국일수록 관세가 재정수입에서 차지하는 비중이 크다.

2. 해외시장 진출 업무에 대한 이해

1) 무역업무에 대한 이해

무역은 언어, 관습, 법률, 제도 등이 다른 나라의 당사자 사이에서 이루어지는 상거래이다. 이 상거래는 재화 및 용역의 교환을 목적으로 한 상업 활동이자 상행위이다. 넓은 의미에서 무역은 모든 국제간 경제거래를 포함하는 것으로 상품의 수출입 이외에 자본, 기술, 용역 등의 국제적 이동을 의미한다. 좁은 의미에서 무역은 원칙적으로 상품거래, 즉 물품의 수출입을 말한다.

따라서 무역상무란 앞서 논의한 무역거래에 필요한 제반 활동의 집합이라고 규정할 수 있다. 세부적인 업무영역들로는 무역마케팅, 무역상품, 무역절차, 무역규정, 무역기관, 무역통관, 무역대금, 무역결제, 무역인력, 무역계약 등 다양한 기능들을 포함한다. 독자의 입장에서는 국제상무의 내용이 광범위하므로 그 적용범위가 어떤 분야인지를 세밀하게 살펴보고, 그 구성요소들의 특징을 알고 있는 것이 바람직하다.

무역상무에 접근하는 방법은 크게 두 가지로 구분된다. 하나는 전통적인 실무 관점에서 접근하는 것이다. 이는 무역계약을 중심으로 계약의 이전 단계와 계약의 이후 단계로서 계약이행을 설명하는 규범적 접근이다. 이러한 관점은 무역계약의 형식과 규범성을 이용하여, 계약 이전의 활동에서부터 체결 이후의 성립, 이행, 종료에 이르기까지 단계별로 활동을 심층적으로 연구하는 전통적인 방법이다.

또 하나의 접근방법은 무역의 절차적 측면보다는 무역의 내용적 측면을 중요하게 생각하여 전체적으로 접근하는 방식이다. 세부적으로는 무역상품, 상품의 기술, 해외시장조사, 통상규범, 무역인력, 무역 성과 등을 종합적으로 접근하는 새로운 방식이다. 무역이 이루어지는 형태는 다양하다. 따라서 재직하고 있는 회사의 상품, 기술, 지역 등을 고려하여 응용 분야를 도출할 필요가 있다. 최근에는 디지털 기술과 4차 산업혁명의 발전으로 인하여 무역의 형태도 단순히 절차 중심의 업무를 수행하는 방식을 넘어서 아세안 시장, 북방시장과 같이 신시장을 대상으로 신상품과 서비스를 지속적으로 제공하는 혁신형 무역으로 변화해야 한다는 점을 인식해야 한다.

(1) 무역마케팅

무역계약이 성립되기 이전의 무역마케팅 및 국제 영업 활동을 의미하며, 세부적으로는 거래선의 발굴, 해외시장조사, 계약 체결 등의 활동을 의미한다. 특히 현대 무역상무 분야에서 시장개척과 거래선 발굴을 위하여 집중적으로 연구되고 있는 분야이다. 특정 지역을 대상으로 하는 지역 연구, 특정 상품과 기술을 연구하는 상품 및 산업 연구, 자유무역협정을 이용한 무역비즈니스 계획 등이 포함된다.

변화하는 국제시장에 능동적으로 대처하기 위해서는 무역기업과 개인 모두 기업가정신과 실천 역량을 갖추는 것이 중요하다. 특히 무역은 다양한 사람들과 그 업무를 수행하기 때문에, 창조적인 무역비즈니스를 창출하는 능력의 배양, 무역거래 상대방의 입장을 고려한 업무 추진, 효과적인 커뮤니케이션 능력이 필요하다.

(2) 무역계약 체결

수출상과 수입상 사이에 무역계약이 있어야 하는데, 계약이 물품의 수출입거래에 가장 기본적이고 운송, 보험, 지급계약 등의 종속계약이 필요하다. 무역계약은 청약과 승낙에 의하여 성립되며 일반적으로 청약이 이루어질 때 무역계약의 기본조건이 제시된다.

청약은 수출상과 수입상 모두가 제시할 수 있다. 수출상이 매도를 위한 목적으로 청약하는 행위를 수출오퍼 또는 매도오퍼라 하고, 수입상이 매수를 목적으로 제공하는 오퍼를 수입오퍼 또는 매수오퍼라고 한다.

최근에는 전자상거래를 이용하여 국제간 무역거래가 빈번하게 체결되고 있다. 일반적으로 전자상거래를 이용한 국제무역은 개인을 상대로 이루어지고 있는 형태와 기업을 대상으로, 혹은 정부를 상대로 이루어지고 있는 형태로 구분된다. 더 나아가 거래의 대상도 다양해지고 있는 점이 특징이며, 온라인에서 다양한 비즈니스 모델이 출현하고 있다.

(3) 무역계약 이행

무역계약의 이행은 통상 운송계약과 보험계약이 수반되는 매도인의 물품인도 의무와 은행과의 지급계약이 수반되는 매수인의 대금지급 업무가 중심이다.

(4) 무역계약 종료

무역거래상의 분쟁이 손해배상청구라는 형태로 표면화하는 것을 무역클레임이라 한다. 클레임은 포기, 화해, 알선, 조정, 중재, 소송 등의 해결방법이 있다.

2) 무역업무 조직

일반적으로 사내에 별도의 해외사업부서 조직으로 업무를 수행하거나(예, 해외사업팀), 영업/마케팅 조직에서 무역업무를 진행할 수 있다. 무역업무를 수행하는 데 있어 부서별 역할과 책임은 일반적으로 다음과 같다(개별 회사의 조직구조 및 상황에 따라 변동될 수 있다).

① CEO: 해외비즈니스에 대한 적극적인 의지 및 관리업무에 대한 지속적인 관심과 업무 독려
② 영업/마케팅팀: 무역계약, 무역전시회, 국경 간 전자상거래, 원산지 증명서/확인서, 선적업무 발급
③ 재무/회계팀: 무역금융, 무역회계, 경비관리, 손익분석
④ 생산/설계팀: 주문생산, 납기관리, 공정관리, 자재관리
⑤ 구매팀: 글로벌 소싱, 글로벌 원자재 조달, 하도급 계약관리

3. 무역계약의 이해

무역계약을 이해한다는 것은 무역 환경에서 비즈니스를 수행하고 무역거래를 성공적으로 이행하는 데 필요한 기초 지식을 확립하는 것이다. 또한 비즈니스 환경에서의 성공과 국제무역에서의 효과적인 참여를 지원하는 중요한 요소 중 하나이다. 이는 법률적 보호, 비즈니스 기회 확장, 비용 절감, 신뢰 구축 등 다양한 이점을 제공한다. 국제무역에서는 거래 계약의 기본 원칙과 규정을 이해하는 것이 매우 중요하다. 이것은 계약의 유효한 이행을 보장하기 위한 것이다. 게다가 명확한 계약 조항은 잠재적인 법적 분쟁을 예방하고 법률 비용을 절감하며 기업의 권익을 보호하는 데 도움이 된다.

국제시장이 계속 확장되면서 기업은 일반적으로 글로벌 영역에서 비즈니스를 확장하려고 한다. 따라서 국제무역의 규칙과 절차를 이해하는 것은 국제 비즈니스 기회를 활용하는 데 매우 중요하다. 적절한 국제무역 전략은 비용을 절감하고 경쟁력을 향상시키며 국제시장에서 성장을 이룰 수 있도록 도와준다.

또한 명성과 신뢰를 구축하는 것은 국제무역에서 성공하는 데 중요한 역할을 한다. 계약을 준수하고 약속을 성실히 이행하는 것은 장기적인 협력관계를 구축하고 더 많은 고객을 끌어들이는 데 도움이 된다. 국제무역에서 좋은 평판을 구축하면 기업에 더 많은 비즈니스 기회를 제공할 수 있다.

요약하면, 국제무역 지식은 글로벌 시장에서 비즈니스를 성공적으로 수행하고 국제무역에 효과적으로 참여하기 위해 필수적이다. 이것은 법적 보호를 제공할 뿐만 아니라 비즈니스 기회를 확장하고 비용을 절감하며 신뢰를 구축하는 등 다양한 이점을 제공하게 된다.

1) 무역계약의 특징

넓은 의미로 무역거래와 관련된 일체의 계약을 말하지만 대체로 물품의 수출입 시 매도인과 매수인 간 체결되는 계약서를 의미하며, 통일된 양식의 형태는 없다. 계약 체결 방법 역시 서면이나 구두 방식 등 양 당사자 간 자유롭게 채택해도 무방하다. 하지만 계약 체결 이후에 발생할 분쟁 입증을 위해 서면 및 이메일 형식을 주로 이용하게 된다.

무역계약은 서면 또는 일정한 양식을 필요로 하지 않는다는 의미로서 불요식 계약, 계약의 당사자가 서로 대가적 의미를 가지고 출연한다는 유상계약, 쌍무계약, 셀러(Seller)의 청약(offer)과 바이어(Buyer)의 승낙(acceptance), 바이어의 주문(order)과 셀러의 주문 승낙(acknowledgement)이 결합된 낙성계약의 특성을 가지게 된다. 이러한 무역계약의 중심적 조건은 품질, 수량, 가격, 포장, 선적, 보험, 결제 등으로 이루어진다.

2) 수출입의 흐름

(1) 수출 흐름

① 바이어(Buyer) 선정 및 수출계약의 체결
② 수출신용장의 접수
③ 수출승인 및 수출요건 확인
④ 수출물품의 조달 및 무역금융의 이용
⑤ 수출검사와 포장
⑥ 해상운송 및 해상보험 계약의 체결
⑦ 수출통관
⑧ 수출선적
⑨ 수출대금의 회수
⑩ 관세환급
⑪ 수출물품에 대한 클레임 해결

(2) 수입 흐름

① 수입계약 체결
② 수입승인 또는 수입요건 품목 확인(해당 시)
③ 수입신용장의 개설
④ 수입신용장 대금결제와 선적서류의 인수
⑤ 수입통관과 물품 인수

• 수출: 국내의 상품이나 기술을 외국으로 팔아 내보내는 것을 수출이라고 한다. 국가 경제에서 수출은 경제력의 확대에 필요한 원자재 및 기계시설 등의 수입을 위한 외화를 획득하게 함으로써 경제성장 측면에서 지원하는 역할을 수행하고 있다. 더 나아가 수출은 경제발전의 원동력이 되는 시설투자에 필요한 외화를 공급해주는 중요한 외화공급원의 역할을 한다.

• 수입: 외국에서 생산 및 가공된 물품이 자국 세관을 통과하여 들어오는 과정은 수입이라고 한다. 수입의 필요성에서 가장 중요한 것은 국민경제의 운영에 필요한 물자를 조달하는 창구로서의 역할이다. 수입은 공업화에 필수불가결하고 국내에서 생산 불가능한 원자재의 공급원 역할을 하고 있다. 수입국의 소비자들은 국내에서의 조달이 불가능하거나, 가능하다고 하더라도 외국보다 상대적으로 가격이 높거나 품질이 낮은 소비재들을 수입함으로써 그들의 경제적 후생과 소비의 질을 높일 수 있게 된다. 특히 부존자원이 거의 없는 국내 사정상 공업화에 필수적인 원유, 원면 등 기타 금속 광물 등의 원재료 수입이 불가피하다. 경제의 성장과 개발을 위한 첨단산업 부문의 기술이나 자본재의 수요도 수입에 의해서 충당할 수밖에 없다.

• 유상계약: 계약의 당사자가 상호 간에 대가적 의의를 갖는 출연을 하는 계약을 말한다. 유상행위 중 이루어지는 계약을 말한다고도 할 수 있다.

• 쌍무계약: 계약 당사자가 서로 대가적 의미를 가지는 채무를 부담하는 계약을 말한다.

• 낙성계약: 당사자의 의사표시의 합치만으로 성립하는 계약을 말한다.

• 불요식계약: 특별한 요식이나 형식이 불필요한 계약이라는 의미이다.

• 청약: 거래당사자 일방이 매매거래조건을 구체적으로 제시하면서 물품을 구매 혹은 판매하겠다는 확정적인 의사표시를 말한다. 청약은 승낙과 같이 법률상 또는 당사자 간의 계약으로 별도로 정한 규정이 없는 한, 의사표시에 특정한 방법이 있는 것은 아

니다. 따라서 청약은 구두, 서면, 때에 따라서는 행위에 의해서도 가능하다. 그러나 통상적으로 청약은 우편, 전보, 전화, FAX 또는 미팅으로 이루어지며, 오늘날에는 이메일과 인터넷을 통한 거래가 활발하므로 이들을 이용한 방법도 가능하다. 전자적 의사표시를 한 계약을 부인할 수 없으며, 이를 부인방지조항(non-repudiation clause)이라고 말한다.

- 승낙: 피청약자가 청약자의 청약에 따라 계약을 이행하겠다는 동의의 의사표시를 말하며 청약에 대한 무조건, 절대적 동의를 의미한다. 즉, 비록 승낙의 의도가 있더라도 청약의 내용을 추가하거나 제한 또는 변경한다면, 이는 청약에 대한 승낙이 아닌 새로운 청약으로 간주한다.

- 주문: 무역계약은 매도인의 오퍼(selling offer)를 매수인이 승낙하거나, 매수인의 카운터 오퍼(counter offer)를 매도인이 승낙함으로써 성립되며, 이 계약은 매도계약서(Sales Note)나 매입계약서(Purchase Note)의 교환으로 확인된다. 이러한 오퍼에 의한 무역계약도 매수인이 주문(order)과 매도인의 승낙(acknowledgement)으로 확인되는 경우도 있다. 그러나 무역거래에 있어서는 매수인이 매도인으로부터 입수한 견본(sample), 상품목록(catalog) 및 가격표(price list)를 보고 자기가 매입하고자 하는 품목을 골라 매도인에게 주문(order)하는 경우도 많다. 이 주문은 매수인이 매도인에게 매입을 신청하는 매수오퍼(buying offer)이다.

4. 무역 결제방식의 이해

1) 송금 결제방식

수입자가 계약물품을 인수하기 전, 인수 후 또는 인수와 동시에 수출상에게 송금수표(D/D; Demand Draft), 우편송금(M/T; Mail Transfer), 전신송금(T/T; Telegraphic Transfer), 현금, 수표

(banker's check, personal check 등) 등의 방법으로 수출업자에게 송금하여 수입대금을 결제하는 방식을 의미한다.

(1) 사전 송금방식(Advance Remittance Before Shipment)

사전 송금방식은 수입상이 무역대금 전액을 선적 전에 수출상에게 송금하고 수출상은 계약서의 약정기일 이내에 계약상품을 선적하는 방식이다. 사전 송금방식이 비록 수입상에게 일방적으로 불리한 방식임에도 불구하고 실무에서 빈번하게 활용된다.

사전 송금방식은 결제금액이 적어서 상품(견본 · 시험상품 등) 인수의 위험이 적다고 판단되는 경우에 실무에서 사용한다. 수출상의 지명도 · 신용도가 높아 물품을 받는 데 염려가 없다고 판단되는 경우에 사용하고 고정거래선, 본 · 지사 간의 경우처럼 수출상에 대한 상당한 신뢰가 있는 경우, 물품의 품귀현상으로 인하여 미리 송금하지 않으면 안 되는 경우 등에 사용한다.

① 매매계약: 무역계약서의 "Terms of Payment" 난에 "T/T(Telegraph Transfer) remittance after receiving firm offer sheet", "T/T remittance in advance on Sept. 5, 2009", "By T/T remittance before shipment in our favor", "T/T in advance in our favor", "By T/T in advance within 10 days after the date of Sales Contract" 등으로 기재하며, 대금 송금을 받을 은행의 명칭과 정확한 계좌번호를 계약서에 기재하거나 별도로 통보하여 알려주는 과정을 거친다.

② 대금 지급: 수입업자는 본인의 송금은행에 대금을 지불하는 과정을 거친다.

③ 송금 의뢰: 송금은행은 제3자인 결제은행에 송금 의뢰를 하는 과정을 거친다.

④ 입금 통보: 결제은행은 검토 후 송금은행과 수출업자의 대금을 지급할 대금은행에 입금 통보를 하는 과정을 거친다.

⑤ 대금입금 통보: 입금 통보를 받은 지급은행은 수출업자에게 대금입금 통보를 하는 과정을 거친다.

⑥ 상품선적: 대금이 입금되었음을 확인한 수출업자는 수입업자에게 상품을 선적하는 과정을 거친다.

(2) 사후 송금방식(Later Remittance After Shipment)

사후 송금방식은 수출상이 대금을 받기 전에 수입상에게 상품과 선적서류를 발송하고, 수입상은 상품을 수령한 후에 물품대금을 수출상에게 송금하여 결제하는 방식이다. 사후 송금방식은 그 성격에 따라서 Open Account(O/A), COD, CAD, European D/P 등 여러 가지 다른 용어로 표현되고 있다.

(3) 선적통지부 결제방식(Open Account)

수출입자들 간에 일정 기간 수출입거래와 관련한 기본 매매계약(OA Master Contract)을 체결한 후, 건별로 구매주문서(Purchase Order) 등에 의거해 수출상이 물품을 선적하고 선적서류 원본을 수입상에게 송부하면, 수입상은 기본 매매계약서상의 결제조건에 따라 선적일을 기준으로 일정기간이 경과한 후 또는 일정 기일에 수출상이 지정한 지정계좌(Account)로 대금을 송금하여 결제하는 방식의 거래를 말한다.

일반적인 사후 송금방식 수출의 경우에는 선적서류 또는 수출물품이 수입상에게 '인도'되어야만 수출채권이 성립하여 대금결제가 이루어지는 데 반하여, OA 방식은 수출업체가 물품을 선적한 후 해외의 수입상에게 선적 사실을 '통지'함과 동시에 수출채권이 확정된다는 점에서 양자는 분명한 차이를 보인다.

OA 거래의 이러한 특성(수출상이 수입상에게 선적 사실을 통보하는 시점에서 외상채권이 성립됨)으로 인해 수출상은 선적 완료 후 즉시 당해 외화채권을 거래은행에 매각함으로써 조기에 현금화할 수도 있게 되는데, 실무에서는 이를 흔히 'OA NEGO'라 부른다.

(4) 현품인도 결제방식(COD; Cash on Delivery)

현품인도 결제방식은 수출상이 상품을 선적하고 선적서류(상업송장, 선화증권, 보험서류 등)를 자신의 지사나 주로 수입업자의 국가에 소재하는 대리인 또는 거래은행에 송부하여 현품이 목적지에 도착하면 그 지사나 대리인이 화물을 수입 통관하여 수취해서 보관했다가 수입상이 직접 현품을 검사한 후 이상 여부를 확인하여 상품을 인수하면서 대금을 결제하는 방식이다.

(5) 서류상환 결제방식(CAD; Cash Against Documents)

서류상환 결제방식은 수출상이 상품을 선적하고 선적서류(상업송장 선화증권, 보험서류 등)를 수입업자의 지사나 대리인(주로 수출상의 국가에 소재함)에게 제시하거나, 또는 해외의 수입상에게 서류를 직접 송부하여 당해 서류와 상환으로 대금의 결제가 이루어지도록 하는 방식이다.

통상 수입자의 지사나 대리인 등이 수출국 내에서 물품의 제조과정을 점검하고, 수출물품에 대한 '선적 전 검사(PSI; Pre-Shipment Inspection)'를 한 후 지급한다. 대부분 수입상(또는 대리인)이 선적서류를 접수하는 즉시 서류와 상환으로 대금의 결제가 이루어지는 것이 일반적이나, 수출입상 간의 약정에 따라 일정 기간이 경과한 후에 대금의 송금이 이루어지기도 한다.

CAD 방식의 거래에서 수출업자가 선적을 완료한 상태에서 수입업자가 자신의 해외지사 또는 대리인에게 지시하여 서류의 인수를 거절하게 되는 경우에 수출업자는 이미 발송한 물품을 회수해야 하는 등의 곤란한 상황에 처하게 된다.

2) 추심 결제방식

추심(Collection)이란 송금(Remittance) 결제방식과는 반대로 수출상이 먼저 매매계약에 일치한 물품을 수입상 앞으로 선적한 후에 계약서에 명시된 선적서류에 수입상을 지급인(Drawee)으로 하여 발행한 환어음(Bill of Exchange, Draft)을 첨부하여 이를 수출상의 거래은행에 추심을 의뢰하면 이 은행이 수입상의 거래은행에 다시 추심을 의뢰하여 대금을 결제하는 방식이다.

추심 결제방식에는 환어음의 지급인(수입상)이 선적서류를 영수함과 동시에 대금을 결제하는 일람지급(At sight)의 지급인도 방식(D/P; Documents against Payment)과 환어음의 지급인(수입상)이 환어음의 앞면에 인수(Acceptance)의 뜻만 표시한 후에 선적서류를 영수하고 일정 기간 후(환어음의 만기일)에 대금을 결제하는 기한부거래(Usance)의 인수인도 방식(D/A; Documents against Acceptance)의 두 가지가 있다.

추심 방식 거래는 은행의 지급보증이 개입되지 않고 수출입 당사자 간의 신용을 기반으로 하여 거래가 이루어진다는 점에서 신용장 방식과 구별된다. 추심거래에 관여하는 은행은 단지 위임사무의 처리를 위한 중개인 또는 보조자의 역할을 담당하게 될 뿐이다. 즉 신용장 방식은 수출상에 대한 지급책임이 개설은행에 있는 데 반하여, 추심 방식에서는 그 지급책임이 오로지 수입상에게 있다는 점에서 양자의 차이점이 있다고 할 수 있다.

또한 추심 방식은 환어음이 발행되고 거래은행을 통하여 그 대금을 추심한다는 점에서 송금방식과 구별된다. 송금방식은 채무자인 수입상이 수출상에게 그 대금을 송금하여 줌으로써 대금의 결제가 이루어지는 반면에, 추심 결제방식은 채권자인 수출상이 환어음을 발행하여 이를 거래은행을 통해 추심함으로써 그 대금을 회수하는 '역환'의 방식이다.

3) 추심 결제방식의 당사자

추심 결제방식의 관계당사자는 다음과 같다(추심에 관한 통일규칙: URC; Uniform Rules for Collections, 1995 Revision ICC Publication No. 522. 제3조).

(1) 추심의뢰인(Principal)

물품을 선적하고 거래은행에 추심을 지시하는 수출상(Seller, Exporter)을 말한다.

(2) 추심의뢰은행(Remitting Bank)

추심의뢰인으로부터 추심을 지시받은 수출국의 은행이다.

(3) 추심은행(Collecting Bank)

추심의뢰은행이 요청한 추심의뢰서(Collect Order)에 따라 지급인에게 추심하여 대금을 송부하는 수입국의 은행을 의미한다.

(4) 제시은행(Presenting Bank)

환어음의 지급인에게 제시를 하는 수입국의 은행을 의미한다. 추심의뢰은행으로부터 추심의뢰를 받은 추심은행은 수입자와의 거래관계 등으로 인하여 직접 수입자에 대한 서류의 제시가 곤란한 경우에 다른 추심은행(제시은행)으로 추심서류를 송달하여 다시 추심의뢰를 하게 된다(대개의 경우는 추심은행이 수입상의 거래은행이 되도록 추심은행을 선정한다. 즉, 조속한 추심을 위하여 최초의 추심은행이 제시은행이 되도록 한다).

평가문제

진위형(O, X 문제)

1	대한민국의 대표적인 무역3법은 대외무역법, 관세법, 외환관리법이다.	
2	국제통상은 국가와 국가 간의 무역업무를 의미하기 때문에 공공적인 측면보다는 민간 차원의 입장을 더욱 강하게 포함하고 있다.	
3	쌍무계약이란 의미는 무역계약이 계약 당사자들 간의 의무와 책임을 서로 가지게 된다는 특성을 의미한다.	
4	대한민국의 경제발전은 수출주도형 성장정책에 힘입은 바가 매우 크고 자유무역의 혜택을 받게 된 결과이다.	
5	관세법에서 정의하는 무역은 물품을 대상으로 정의하고 있다.	

단답식

6. 낙성계약의 한 부분으로, 거래당사자 일방이 매매거래조건을 구체적으로 제시하면서 물품을 구매 혹은 판매하겠다는 확정적인 의사표시인 것은?

---

7. 수출상이 대금을 받기 전에 수입상에게 상품과 선적서류를 발송하고 수입상은 상품을 수령한 후에 물품대금을 수출상에게 송금하여 결제하는 방식으로 Open Account(O/A), COD, CAD, European D/P 등이 있는 무역 결제방식은?

---

8. 서류상환 결제방식(CAD: Cash Against Documents)에서 수입상의 위험을 줄이기 위하여 통상 수입자의 지사나 대리인 등이 수출국 내에서 물품의 제조과정 등을 점검하는 수출물품에 대한 검사는?

---

9. 은행의 지급보증이 개입되지 않고 수출입 당사자 간의 신용을 기반으로 하여 거래를 성사시키는 거래방식은?

---

10. 추심 결제방식에서 물품을 선적하고 거래은행에 추심을 지시하는 수출상을 의미하는 거래 관계당사자를 지칭하는 용어는?

주관식

11. 수출의 효과와 수입의 효과에 대하여 각각 두 가지 이상 설명하시오.

---

12. 무역계약의 특징 네 가지에 대해 설명하시오.

정답

1. O **2.** X **3.** O **4.** O **5.** O **6.** 청약(Offer) **7.** 사후 송금방식(Later Remittance After Shipment) **8.** 선적 전 검사(PSI; Pre-Shipment Inspection) **9.** 추심 방식 거래 **10.** 추심의뢰인(Principal)

제3장

인터넷 기술과 국경 간 전자상거래의 발전

1. 인터넷의 핵심 기술

1) 인터넷의 진화

국경 간 전자상거래는 오늘날 무역 통상에 있어 빠질 수 없는 필수적인 요소로 부상하고 있다. 인터넷 기술의 진화는 기업가에게 물리적 거리를 극복하고 글로벌 시장에 진입할 수 있는 환경을 제공했다. 따라서 본 장에서는 인터넷 기술의 진화와 핵심 기술이 전자상거래에 미치는 영향과 그 발전 과정을 살펴보고자 한다.

인터넷은 1961년부터 개발 및 연구가 시작되어 1974년까지 혁신 단계를 거친 뒤 1975년부터 제도화 과정을, 1995년부터 현재까지는 상용화 단계를 통해 활성화되고 있다. 이러한 인터넷 기술은 패킷 스위칭, TCP/IP 통신 프로토콜, 클라이언트/서버 컴퓨팅의 세 가지 핵심 기술로 구성되어 있다.

2) 인터넷의 핵심 기술

(1) 패킷 스위칭(Packet Switching)

패킷 스위칭이란 발신자로부터 디지털 메시지, 즉 데이터를 받아 관리하기 쉽도록 패킷을 분할하고 목적지에 가서 다시 합치는 방식으로 이루어지는 데이터 전송 방법이다. 라우터를 활용하여 데이터를 비교적 효율적인 방법으로 전송할 수 있다. 인터넷의 파급력을 촉진하는 역할을 해왔다.

라우터(Router)
서로 다른 네트워크를 연결하고, 네트워크 간의 데이터 패킷을 적절한 경로로 전달하는 역할을 한다.

(2) TCP/IP 통신 프로토콜

TCP(Transmission Control Protocol, 전송 제어 프로토콜)는 두 개의 사용자를 연결하고 데이터 스트림을 공유할 수 있도록 만들어주는 중요한 네트워크 프로토콜을 말한다. 데이터와 패킷이 보내진 순서대로 전달되는 것을 보장한다.

IP(Internet Protocol, 인터넷 프로토콜)는 어디에 있더라도 IP를 알게 되면 송신자와 수신자 간에 상호 통신을 할 수 있도록 기반을 제공해주는 통신 프로토콜로, 장소의 제약을 받지 않아 매우 편리한 것이 특징이다.

데이터 스트림(Data Stream)
지속적이고 연속적으로 발생하는 데이터의 흐름으로, 실시간으로 처리되어야 하는 데이터를 의미한다.

(3) 클라이언트/서버 컴퓨팅(Client/Server Computing)

클라이언트/서버 컴퓨팅은 서버와 다양한 클라이언트로 연결되는 구조로, 클라이언트는 사용자를 의미하여 서버는 동일한 목적으로 사용되기 위해 공유되는 서비스를 제공한다. 클라이언트/서버 구조가 아닐 때는 하나의 컴퓨터가 전부 처리했지만, 클라이언트/서버 구조를 통해 사용자와 서버로 역할을 분담하며 기능을 수행하는 분산된 환경을 이룬다. 분산화는 훨씬 업무 처리 효율성이 극대화하는 효과를 볼 수 있다.

2. 인터넷의 적용과 발전

인터넷의 성장은 인터넷의 핵심 기술인 패킷 스위칭, 통신 프로토콜, 클라이언트/서버 컴퓨팅으로 인해 중단 없이 급성장을 이루었다. 이러한 인터넷 기술의 발전으로 인터넷이 폭넓은 분야에 적용됨과 동시에 기업이 수익을 창출하는 데도 인터넷을 활용하고 있다. 인터넷의 등장부터 현재까지의 발전 과정을 웹 1.0, 웹 2.0, 웹 3.0으로 나누어 볼 수 있는데, 각 웹 형태에 따른 주요 특징 및 기술을 살펴보고자 한다.

1) 웹 1.0

(1) 등장 배경

인터넷 기술은 미국의 ARPANET 프로젝트를 시작으로 미국 국방부에서 가장 먼저 네트워크 연구를 주도하여 개발하기 시작하였다. 이 시기에는 단순히 컴퓨터와 컴퓨터 간의 연결이 핵심 기능이었다. 물리적으로 떨어진 기기들을 연결하고 기기 간의 정보 전송을 중심으로 네트워크가 이루어졌다. 정보 전송이 주 기능이었으므로 학술 목적의 연구용 혹은 군사용으로 통신을 연결하는 형태로 시작하였다.

1990년에는 WWW(World Wide Web)가 개발되면서 네트워크 기술에 대한 혁신이 이루어졌다. 기존에는 공공목적으로 사용되던 네트워크 기술이 민간 기업의 참여로 상업적 목적의 온라인 서비스가 추가되었다. 이에 따라 사용자가 증가하면서 인터넷의 확산으로 퍼지게 되었다.

(2) 주요 특징

웹 1.0 형태에서의 사용자는 단순히 웹사이트 운영자로부터 제공되는 정보를 확인하고, 소비하는 과정으로 이루어졌다. 즉, 일방향의 구조로, 정보 제공자가 사용자에게 일방적으로 정보를 제공하기 때문에 수익의 가치가 제공자에게 국한되어 있었던 것이 특징이다.

(3) 주요 기술

HTML(Hyper Text Markup Language)은 팀 버너스 리(Timothy John Berners Lee)가 만든 문서

작성을 위한 언어로, 컴퓨터 시스템 간에 정보를 전달하기 위해 만든 기본 문서 작성 방식을 말한다(이채혁, 2012). 이 언어를 통해 컴퓨터와 컴퓨터 간에 문서를 공유할 수 있다.

웹 브라우저는 인터넷에서 웹 페이지를 조회하고 탐색할 수 있는 소프트웨어로, 사용자가 웹사이트를 방문하여 텍스트, 이미지, 동영상 등의 콘텐츠를 확인할 수 있게 표시해준다. 구글의 크롬(Chrome), 마이크로소프트사의 엣지(Edge), 사파리(Safari) 등이 있다.

2) 웹 2.0

(1) 등장 배경

1990년대 후반부터 현재까지의 웹 형태를 의미하며 정보의 상호작용이 가능한 형태로 발전했다. 단순히 웹 서비스의 제공자가 제공하는 정보를 열람하는 것 위주로 이루어지던 웹 1.0과 달리 사용자가 직접 데이터를 생산하고 공유하는 웹 서비스가 등장한 것이다. 읽기만 가능했던 사용자들은 이제 직접 콘텐츠를 제공하고 공유하면서 참여가 가능한 공간이 만들어졌다. 웹 2.0 환경에서는 제공되는 응용프로그램이나 데이터를 이용하여 사용자가 자신만의 새로운 콘텐츠를 활용할 수 있다(김재하, 2007).

(2) 주요 특징 및 변화

스마트폰과 모바일 기기 등의 모바일 인터넷이 확산되면서 서로 다른 공간에서 사용자들의 생생한 정보들이 개방되고 공유되기 시작하였다. 기업이 제공하는 정보나 플랫폼을 통해서 다른 사용자와의 서비스를 공유하고 교류할 수 있다. 그로 인해 위키피디아와 같이 집단 지성을 끌어낼 수 있는 사용자 참여형 사이트뿐만 아니라 페이스북, 트위터와 같은 소셜 네트워크 서비스가 발전하였다. 또한 구글, 아마존, 애플 등은 기술혁신을 대표하는 IT 기업으로서 많은 데이터를 수집하고 저장할 뿐만 아니라 이전과 다른 방식으로 플랫폼을 제공하여 사용자의 참여를 유도한다. 이렇듯 더욱 방대한 양의 정보를 수집하고 검색엔진, 온라인 광고를 통한 수익 창출 비즈니스 모델 등을 통해 성장하였다. 소셜 미디어의 경우 다양한 인플루언서들을 통해 콘텐츠를 제작하여 광고 수익을 창출하는 비즈니스 모델도 존재한다.

(3) 주요 기술

AJAX(Asynchronous Javascript And XML)는 웹 1.0에서 사용된 기술인 HTML에서 발전된 형태로, 기존에 구현하던 웹 페이지보다 비교적 다양한 작업을 이루어내기 위한 웹 기술들을 통칭하는 용어이다. AJAX를 활용하면, 별도의 프로그램을 설치하거나 다시 불러오지 않아도 웹 페이지 내에서 자유롭게 객체를 처리할 수 있다.

RSS(RDF Site Summary, Really Simple Syndication, Rich Site Summary)는 여러 의미로 사용되는 단어로, 기존에 사용자가 정보를 위해 브라우징하던 기존과 다르게 다양한 웹사이트상의 콘텐츠를 요약하고 서로 주고받을 수 있도록 만든 표준이다. 이를 통해 많은 양의 정보를 쉽게 획득할 수 있다는 장점이 있다.

(4) 한계점

웹 2.0은 서로의 정보를 공유하고 교류함으로써 커뮤니케이션이 가능해지는 등의 장점이 있으나, 이 모든 정보를 소유한 기업의 역할이 커지면서 웹 생태계를 주도하였다(함대훈, 2022). 방대한 양의 데이터에 대한 중요성을 알고 있는 기업들은 질 좋은 웹 서비스를 제공하며 더 많은 사용자와 데이터를 끌어들였고, 이는 대규모의 IT 기업에 독점권을 가져다주었다. 그뿐만 아니라 이 모든 정보를 독점적으로 관리하는 탓에 개인정보 보호에 관한 문제가 대두되었다. 수집, 저장된 데이터들이 중앙 서버에 관리되어 개인정보의 유출과 축적된 데이터에 대한 문제점이 우려되고 있다.

3) 웹 3.0

(1) 등장 배경

웹 2.0에서 기업의 데이터 독점에 대한 중앙화의 단점을 보완하고자 나타난 개념이 바로 탈중앙화이다. 수집되고 저장된 데이터에 대해 기업 혹은 플랫폼이 독점하는 것을 사용자 개인이 직접 소유하기 위해 탈중앙화하고자 나타난 웹 형태가 바로 웹 3.0이다. 웹 3.0은 팀 버너스리가 제안한 '시맨틱 웹(Semantic Web)'이 그 시작이다. 시맨틱 웹 기술은 사람과 같이 인지하여 데이터를 처리하는 방식을 의미하는데, 웹 3.0은 바로 사람처럼 웹 페이지의 내용을 이해하고 개인에게 맞춤화된 정보를 제공하는 지능형 웹 형태를 말한다.

(2) 주요 특징

웹 3.0은 현재까지도 아직 정의되지 않았으나, 현재 그리고 미래에 웹이 어떻게 발전할 것인가를 나타내는 개념으로 웹 2.0을 보완한 것이 특징이다. 수집된 데이터가 중앙화되어 독점적으로 관리되는 웹 2.0과 달리 사용자 개인에게 데이터의 소유권을 가지게 하는 것이 주목적이다. 또한 시맨틱 웹 기술과 결합하여 사용자에게 맞춤화된 서비스를 제공하는 것이 또 다른 특징이다.

궁극적으로는 기업 혹은 플랫폼이 독점적으로 보유하던 데이터와 그 데이터로 얻은 이익들을 사용자에게 돌려주고자 하는 데 의미가 있다. 정보 공유에 있어 사용자가 자유롭게 접근할 수 있지만 내부 사용자들에게 각각 분산하여 암호화되어 있는 것이 특징이다. 따라서 웹 3.0은 웹 1.0과 웹 2.0의 특징을 각각 보완하여 결합한 형태라고 볼 수 있다.

(3) 주요 기술

블록체인이란 다수의 거래 내용을 묶어 블록으로 구성하고, 해시를 사용하여 여러 개의 블록을 체인처럼 연결한 뒤 다수의 사용자가 복사, 분산, 저장하는 알고리즘이다.

블록체인(Blokchain)
여러 개의 블록(원장)을 해시 함수를 사용하여 연결시켜 놓은 기술이나 형태를 말한다. 탈중앙화되고, 보안성이 높은 특징이 있으며 여러 사용자가 블록체인 정보를 분산 저장하게 된다.

이러한 블록체인을 기반으로 생성된 것이 바로 메타버스, NFT의 개념이다. 메타버스란 가상이라는 뜻의 '메타(Meta)'와 현실 세계라는 뜻의 '유니버스(Universe)'를 결합한 단어로, 사회적 · 경제적 활동이 이루어지는 가상 세계를 의미한다. 게임 기반, 소셜 기반, 생활 산업 기반 등 다양한 형태로 존재하는 것이 특징이다.

NFT(Non-Fungible Token)란 대체 불가능한 토큰을 의미하는데, 블록체인 기술을 이용해서 디지털 자산의 소유자임을 증명하는 토큰이라고 할 수 있다. 블록체인 기술을 기반으로 만들어진 토큰이기 때문에 사용자들에게 정보가 공유되어 위 · 변조가 어렵다는 특징을 갖고 있다.

[표 3-1] 웹 1.0, 웹 2.0, 웹 3.0 비교

	웹 1.0	웹 2.0	웹 3.0
기간	1994~2000년대 초반	2000년대 초반~현재	현재~
정보의 저장	정보를 자유롭게 열람하는 탈중앙화	사용자가 제공하고 공유한 정보를 모두 수집하는 중앙화	정보 사용자 개개인에게 저장하는 탈중앙화
정보의 방향	사용자 열람형(일방향)	사용자 참여형(양방향)	사용자 맞춤형 (개인화/맞춤화)
주요 기술	HTML, 웹브라우저	AJAX, RSS 등	블록체인, 메타버스, NFT, AR, IR
비즈니스 모델	블로그, 웹사이트, 전자상거래	소셜 미디어를 통한 광고 수익 창출 모델, 인플루언서의 콘텐츠 활용	개인화/맞춤화된 알고리즘 기반의 자동 추천 시스템

3. 국경 간 전자상거래의 발전

인터넷의 발전은 개발된 초기에 단순한 일방향 정보 제공에서 시작하여 정보의 양방향 의사소통까지 가능하게 하고 있다. 그 덕분에 국경을 넘어선 정보의 공유가 가능해졌다. 그뿐만 아니라 오프라인 채널과 온라인 채널이 결합된 옴니채널의 등장, 광고형 수익 창출 모델, 오늘날에는 데이터와 인공지능을 활용한 플랫폼 비즈니스 모델까지 진화하였다. 그로 인해 인터넷 기술의 발전으로 등장한 전자상거래는 나날이 발전하고 있다. 현재는 상품과 서비스의 공유가 이루어지는 것에서 더 나아가 공급자와 소비자의 경계까지 허물어지고 있다. 인터넷의 발전과 밀접한 연관이 있는 전자상거래의 발전 과정은 다음과 같다.

웹 1.0 시대에서의 전자상거래는 상품과 서비스의 상거래를 온라인에서 가능하게 만든 시작점이다. 이는 네트워크 기술 개발의 결과물이었던 인터넷을 상업적인 매체로 활용하여 새로운 비즈니스 모델을 제시한 것이다(김은주 · 신건철, 2022). 가장 기본적인 개념인 온라인 구매를 통해 시간적·공간적 제약 없이 상품과 서비스의 상거래가 이루어지게 되었다. 이는 단순히 내수시장에서의 수익을 영위하던 기업에도 혁신적인 변화를 끌어냈다. 1995년에는 현재 전자상거래에서 가장 큰 점유율을 차지하는 '아마존(Amazon)'과 '이베이(eBay)'가 등장하였다. 그뿐만 아니라 전자상거래의 등장은 결제방식에도 영향을 미쳤다. 온라인 상거래의 등장과 발전으로 인해 온라인에서 가능한 지불방식의 개념이 등장했고 이는 온라인 화폐, 인터넷 뱅킹과 같은 새로운 수익 창출 모델을 만들어냈다. 이처럼 전자상거래의 발전은 광범위한 분야에 적용되며 다양한 변화를 이끌어내고 있다.

아마존(Amazon), 이베이(eBay)
미국의 종합 인터넷 플랫폼 기업으로 세계에서 가장 큰 점유율을 차지하고 있는 전자상거래 업체들.

웹 2.0 시대에서 소셜 커머스의 등장은 스마트폰, 태블릿과 같은 모바일 기기의 보급으로 인해 발전한 전자상거래의 발전 과정 중 하나이다. 모바일 온라인 시장의 확장으로 국경을 넘어선 공급자와 수요자 간의 소통도 비교적 활발히 이루어졌다. 페이스북, 트위터, 블로그, 유튜브는 문자를 넘어서서 이미지, 영상 등을 게재하고 사용자와 공유하는 형태의 소셜 미디어 플랫폼이다. 이는 사용자들에 의해 생산된 정보를 사용자들끼리 공유하는 것을 넘어서서 기업의 홍보 및 마케팅 수단으로도 이어졌다. 라이브 커머스는 소셜 미디어를 활용한 전자상거래 방법의 하나로, 소셜 네트워크 서비스와 전자상거래 플랫폼이 결합된 형태라고 할 수 있다. 웹 2.0에서의 국경 간 전자상거래는 국경을 넘어선 사용자들의 정보 공유와 함께 광고 및 수수료 등의 수익을 창출하는 모델이다.

웹 3.0의 전자상거래는 소비자 개인의 맞춤화된 개인화가 핵심이다. 머신러닝과 AI 기술을 통해 사용자의 구매 내역, 검색 기록, 선호도 등을 기반으로 제품 및 서비스를 맞춤화하여 제공한다. 전자상거래 플랫폼의 사용자는 실제 직원과 대화하듯 AI 챗봇을 활용해 정보를 획득할 수도 있으며, 판매자는 구

증강현실(Augmented Reality)

현실 세계에 가상의 정보나 이미지를 겹치게 하여 현실과 가상이 혼합된 것을 사용자에게 보여주는 기술.

가상현실(Virtual Reality)

컴퓨터에 의해 생성된, 현실과는 독립된 가상 환경을 사용자가 직접 경험하는 기술.

매 예측, 고객 서비스 자동화 등의 기술을 활용할 수 있다. 또한 블록체인 기술을 도입하여 스마트 계약, 글로벌 물류체계 간소화 등으로 거래가 편리해짐과 동시에 거래의 분산화를 통해 보안을 높였다. 증강현실(AR)과 가상현실(IR) 기술을 기반으로 제품을 시연해보며 제품의 구매 결정을 도와줄 수 있는 점 또한 웹 3.0 전자상거래의 특징이라고 할 수 있다.

인터넷의 발전을 바탕으로 전자상거래 산업은 온라인 시장 내에서 상품과 서비스를 거래하고 시간과 공간의 제약 없이 발전하였다. 더 나아가 다양한 부문에서 인터넷 기술이 적용되어 다양한 제품과 서비스에 대한 접근성을 높이고 사용자의 경험을 향상시켜 더욱 효율적인 전자상거래 기술을 발전시키고 있다. 진정한 기업가는 이렇듯 나날이 발전하고 변화하는 상황에서 새로운 기회를 모색하고, 혁신을 이루어낼 줄 알아야 할 것이다. 다음 장에서는 이러한 인터넷 기술의 발전을 통해 무역벤처 창업가로서 활용할 수 있는 국경 간 전자상거래에 관해 탐구해보고, 관련 산업에 진출할 기회를 마련해보고자 한다.

평가문제

진위형(O, X 문제)

1	인터넷은 1961년부터 개발 및 연구가 시작되어 1974년까지 혁신 단계를 거친 뒤 1975년부터 상용화 과정을, 1995년부터 현재까지는 제도화 단계를 통해 활성화되고 있다.	
2	패킷 스위칭이란 발신자로부터 디지털 메시지, 즉 데이터를 받아 관리하기 쉽도록 패킷을 분할하고 목적지에 가서 다시 합치는 방식으로 이루어지는 데이터 전송 방법이다.	
3	IP(Internet Protocol, 인터넷 프로토콜)는 장소에 구애받지 않고, IP를 알게 되면 송신자와 수신자 간에 상호 통신을 할 수 있도록 기반을 제공해주는 통신 프로토콜이다.	
4	클라이언트/서버 컴퓨팅은 서버와 다양한 클라이언트로 연결되는 구소로, 클라이언트는 같은 목적으로 사용되기 위해 공유되는 서비스를 제공하는 것을 의미하며 서버는 이러한 서비스의 사용자를 뜻한다.	
5	클라이언트/서버 구조를 통해 사용자와 공유 목적의 서비스로 역할을 분담하여 기능을 수행하는 분산된 환경을 이룬다. 분산화는 업무 처리 효율성이 훨씬 극대화하는 효과를 볼 수 있다.	

단답식

6. 두 개의 호스트를 연결하고 데이터 스트림을 교환하게 해주는 중요한 네트워크 프로토콜을 의미하며, 데이터와 패킷이 보내진 순서대로 전달되는 것을 보장하는 인터넷의 핵심 기술 중 하나는?

____

7. 팀 버너스 리가 만든 문서 작성을 위한 언어로, 컴퓨터 시스템 간에 정보를 전달하기 위해 만든 기본 문서 작성 방식은?

____

8. 웹 2.0에서 양방향 정보 공유를 통해 쌓인 방대한 양의 데이터를 독점적으로 관리하는 것을 방지하기 위해 새롭게 등장한 웹 형태는?

____

9. 사람과 같이 인지하여 데이터를 처리하는 방식을 의미하는 것으로, 웹 페이지의 내용을 이해하여 개인에게 맞춤화된 정보를 제공하는 지능형 웹 기술은?

____

10. 다수의 거래내역을 묶어 블록을 구성하고 체인처럼 연결한 뒤, 이를 복사하여 다수의 사람이 분산하여 저장하는 탈중앙화의 대표적인 기술은?

____

주관식

11. 웹 2.0의 주요 특징과 한계점을 웹 3.0의 등장 배경과 연관 지어 설명하시오.

____

____

____

12. 웹 3.0의 주요 기술 및 서비스를 사례를 들어 설명하시오.

____

____

____

정답

1. X **2.** O **3.** O **4.** X **5.** O **6.** TCP(Transmission Control Protocol, 전송 제어 프로토콜)
7. HTML(Hyper Text Markup Language) **8.** 웹 3.0 **9.** 시맨틱 웹(Semantic Web) **10.** 블록체인

참고문헌

논문

김은주 · 신건철(2022). "전자상거래 산업의 변천 과정과 시대별 특징에 대한 비교분석." 『경영사연구(경영사학)』. 제37집 제3호. 한국경영사학회. pp. 5~27.

김재하(2007). "웹 2.0 환경의 새로운 디지털 콘텐츠 서비스 전망에 관한 연구." 방송공학회 논문지. 제12권 제5호. 한국방송미디어공학회. pp. 452~459.

전종홍 · 이승윤(2007). "모바일 웹2.0 기술 전망." 『Telecommunications Review』. 제17권 4호. ISSS. pp. 628~642.

조동환(2008). "웹 2.0과 기업의 비즈니스 모델 활용 방안." 한국콘텐츠학회 논문지. 제8권 제4호. pp. 108~116.

인터넷 기사

김정우. "인터넷의 역사! 알파네트부터 블록체인까지/차세대인터넷(Next Genration Internet)." 투이컨설팅. 2022-03-08.
https://www.2e.co.kr/news/articleView.html?idxno=301863.

김주호. "과거 인터넷 혁명과 웹 3.0, 폭발적인 성장이 온다." 블록체인투데이. 2021-11-09.
https://www.blockchaintoday.co.kr/news/articleView.html?idxno=19706.

정연호. "[IT강의실], 드디어 시작된 웹 3.0의 시대…. '근데 웹 3.0 뭐지?'." IT동아. 2022-02-01.
https://it.donga.com/101672.

정유진. "웹 3.0이 가져올 미래 변화는." 매거진한경. 2022-02-25.
https://magazine.hankyung.com/money/article/202202143142c.

함대훈. "인터넷, 웹 3.0으로의 진화." 삼성SDS 인사이트. 2022-05-25.
https://www.samsungsds.com/kr/insights/web3.html.

PART 2

국경 간 전자상거래 비즈니스 모델

PART 2에서는 국경 간 전자상거래의 개념과 주요 특징을 이해하고, 전자상거래의 여러 가지 유형을 학습한다. 더 나아가 국경 간 전자상거래의 다양한 비즈니스 모델을 학습하고, 이를 토대로 전자상거래의 사례에 대하여 학습한다.

제4장

국경 간 전자상거래의 기초

전자상거래는 온라인 네트워크를 통하여 재화나 서비스를 구입 및 판매하는 모든 형태의 상거래를 말한다. 가계, 기업, 정부, 금융기관 등 경제주체 간에 상품과 서비스를 교환하는 데 전자적인 매체, 주로 인터넷을 활용하는 것을 전자상거래라고 말한다. 국경 간 전자상거래는 국가와 국가 간 경제 주체들 사이에서 이루어지는 전자상거래이다. 일반적인 전자상거래와 달리 상품과 서비스가 데이터를 활용하여 국경을 이동한다는 특징이 있다.

전자상거래는 1994년만 해도 존재하지 않던 상거래 형태이다. 전자상거래는 인터넷과 웹을 이용하여 디지털 기술에 의해 중개되는 상업적인 거래를 의미한다. 일반적으로 상거래는 가치의 교환을 내포하고 있으므로 전자상거래도 물품과 서비스에 대한 가치의 이전이라는 현상이 발생해야만 한다. 가치의 교환이 없다면 상거래가 발생했다고 볼 수 없으며 (Laudon & Traver, 2001), 궁극적으로 거의 모든 상거래에 영향을 미쳐 2050년에는 모든 상거래가 전자상거래로 수행될 것이라고 학자들이 예측하였다. 전자상거래는 기업들에게 변화를 요구하고 있으며 동시에 새로운 사업 기회를 제공하여 생존과 성장의 중요한 환경을 제공하고 있다.

1. 전자상거래의 개념

1) 무역거래 수단의 자동화와 고도화

인터넷
공통 표준을 기반으로 구축된 전 세계 컴퓨터 네트워크.

전자상거래의 정의는 그 추구하는 목적이 다양할 수 있으나 무역 수단의 자동화 및 고도화의 의미가 내포되어 있다. 무역거래에 예전부터 사용되어오던 전화, 팩스(Fax), 텔렉스(Telex) 대신 컴퓨터와 인터넷을 이용한 거래처 알선, 검색, 상담, 계약이 가능하다. 은행은 폐쇄형 결제 시스템과 신용장 대신 인터넷 전자화폐 등 개방형 결제 시스템과 전자신용장(e-L/G), 전자선하증권(e-B/L) 등의 이용이 가능해졌다. 오프라인과 폐쇄형이었던 무역 프로세스의 자동화와 기존 자동화 시스템의 고도화가 전자상거래의 일반적 특징이라고 할 수 있다.

2) 프로세스의 전자화와 네트워크화

네트워크화
떨어져 있는 각각의 컴퓨터들을 하나의 그물망처럼 서로 연결시키는 것이다.

기존의 무역 프로세스는 온라인, 오프라인이 섞여 있는 절름발이 시스템이었다. 계약 이전의 부분은 현재 온라인화가 되어 있으나 계약 이후의 물류, 결제, 통관은 온라인화가 진행 중이거나 개발 중인 상태로 전자상거래 프로세스의 일관성과 유기적 네트워크가 이루어지지 않았다. 전자상거래는 이러한 무역 프로세스의 자동화와 온라인화가 일관성 있게 구성되고, 기업과 정부 지원 산업 등 각종 기관별 프로세스가 유기적인 네트워크를 구성하여 무역과 관련된 기업(금융, 물류, 보험, e-Marketplace 등을 포함), 정부(관세청, 수출입 인허가기관 등), 각종 지원 산업의 프로세스 융합으로 나타나는 것을 의미한다.

3) 사업 모델의 e-트랜스포메이션화

일반적으로 기업의 e-트랜스포메이션(e-Transformation)은 전통 기업이 새롭고 차별화된 모습의(예를 들면, dot.com) 기업으로 변화하는 것을 의미한다. 정보통신기술의 발달로 물리적 공간과 수직적 구조의 기업모델은 시간과 공간개념의 변화(인터넷의 등장), 기업모델의 수직분화와 수평결합으로 기존에 볼 수 없었던 다양한 비즈니스 모델이 등장하게 되었다. 무역 자동화와 고도화, 무역 프로세스의 전자화와 네트워크화가 진행되면 무역과 관련된 기업, 정부, 관련 기관의 내부 프로세스 또한 e-트랜스포메이션을 겪어야 하며, 이것은 필연적으로 각 기관의 혁신을 야기하게 된다. e-트랜스포메이션은 단순한 사업 모델의 다양화뿐만 아니라 무역과 관련된 모든 기관의 체질 개선을 요구한다. 이러한 과정을 거치고 나서 비로소 전자상거래의 토대가 갖추어졌다.

E-Transformation
E-전환 전통 기업의 업무 프로세스를 인터넷 방식으로 변환시키는 것을 이른다.

4) 국제 간 무역 네트워크의 통합화

무역은 국제 간의 거래이다. 따라서 어느 한쪽의 일방적인 인프라와 시스템의 업그레이드만으로는 진정한 의미의 전자상거래가 실행되기는 어렵다. 양국 무역 시스템의 호환성이 불균형적이라면 국제 간 신뢰성 있는 무역 네트워크를 양 당사자가 이용할 수 있을 것이다. 현재 우리나라에서는 PAA(Pan Asia e-commerce Alliance), 한 · 일 e-Trade Hub(일본 프로젝트 명 e-AMP) 구축사업, ASEM 전자상거래 네트워크 구축사업 등을 추진하여 향후 글로벌 전자상거래 네트워크 구축과 보급에 적극적으로 나서고 있으며, 전자상거래 주도국의 입지를 확보하기 위해 노력하고 있다.

2. 전자상거래의 주요 특징

[표 4-1] 전자상거래의 8가지 특징

편재성(Ubiquity)
글로벌 접근성(Global Reach)
범용적인 기준(Universal Standards)
정보의 풍부성(Richness)
상호작용성(Interactivity)
정보 집적도(Information Density)
개인화/맞춤화(Personalization/Customization)
사회적 기술(Social Technology)

1) 편재성(Ubiquity)

편재성
전자상거래는 언제 어디서나 사용 가능한 것이 특징이다.

전자상거래는 언제 어디서나 정보 통신장치와 기술을 통해 상거래를 이용할 수 있다. 기존의 상거래는 거래하는 데 물리적인 공간이 필요했으나 전자상거래의 유비쿼터스 환경에서는 물리적 공간과 시간의 제약이 없다. 데스크톱 PC, PDA, 모바일 폰 등으로 직장, 가정, 학교 등 어느 공간에서도 전자상거래를 이용할 수 있게 된다. 이러한 물리적 · 가상적 공간을 포함한 시장을 기존의 시장(Marketplace)과 구별하여 통합시장(Marketspace)이라고 한다. 통합시장은 기존의 시장 영역과 시간적 · 공간적 지역 개념을 탈피한 가상시장 영역을 포함하게 된다.

소비자 입장에서 전자상거래의 편재성은 시간 · 공간 비용과 거래 비용을 절감시키는 효과가 있다. 광범위한 시각에서는 거래 시작에서부터 완결에 필요한 정신적 노력 에너지인 인식 에너지 소비가 상당히 줄어들 수 있다.

2) 글로벌 접근성(Global Reach)

전자상거래 기술은 기존의 상거래 행위를 국가와 문화권의 경계를 넘어서 보다 편리하고 효율적으로 수행할 수 있도록 도와준다. 전자상거래의 잠재적 시장 규모는 전 세계 온라인 사용자의 규모와 같다고 볼 수 있다.

전통적인 상거래에서는 지역과 광고 수단의 비용, 공간적 제한으로 인해 전자상거래와 같은 글로벌 접근성을 얻기 힘들었다. 따라서 잠재시장 규모와 글로벌 고객의 접근 규모는 서로 다를 수밖에 없었다. 그러나 전자상거래의 글로벌 접근성의 특성으로 인하여 잠재시장 규모는 이론적으로 같아진다.

전통적인 상거래
인터넷이나 디지털 기술을 사용하지 않고, 물리적인 장소에서 상품이나 서비스를 직접 거래하는 방식을 의미한다.

3) 범용적인 기준(Universal Standards)

전자상거래의 특징은 인터넷이라는 표준기술을 사용하는 것인데 인터넷처럼 전 세계 모든 국가에서 두루 쓰이는 표준을 범용적인 표준이라고 한다. 전자상거래의 범용적인 표준은 재화, 서비스 공급자들의 시장 진입 비용을 대규모로 절감시키며, 동시에 소비자들의 탐색비용(search cost)을 절감시킨다. 또한 가격과 제품 설명서의 입수가 간편하고 모든 사람이 볼 수 있어 가격 발견이 더욱 간편해졌으며, 빠르고 정확해졌다. 전 세계 어느 곳에 있더라도, 특정 상품의 공급자, 가격, 양도 조건 내역을 쉽게 찾을 수 있다.

4) 정보의 풍부성(Richness)

정보의 풍부성(richness)은 전달 메시지 내용의 양과 복잡성을 뜻한다(Evans & Wuster, 1999). 일반적으로 정보의 풍부성은 정보의 접근성과 트레이드 오프를 가진다. 예를 들어 직접 상점에 가서 물품에 대한 정보를 입수할 경우 판매원으로부터 제품의 실물뿐 아니라 제품의 특징, 세부적 특성, 디자인, 각종 옵션 및 혜택에 대해 상세하게 알 수 있다. 이때 정보를 얻기 위해 매장까지 가야 하는 불편함이 있지만, 판매원과 직접 만남으로써 소비자가 알고 싶어 하는 정보를 다양하게 얻을 수 있는 장점이 있다. 전통적인 상거래에서는 정보에 접근하려는 소비자가 증가할수록 전달 내용의 풍부성은 감소한다. 전자상거래에서 정보의 풍부성은 인터넷상에 담을 수 있는 정보의 양이 점점 늘어나면서 정보의 양과 질이 동시에 증가하고 있다는 것을 의미한다.

5) 상호작용성(Interactivity)

상호작용성

사업자와 소비자 간의 쌍방향 커뮤니케이션을 허용하는 기술을 의미한다.

매개체

두 개체나 시스템 간의 상호작용을 가능하게 하는 중간 역할을 하는 것이다.

정보의 상호작용성은 판매자와 소비자 간에 의사소통을 가능하게 하는 기술 및 매개체에 의해 생긴다. 기존의 상거래에서는 전화가 거의 유일했다. 그러나 정보통신기술의 발달은 기존 매개체에 상호작용성을 증대시켰다(디지털 TV, 인터넷, 냉장고, 가전제품 등). 인터넷과 웹의 발전은 전자상거래의 상호작용성을 확장시켜 온라인 판매자들은 많은 수의 글로벌 고객과 온라인상에서 의사소통을 원활하게 하며 판매할 수 있게 되었다.

6) 정보 집적도(Information Density)

정보의 집적도는 모든 시장 참여자(판매자, 소비자)에게 제공 가능한 전체 정보의 양과 질을 말한다. 전자상거래 기술은 정보의 수집, 저장, 처리, 전달비용을 절감시키는 동시에 정보의 즉시성, 정확성, 적시성을 증대시켜 상거래를 더 유익하게 수행할 수 있게 도와준다. 그 결과 정보는 더욱더 풍부해지고, 저렴하고, 내용의 질이 높아지게 된다.

정보의 집적도가 높아지면서 전자상거래 시장에서는 가격과 비용이 더욱 투명해지게 된다. 판매자 또한 이전보다 훨씬 많은 수의 고객을 발견할 수 있는 이점도 가지고 있다. 이러한 현상은 판매자들이 가격 차별화로 시장을 세분화할 수 있게 해준다. 즉, 같은 상품(유사상품 포함)을 다른 목표 고객에게 다른 가격으로 팔 수 있다.

전달비용
상품, 서비스, 정보 등을 한 장소에서 다른 장소로 이동하거나 전달하는 데 드는 모든 비용을 일컫는다.

7) 개인화/맞춤화(Personalization/Customization)

일반적으로 개인화(personalization)는 고객의 기호, 과거 구매 행태, 주요 관심 분야를 추적하여 고객의 종합적 패턴을 발견한 다음 고객에게 맞는 마케팅 활동을 하는 것이다. 개인화의 가장 큰 장점은 고객의 정보를 얻기 위해 시간의 낭비를 벗어날 수 있다는 것이다.

이와는 반대로 맞춤화(customization)는 고객이 스스로 자신이 선호하는 정보를 사이트에 입력해서 필요한 정보만 보이게 하는 것을 말한다. 예를 들어 신문사 홈페이지에 접속했을 때 고객의 성향에 따라 다른 정보를 제공받을 수 있다. 이렇듯 전자상거래의 발전으로 인해 이전에는 시도되지 못했던 마케팅 전략과 고객 세분화, 가격과 비용의 투명성, 잠재고객의 증대 등의 변화가 일어난다.

투명성
기업의 정보나 거래조건이 숨김없이 공개되어 소비자가 이를 쉽게 이해하고 비교할 수 있도록 하는 특성을 보임을 의미한다. 전자상거래의 발전으로 인해 가격, 비용, 거래조건 등 다양한 요소가 공개되고 명확하게 제시되면서 소비자와 기업 간의 신뢰가 증진되고 거래의 공정성이 확보된다.

8) 사회적 기술(Social Technology)

전자상거래의 '사회적 기술'은 텍스트나 영상 등의 형식으로 콘텐츠를 만들어 서로 공유가 가능하고 이를 통해 네트워크를 구축한다는 특징이 있다. 즉, 소비자들이 온라인에서 제품 리뷰나 평가를 공유하고, 이를 바탕으로 구매 결정을 하는 과정을 말한다. 이는 소비자들이 소셜 미디어, 포럼, 블로그 등에서 경험을 공유하며, 이 정보를 통해 신뢰할 수 있는 구매 결정을 내리는 데 도움을 준다. 또한, 기업들은 이러한 소비자 피드백을 활용하여 제품과 서비스를 개선하고, 브랜드 충성도를 높일 수 있다.

3. 전자상거래의 유형

전자상거래의 유형은 다양한 형태로 구분된다. 예를 들어 B2B, B2C, C2C, Social e-commerce 등이 대표적이다. 이외에도 중간거래상이 개입하는 C2B2C 등 여러 가지로 확장될 수 있다.

(1) B2B(Business to Business)

기업과 기업 간의 전자상거래로 기업 간의 업무처리를 사람이나 종이 서류의 이동이 아닌 디지털 매체로 하는 제반 과정을 의미한다. 즉, 불특정 기업들이 공개된 네트워크를 이용하여 수행하는 마케팅 활동으로, B2B 거래에서는 거래의 주체에 따라 판매자 중심, 구매자 중심, 중개자 중심의 거래로 구성된다.

(2) B2C(Business to Consumer)

기업과 소비자 간의 전자상거래로 과거에는 전체 전자상거래 유형 중 가장 많은 비중을 차지했었고 일반인들에게 가장 친숙한 유형이다. 사전적으로는 기업이 전자적 매체를 통신망과 결합하여 소비자에게 재화나 용역을 거래하는 행위를 뜻한

통신망

전자상거래에서 데이터와 정보를 전송하는 데 사용되는 다양한 기술적 인프라를 의미한다. 인터넷, 모바일 네트워크, 전화선, 위성통신 등과 같은 모든 형태의 네트워크를 포함한다.

다. 예전에는 전자제품, 의류, 가구 등의 물리적인 제품이 주를 이루었으나, 최근 들어서는 게임, 동영상 등의 디지털 상품을 비롯하여 거래 물품 영역이 점점 확대되거나 파괴되고 있다.

(3) B2G(Business to Government)

기업과 정부 간의 전자상거래로 정부가 조달 예정 상품을 인터넷 사이트에 공지하면 기업들이 이 사이트를 통하여 공급할 상품을 확인하고 입찰하는 프로세스가 전형적이다.

(4) B2E(Business to Employee)

기업 내의 경영자와 사원 간의 유대감과 신뢰 향상을 목적으로 한다. 전자우편, 게시판 등을 통한 노사 간의 대화로 서로에 대한 신뢰를 강화하고, 경영지표, 경영의 투명성 등을 제공하는 것에서 출발한 유형이다. 최근에는 사원들이 기업이 운영하는 혹은 위탁한 인터넷 쇼핑몰을 통해 필요한 물품을 구매할 수 있게 만든 시스템으로 발전하고 있다.

(5) C2B(Customer to Business)

기존의 B2C 거래는 기업이 거래 주체가 되는 반면에, C2B 거래는 소비자가 거래의 주체가 되는 것이다. 소비자 중심의 전자상거래를 의미하는 것으로 공동구매, 역경매 등이 여기에 속한다. 소비자가 기업에 원하는 상품의 가격과 조건을 제시하는 거래방식으로 최근 들어 많은 각광을 받고 있다.

(6) C2C(Customer to Customer)

이 유형은 소비자와 소비자 간의 전자상거래로 소비자들끼리 서로 인터넷을 이용하여 일대일 거래를 하는 것을 의미한다. 주로 경매나 벼룩시장 등을 이용한 중고품 매매가 일반적이며, 대표적인 모델로 미국의 이베이(eBay)나 우리나라의 옥션 등이 있다.

(7) G2B(Government to Business)

G2B 유형은 정부와 기업 간에 이루어지는 전자상거래를 의미하는 것으로, 정부와 기업이 온라인 회선을 이용하여 각종 세금 납부 또는 조달 업무 등을 수행하는 데 활용하고 있다.

(8) G2C(Government to Customer)

주요 정부 기관과 소비자 간에 일어나는 전자상거래이다. 이는 정부의 행정서비스를 온라인으로 받게 되는 것으로 각종 증명서의 발급이나 세금 납부, 사회복지 급여의 지급 등이 여기에 해당된다. 인터넷을 통한 여러 가지 민원 서비스들이 점차 확대되고 있지만, 중요한 정보가 범죄에 악용되지 않도록 철저한 보안 대책이 요구된다.

(9) P2P(Peer to Peer)

개인 대 개인이라는 뜻의 네트워크 용어에서 비롯되었다. 즉, 개인 PC와 PC 간에 이루어지는 거래를 의미한다. 자료를 중앙 서버에 등록하여 공유하는 것이 아니라 개인의 PC에서 바로 교환하는 방식이다. 대표적인 서비스로는 우리나라의 소리바다 등이 있다.

(10) 소셜 커머스(Social Commerce)

소셜 미디어 플랫폼을 기반으로 하는 전자상거래이다. 소비자들이 주로 사용하는 인스타그램, 페이스북, 유튜브 등 소셜 미디어에 제품을 홍보함으로써 판매한다.

(11) 모바일 전자상거래(Mobile e-commerce, M-commerce)

모바일 전자상거래는 데스크톱을 사용하지 않고 스마트폰이나 태블릿과 같은 모바일 장치를 사용하여 상품이나 서비스를 구매하는 과정을 의미한다. 이는 사용자들에게 언제 어디서나 쇼핑할 수 있게 편리함을 제공하며, 모바일 앱이나 최적화된 웹사이트를 통해 이루어진다. 모바일 전자상거래는 소비자들에게 신속하고 편리한 쇼핑 경험을 제공함으로써 전자상거래 시장의 성장을 크게 촉진하고 있다.

(12) 로컬 이커머스(Local e-commerce)

온라인 플랫폼을 통해 특정 지역 소비자들에게 재화와 서비스를 판매하는 전자상거래를 뜻한다. 배달 앱, 로컬 농수산물 쇼핑몰, 새벽 배송 등이 이에 해당한다.

(13) C2B2C(Consumer to Business to Consumer)

C2B2C는 전자상거래에서 사용되는 비즈니스 모델이며, 기업이 두 소비자 사이의 중개

자 역할을 한다. 예를 들어 한 기업이 소비자로부터 중고 전자제품을 구매하여 정비한 후 다른 소비자에게 재판매하는 과정을 포함한다. 또한 소비자 간 직접적인 제품 판매가 이루어지지만, 기업이 거래 과정을 중개하고 관리하는 경우도 이 모델에 해당한다. 전자제품, 자동차, 주택 등 다양한 분야에서 특히 효과적으로 작동하는 이 모델은 중고 제품의 가치를 일반적으로 인정받는 방식으로 평가한다.

• 평가문제 •

진위형(O, X 문제)

1	전자상거래는 추구하는 목적이 다양할 수 있으나 무역 수단의 자동화 및 고도화의 의미가 내포되어 있다.	
2	오프라인과 폐쇄형이었던 무역 프로세스의 자동화와 기존 자동화 시스템의 고도화가 전자상거래의 일반적 특징이라고 할 수 없다.	
3	일반적으로 기업의 e-transformation은 전통기업이 새롭고 차별화된 모습의 기업으로 변화하는 것을 말한다.	
4	기존 상거래는 거래하기 위해 물리적인 공간이 필요했으나 전자상거래의 유비쿼터스 환경에서는 물리적 공간과 시간의 제약이 있다.	
5	전자상거래의 '사회적 기술'은 텍스트나 영상 등의 형식으로 콘텐츠를 만들어, 서로 공유가 가능하고 이를 통해 네트워크를 구축한다.	

단답식

6. 언제 어디서나 정보 통신장치와 기술을 통해 상거래를 이용할 수 있는 거래는?

____

7. 전자상거래에서 판매자와 소비자 간에 의사소통을 가능하게 하는 기술 및 매개체에 의해 생긴 특징은?

____

8. 고객이 스스로 자신이 선호하는 정보를 사이트에 입력해서 필요한 정보만 보이게 하는 것은?

____

9. 전자상거래에서 인터넷상에 담을 수 있는 정보의 양이 점점 늘어나게 되면서 정보의 양과 질이 동시에 증가하는 것은?

---

10. 기업과 기업 간의 전자상거래로 기업 간의 업무처리를 사람이나 종이 서류의 이동이 아닌 디지털 매체로 하는 제반 과정은?

주관식

11. 전자상거래의 8가지 특징을 제시하고, 이들을 각각 설명하시오.

---

12. 전자상거래의 유형에 대하여 논의하시오.

정답

1. O **2.** X **3.** O **4.** X **5.** O **6.** 전자상거래 **7.** 정보의 상호작용성 **8.** 맞춤화(customization)
9. 정보의 풍부성 **10.** B2B(Business-to-Business)

제5장

비즈니스 모델의 탐색

국경 간 전자상거래의 비즈니스 모델은 글로벌 시장에서 중요한 역할을 하고 있다. 이 모델을 통해 기업들은 다양한 국가와 문화에 걸쳐 효율적으로 운영되고, 복잡한 다국적 시장 진입 문제를 해결할 수 있다. 또한 전 세계 소비자들에게 접근함으로써 브랜드의 글로벌 인지도를 높이고, 새로운 시장에서 수익 창출 기회를 확대하며, 이를 통해 경쟁력 강화와 지속 가능한 성장을 도모할 수 있다. 따라서 5장에서는 전자상거래의 다양한 비즈니스 모델을 이해하고, 비즈니스 모델의 핵심 요소와 유형에 대해 학습하고자 한다.

1. 비즈니스 모델의 8가지 요소

1) 정의

비즈니스 모델은 거래를 설명하는 모델로, 누구를 대상으로 무엇을 제공하여 어떻게 수익을 창출하는지를 요약적으로 설명한다. 비즈니스 모델은 시장에서 이익을 얻기 위한 계획된 활동들의 집합이다. 전자상거래 비즈니스 모델은 인터넷과 웹의 독특한 특성을 활용해 수립된 계획적 활동을 포함한다.

비즈니스 모델
시장에서 수익을 창출하도록 설계된 계획적 활동.

전자상거래 비즈니스 모델
인터넷, 웹 및 모바일 플랫폼의 독특한 특성을 사용하고 이용하는 것을 목표로 하는 비즈니스 모델.

2) 비즈니스 모델의 8가지 요소

[표 5-1] 비즈니스 모델의 8가지 요소

가치 제안(Value Proposition)
수익 모델(Revenue Model)
시장 기회(Market Opportunity)
경쟁 환경(Competitive Environment)
경쟁 우위(Competitive Advantage)
시장 전략(Market Strategy)
조직 개발(Organizational Development)
경영진(Management Team)

(1) 가치 제안(Value Proposition)

"고객들이 왜 당신에게 사야 하는가?"라는 질문을 생각하면서 가치를 제안해야 한다. 성공적인 전자상거래의 가치 제안은 개인화/맞춤화 서비스를 제공해야 하며, 상품 탐색 비용, 가격 발견 비용 등을 절감해야 한다. 또한 제품의 인도를 관리하여 거래를 원활화한다. 마지막으로 상품의 독특성 구매와 가격우위를 가져야 한다. 예를 들어, 애플의 가치 제안은 사용자 친화적인 디자인과 혁신적인 기능의 결합이다. 애플은 고품질의 하드웨어와 직관적인 소프트웨어를 결합하여 사용자 경험을 극대화한다. 또한 애플의 제품은 생태계를 형성하여 다른 애플 제품과의 연동성을 강화해 사용자에게 편리함을 제공한다. 테슬

가치 제안
회사의 제품이나 서비스가 고객의 요구를 어떻게 충족시키는지 정의하는 것.

라도 친환경 전기차와 혁신적인 기술로 많은 인기를 끌고 있다. 테슬라는 고성능 전기차를 통해 환경 보호와 동시에 뛰어난 주행 성능을 제공한다. 또한 자율주행 기술과 같은 혁신적인 기능을 통해 미래의 모빌리티를 경험하게 한다.

(2) 수익 모델(Revenue Model)

수익 모델

기업이 어떻게 수익을 얻고, 수익을 창출하며, 투자 자본에 대해 우수한 수익을 낼 수 있는지를 설명한다.

"기업은 어떻게 수익을 낼까? 어떻게 수익을 발생시키고, 이익을 내며, 우월적인 투자 수익률을 발생시키는가?"라는 질문을 생각해야 한다.

수익 모델(Revenue Model)은 비즈니스, 일반적으로는 온라인 비즈니스가 서비스를 화폐화하는 방식을 가리킨다. 또한 수익 모델은 기업이 어떻게 수익을 내고 이익을 발생시키며 투자에 대한 최고의 수익률을 내는지 설명한 것이다. 수익 모델의 주요 형태는 광고 수익 모델, 구독형 수익 모델, 거래 수수료 수익 모델, 판매 수익 모델, 제휴 수익 모델 등이 있다.

광고 수익 모델

회사는 광고를 위한 포럼을 제공하고 광고주에서 수수료를 받는다.

① 광고 수익 모델: 전자상거래의 가장 큰 수익 모델이다. 방문자에게 광고를 노출하기 위해 드는 상품과 유통비용은 광고주가 지급하므로 고객에게 무료로 제공된다. 웹사이트의 메시지(배너), 검색 명단, 비디오, 위젯, 게임(인스턴트 메시지) 등이 다른 온라인 미디어로 제공된다. 이를테면 야후는 배너 광고를, 구글은 검색어에 맞는 광고를 제공하여 수익을 얻는다. 예를 들어, 구글은 검색 결과와 함께 표시되는 광고를 통해 수익을 창출한다. 광고주들은 구글의 검색 결과 페이지에 광고를 게재하기 위해 비용을 지불하며, 사용자가 광고를 클릭할 때마다 구글은 수익을 얻는다.

② 구독형 수익 모델: 신문이나 고객의 리뷰, 논평, 리포트

등을 판매해 수익을 내는 모델이다. 구독형 수익 모델을 사용하기 위해서는 제공한 자료가 다른 자료와 구분되고 복제가 어려우며 어디서든 쉽게 구할 수 없는 높은 부가 가치가 포함되어 있어야 한다.

③ 거래 수수료 수익 모델: 거래가 발생할 때마다 수수료를 받아 수익을 얻는 수익 모델이다.

④ 판매 수익 모델: 고객에게 서비스, 상품 또는 정보를 팔아서 수익을 내는 모델을 의미한다.

⑤ 제휴 수익 모델: 제휴 웹사이트가 방문자를 다른 웹사이트로 보내주거나, 잠재고객들에게 필요한 웹사이트를 소개해주고 소개료 또는 손님이 구입한 금액의 일부를 받는 수익 모델이다.

구독 수익 모델

회사는 사용자에게 콘텐츠 또는 서비스를 제공하고 제공물의 일부 또는 전체에 대한 구독료를 부과한다.

(3) 시장 기회(Market Opportunity)

"어떤 마켓스페이스(marketspace)를 가지고 서비스할 것인가? 그 규모는 어떤가?"라는 질문을 생각해보자!

시장 및 산업 변화에 따라 기업이 수익을 얻는 데 유리한 기회를 뜻한다. 시장 기회는 시장의 특성을 파악하기 위해 작은 단위로 세분화한다.

예를 들어 온라인 스트리밍 시장인 넷플릭스는 인터넷 사용이 보편화되고, 사용자들이 TV 방송 대신 원하는 시간에 콘텐츠를 소비하고자 하는 욕구를 활용해 온라인 스트리밍 서비스 시장을 개척한다. 이를 통해 글로벌 시장에서 막대한 성장을 이룬다.

시장 세분화

시장 세분화(종종 마케팅 세분화로도 지칭됨)의 핵심은 목표 시장을 접근 가능한 그룹으로 분류하는 작업이다. 시장 세분화는 인구 통계, 요구사항, 우선순위, 공통적인 관심 사항 및 목표 고객을 더 잘 이해하기 위해 사용되는 기타 사이코그래픽 또는 행동 기준을 바탕으로 시장의 하위 집합을 생성한다.

(4) 경쟁 환경(Competitive Environment)

"우리 말고 누가 이 시장에 존재하는가?" 바로 경쟁자이다. 경쟁자는 직접 경쟁과 간접 경쟁을 모두 포함하며, 같은 시장에

직접 경쟁
동일한 산업 내에서 비슷한 가격에 유사한 제품이나 서비스를 판매하는 것.

간접 경쟁
서로 다른 종류의 제품이나 서비스가 같은 고객의 요구를 충족시키기 위해 경쟁하는 상황.

서 유사한 제품을 판매하는 회사들을 말한다.

여기서 중요한 것은 경쟁자를 이해하고 그들의 특징과 영향력을 파악하는 것이다. 경쟁 분석에는 활동적인 경쟁자들의 숫자와 크기, 개별적인 경쟁자들의 마켓 셰어(시장 점유율)와 경쟁자들의 이익성, 또한 경쟁자들의 가격정책 등 요소들이 포함된다. 예를 들면 애플(Apple)과 삼성(Samsung)은 글로벌 스마트폰 시장에서 치열한 경쟁을 벌인다. 애플은 iOS 운영체제와 고급 디자인을 통한 프리미엄 전략을, 삼성은 다양한 가격대의 제품 라인업과 안드로이드 운영체제를 통한 시장 점유율 확대 전략을 사용한다. 이 경쟁은 스마트폰 기술 발전과 제품 다양성 증가로 이어진다.

(5) 경쟁 우위(Competitive Advantage)

자사의 경쟁 우위를 확보하려면 회사가 시장에 제시할 수 있는 특별한 우위는 무엇인지를 핵심적으로 고려해야 한다. 이는 제품이나 서비스의 품질, 기능, 가격 등에서 경쟁자들과 어떻게 차별화되는지 분석하는 것을 의미한다. 이러한 분석을 통해 회사는 시장에서 독특한 위치를 확립하고, 지속적인 경쟁력을 강화할 수 있다. 따라서 중요한 경쟁 우위는 비대칭성(경쟁자와의 차별성), 초기 진입자의 혜택(후발 진입자의 혜택) 및 독점적 경쟁 우위(필수적 사항), 또는 레버리징(위험 관리 및 다각화) 품질, 가격, 서비스, 브랜드 가치(지속가능성) 등의 특성이 포함된다.

- 앤소프 매트릭스(Ansoff Matrix)

앤소프 매트릭스는 경영진, 고위 관리자나 마케팅 담당자가 미래 비즈니스 성장을 위한 전략을 고안하는 데 도움이 되는 프레임워크를 제공하는 전략 계획 도구이다. 이 개념을 만든 응용 수학자이자 비즈니스 관리자인 러시아계 미국인 이고르 앤소프(Igor Ansoff)의 이름을 따서 명명되었다.

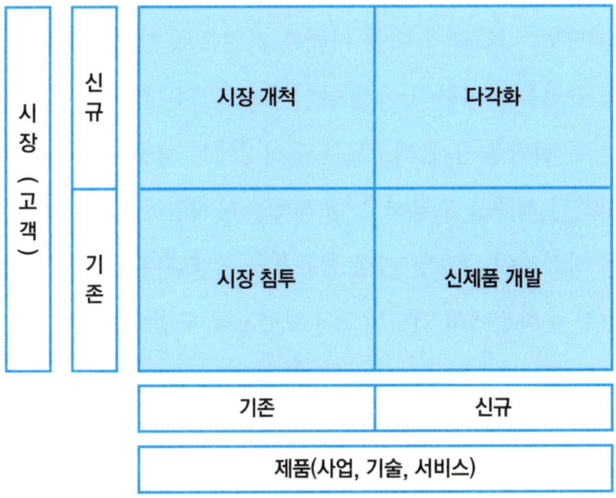

[그림 5-1] 앤소프 매트릭스

앤소프 매트릭스 전략은 '기존 제품, 신규 제품, 기존 시장, 신규 시장'의 요소를 조합하여 기업의 특성에 맞는 전략을 선택할 수 있게 하였다.

① 시장 침투 전략: 기존 제품으로 기존 시장에서 매출을 늘리고자 하는 전략이다.
② 제품 개발 전략: 새로운 제품을 개발하여 기존 시장에서 판매하고자 하는 전략이다.
③ 시장 개척 전략: 기존 제품을 새로운 시장에서 판매하고자 하는 전략이다.
④ 다각화 전략: 새로운 제품을 새로운 시장에서 판매하고자 하는 전략이다.

(6) 시장 전략(Market Strategy)

목표 타깃층을 유인하기 위해 어떻게 제품과 서비스를 홍보

마케팅 전략
마케팅 목표를 달성하기 위해 다양한 마케팅 활동을 이끌어가는 방법이나 책략.

할 계획인지는 매우 중요하다. 이는 자사가 시장에 어떻게 진입하고 고객을 사로잡을지에 대한 세부 전략이며, 마케팅 전략과 통신 방법, 타깃층에 대한 이해를 기반으로 한 구체적인 홍보 계획 수립을 의미한다. 예를 들어 맥도날드는 전 세계적으로 시장 침투 전략을 통해 패스트푸드 시장에서 성공했다. 지역별로 현지화된 메뉴를 도입하고, 공격적인 마케팅과 함께 가격 경쟁력을 강화하여 글로벌 시장 점유율을 확대해나갔다. 이를 통해 다양한 문화권에서 맥도날드의 브랜드를 확립했다.

(7) 조직 개발(Organizational Development)

"어떤 형태의 회사 내 조직구조가 사업 계획을 수행하기 위하여 필요할 것인가?" 즉, 회사가 어떻게 과업을 조직화할 것인가를 설명하며, 보편적으로 기능형 부서 형태로 분할한다. 회사가 성장함에 따라 일반직에서 전문직으로 채용이 변화하게 된다. 소매업체 자포스(Zappos)는 직원들의 행복이 고객 만족으로 이어진다는 철학을 바탕으로 조직 개발을 진행했다. 자포스는 직원들이 회사에서 즐겁게 일할 수 있도록 다양한 프로그램과 혜택을 제공하고, 조직 내에서 직원들의 의견을 적극적으로 반영했다. 또한 회사는 위계적인 구조를 탈피하고 자율적인 팀 구성을 통해 창의성과 효율성을 높였다. 이러한 조직 개발 전략은 자포스가 고객 서비스에서 뛰어난 명성을 쌓는 데 기여했다.

(8) 경영진(Management Team)

"리더들은 어떤 능력을 필요로 할까?" 리더가 필요로 하는 강력한 경영진은 비즈니스 모델이 작동될 수 있도록 하며, 외부의 투자자들에게 신뢰를 줄 수 있어야 한다. 또한 높은 시장에 특화된 지식이 있어야 한다. 마지막으로 사업 계획을 구현하기 위한 경험이 있어야 한다.

경영진
회사의 경영을 맡은 사람들로 구성된 집단.

마크 저커버그(Mark Zuckerberg)는 페이스북을 설립하여 세계 최대의 소셜 네트워크 플랫폼으로 성장시켰다. 그의 기술적 이해와 글로벌 확장 전략은 페이스북을 전 세계에서 가장 영향력 있는 플랫폼 중 하나로 만들었다. 또한 저커버그는 인스타그램과 왓츠앱의 인수 등을 통해 페이스북의 서비스 포트폴리오를 확장하며, 기업의 지속적인 성장을 이끌었다. 하워드 슐츠(Howard Schultz)는 스타벅스를 소규모 커피숍 체인에서 글로벌 커피 브랜드로 확장시켰다. 그는 고객 경험을 중시하는 전략을 통해 스타벅스를 단순한 커피 판매점이 아닌, 고객들이 여유를 즐길 수 있는 '제3의 공간'으로 포지셔닝했다. 그의 리더십 아래 스타벅스는 전 세계적으로 수천 개의 매장을 운영하며, 커피 문화의 아이콘으로 자리 잡았다.

2. 비즈니스 모델 캔버스

1) 비즈니스 모델 캔버스의 정의

비즈니스 모델 캔버스(Business Mode Canbas, BMC)는 기업이 비즈니스 모델을 한눈에 파악, 관리, 혁신하기 위해 모든 구성원이 비즈니스 모델의 정확한 개념을 알고 이를 이해하기 쉽게 나타낸 그래픽 템플릿이다. 비즈니스 모델은 기업이 어떻게 가치를 창출하고 수익을 얻는지에 대한 전략적 계획이다. 비즈니스 모델 캔버스는 9개의 가장 중요한 비즈니스 영역으로 구성되어 있으며, 각 요소들의 유기적인 연결을 통해 어떻게 기업이 수익을 창출하는지 이해할 수 있도록 도와준다.

2) 비즈니스 모델 캔버스의 10가지 블록

(1) 고객 세분화(Customer Segmentation)

'고객 세그먼트'는 "누구를 위해 가치 창출을 해야 하는가?", "누가 우리에게 중요한 고객인가?"에 대한 대답으로 '고객 세그먼트'는 기업이 제각기 다른 유형의 사람들 또는 조직을 대상으로 하는지 규정한다. 어떤 비즈니스 모델이든지 수익을 만들어주는 고객이 없으

고객 세분화
특정 기준이나 특성에 따라 기업의 목표 시장을 별개의 그룹 또는 세그먼트로 나누는 마케팅 전략으로 정의.

면 기업이 살아남지 못하므로 기업은 고객을 만족시키기 위해 그들의 필요, 특징 또는 다른 특성에 따라 분류하여 적절히 대응 및 접근해야 한다. 예를 들어 코카콜라는 고객을 연령대와 생활 습관에 따라 세분화하여 제품을 제공한다. 청소년 및 젊은 성인층을 대상으로 한 코카콜라 오리지널, 건강을 중시하는 성인을 대상으로 한 제로 슈거 제품, 그리고 노년층을 위한 저칼로리 음료 등 다양한 제품 라인을 통해 고객의 다양한 요구를 충족한다. 또는 나이키는 운동 유형(예: 농구, 축구, 요가 등)과 성별, 연령에 따라 고객을 세분화한다. 이를 통해 각 세그먼트에 맞는 제품(예: 여성용 요가복, 남성용 축구화)과 마케팅 메시지를 개발한다. 나이키는 각 운동 유형에 최적화된 제품을 제공하여 고객의 요구를 충족시키고 있다.

(2) 가치 제안(Value Proposition)

"고객에게 어떤 가치를 제공할 것인가?"에 대한 답을 제공해준다. 즉, 특정 고객 세그먼트가 필요로 하는 가치를 창출하기 위한 상품이나 서비스의 조합이 바로 '가치 제안'이다. 특정 고객 세그먼트가 필요로 하는 가치를 창조하기 위한 상품이나 서비스 조합으로, 기업이 고객에게 무엇을 줄 수 있는지를 총괄한 실체다.

가치란 고객이 처한 갈증을 해결해주거나 니즈를 충족시켜주는 요소로 고객이 원하는 가치는 양적 또는 질적인 것이 될 수 있다.

(3) 유통 채널(Distribution Channel)

유통 채널은 기업이 고객 세그먼트에게 가치를 제안하기 위해 의사소통을 하고 상품이나 서비스를 전달하는 방법을 뜻한다. 즉, "가치를 어떠한 경로를 통해서 제공해줄 것인가?"에 대한 대답이다. 커뮤니케이션, 물류, 판매 채널 등 기업과 고객의 인터페이스 전반이 채널이 될 수 있다.

• 채널의 기능

① 기업이 제공하는 상품이나 서비스에 대한 고객의 이해를 높여준다.

② 기업이 전달하는 가치 제공을 고객들이 평가할 수 있도록 해준다.

③ 고객이 특정한 상품이나 서비스를 구매하도록 도와준다.

④ 고객에게 가치를 전달한다.

⑤ 구매 고객에 대한 애프터 서비스를 제공한다.

(4) 고객관리(Customer Relationship)

특정한 고객 세그먼트와 어떤 형태의 관계를 맺을 것인지를 나타내준다. 고객 관계 유지는 자사의 고객 확보, 유지, 상품 및 서비스 판매를 촉진할 수 있다. 고객 관계 형성의 기본 방식은 사람과 사람이 직접 상호 교류하는 개별 어시스트, 고객들과 직접적인 관계를 유지하지 않고 고객이 스스로 니즈 해결에 필요한 모든 수단을 제공하는 셀프 서비스, 자동화 서비스, 기존 고객과 잠재고객의 밀접한 관계를 위한 커뮤니티 개설, 고객의 가치 창출에 함께 참여하는 관계로 유도하는 코크리에이션(Co-creation) 모델이 있다.

점차 사업은 제품과 서비스가 결합하는 PSS(Product Service System)로 변화하므로 고객 관계의 중요성이 증가하고 있다. 제품의 시대에서 서비스의 시대로 변화하는 고객 관계 중심의 전략이 필요하다.

인터페이스
서로 두 개의 시스템이나 장치 사이에서 정보나 신호를 주고받는 경우의 접점이나 경계면을 의미한다.

애프터 서비스
상품을 판 뒤 제조업자가 그 상품의 설치, 수리, 점검 따위를 책임지는 일을 말한다.

셀프 서비스
고객이 직접 상품을 선택하므로 저렴한 가격에 쇼핑을 효율적으로 할 수 있게 하는 판매 방법이다.

코크리에이션(Cocreation) 모델
가치 창출에 고객의 참여를 유도해 함께 문제를 해결해 나가는 형태를 말한다.

(5) 수익원(Revenue Streams)

라이센싱

상표 등록된 재산권을 가지고 있는 개인이나 단체가 타인에게 대가를 받고 재산권을 사용할 수 있도록 상업적 권리를 부여하는 계약을 말한다.

기업이 고객 세그먼트로부터 창출하는 현금으로 수익원 블록은 "고객들은 어떤 가치를 위해 기꺼이 돈을 지불하며, 어떻게 지불하고 싶어 하는가?", "각각의 수입원은 전체 수익에 얼마나 기여하는가?"에 대한 대답을 제공한다.

수익원을 창출하는 방법은 물품 판매, 이용료, 가입비, 대여료/임대료, 라이센싱, 중간 수수료, 광고와 같이 다양한 방법이 있다. 각각의 수익원은 정찰제, 할인판매, 경매, 시장 의존, 물량 의존, 생산량 관리 같은 다양한 가격 메커니즘을 적용할 수 있다.

(6) 핵심 지원(Key Resource)

핵심 지원은 기업이 사업을 진행하는 데 가장 필요한 자산을 의미한다. 산업이나 사업별로 물적 자원이나 지적 자산, 인적자원, 또는 재무자원이 될 수 있다. 유통기업이나 기계 장비류 기업들은 자본 집약적인 물적 자원에 의존하는 경향이 크다. 지식 집약적, 창조적인 산업 분야는 지적 자산과 인적자원이 중요하다.

비즈니스 모델에 따라 현금이나 신용한도, 핵심 인력을 보유하기 위한 스톡옵션 등 재무적 자원이 필요한 기업도 있다. 이러한 핵심 자원을 직접 소유하거나, 리스로 핵심 파트너로부터 획득할 수 있다.

(7) 핵심 활동(Key Activity)

기업이 비즈니스를 성공적으로 운영하기 위한 중요한 활동을 말한다. 핵심 활동 또한 핵심 자원과 같이 비즈니스 모델의 유형에 따라 달라진다.

핵심 활동 유형은 우수한 품질의 제품을 설계, 제작, 운송하는 제조회사의 비즈니스 모델, 고객이 처한 문제에 대한 새로운 해결책을 찾아내는 서비스 비즈니스 모델, 플랫폼/네트워크 중개 비즈니스 모델이 있다.

(8) 핵심 파트너십(Key Partnerships)

산업 생태계에서 비즈니스 모델을 원활히 작동시켜줄 수 있는 파트너 네트워크를 의미한다. '핵심 파트너십' 블록에는 "누가 우리의 핵심 파트너인가", "파트너로부터 어떤 핵심 자원을 획득할 수 있으며, 그가 어떤 핵심 활동을 수행할 수 있는가"에 대한 답을 적는다.

기업들은 파트너십을 통해 자원이나 활동의 배분을 최적화하거나 리스크 및 불확실성을 감소시키고 자원 및 활동을 얻을 수 있다.

• 파트너십을 4가지로 구분

① 비경쟁자들 간의 전략적 동맹

② 코피티션(Cooperation+Competition) → 경쟁자들 간의 전략적 파트너십

③ 새로운 비즈니스를 개발하기 위한 조인트 벤처

④ 안정적 공급을 확보하기 위한 구매자-공급자 관계

코피티션
협력(Cooperation)과 경쟁(Competition)의 합성어이다. 치열한 기술 경쟁과 함께 공통의 이익을 위해 협력하는 것을 의미한다.

(9) 비용 구조(Cost Structure)

비즈니스 모델을 운영하는 데서 발생하는 모든 비용을 말한다. 가치를 창출하여 전달하고 고객 관계를 유지하며, 수익원을 만들 때는 모두 비용이 발생하는데, 핵심 자원, 핵심 활동, 핵심 파트너십을 규정하고 나면 비용 구조를 쉽게 파악할 수 있다.

이 중 기업의 비즈니스 모델에 가장 중요한 비용은 무엇인지를 이해하고, 비용 절감에 초점을 둘 것인지 가치 창출에 초

점을 둘 것인지 구분한다. 비즈니스 모델을 구축해야 하며, 비용구조를 구성하는 요소는 고정비, 변동비, 규모의 경제, 범위의 경제로 구분한다.

(10) 가치 창출(Value Streams)

선순환 기업가정신의 기업경영 부등식의 개념을 적용하여 고객과 기업, 사회 전체의 이익을 가시화하는 선순환 기업가정신의 사회적 가치(Value)를 뜻한다.

가치 제안은 특정 고객 세그먼트가 필요로 하는 가치를 창출하기 위한 상품이나 서비스의 조합이고, 가치 창출은 우리 사업이 사회에 어떠한 기여를 하는가를 수익과 비용에 대응하여 수치적으로 보여준다.

선순환 기업가정신의 사회적 가치를 고려하기 전에는 우리의 사업을 통해 사회에 무엇을 기여했는가를 명확하게 볼 수 없다. 사회적 가치를 고려한 후 고객에게 어떤 가치를 주고, 기업이 어떤 가치를 얻는지 명확해지며, 가치 제안 또한 의미를 갖게 된다. 그뿐만 아니라 사회적 가치 창출을 통해 기업과 사회가 선순환하게 되며, 사회적 기업에서 주장하는 소셜 임팩트(Social Impact)와 호환된다.

소셜 임팩트

사회문제에 영향을 받은 지역사회의 모든 단위에서 나타나는 변화이자 사회적 결과로서 의도된 혹은 의도되지 않은 변화나 혜택.

평가문제

진위형(O, X 문제)

1	전자상거래 비즈니스 모델은 인터넷과 웹의 독특한 특성을 활용해 수립된 계획적 활동을 포함한다.	
2	성공적인 전자상거래의 가치 제안은 개인화나 맞춤화 서비스를 제공해야 하며, 상품 탐색 비용, 가격 발견 비용 등을 절감해야 한다.	
3	판매 수익 모델을 사용하기 위해서는 제공 자료가 다른 자료와 구분되고 복제가 어려우며 어디서든 쉽게 구할 수 없는 높은 부가가치가 포함되어 있어야 한다.	
4	시장 침투 전략은 새로운 제품을 개발하여 기존 시장에서 판매하고자 하는 전략이다.	
5	비즈니스 모델 캔버스((Business Mode Canbas, BMC)는 기업이 비즈니스 모델을 한눈에 파악, 관리, 혁신하기 위해 모든 구성원이 비즈니스 모델의 정확한 개념을 알고 이를 이해하기 쉽게 나타낸 그래픽 템플릿이다.	

단답식

6. 시장에서 이익을 얻기 위한 계획된 활동들의 집합은?

____

7. 새로운 제품을 새로운 시장에서 판매하고자 하는 전략은?

____

8. 방문자에게 광고를 노출하기 위해 드는 상품, 유통비용은 광고주가 지불하므로 고객에게 무료로 제공되는 수익 모델은?

____

9. 기업이 고객 세그먼트에게 가치를 제안하기 위해 의사소통을 하고 상품이나 서비스를 전달하는 방법은?

____

10. 기업이 비즈니스를 성공적으로 운영하기 위한 중요한 활동은?

____

주관식

11. 비즈니스 모델 캔버스의 10가지 블록에 대하여 논의하시오.

____

____

____

12. 비즈니스 모델의 8가지 요소를 제시하고, 이들을 각각 설명하시오.

____

____

____

정답

1. O **2.** O **3.** X **4.** X **5.** O **6.** 비즈니스 모델 **7.** 다각화 전략 **8.** 광고 수익 모델
9. 유통 채널(Distribution Channel) **10.** 핵심 활동(Key Activity)

제6장

전자상거래의 실제

무역벤처 창업 과정에서 전자상거래의 실제 사례를 학습하는 것은 매우 중요하다. 새로운 무역벤처 창업의 비즈니스 모델을 계획하거나, 이미 창업한 기업의 비즈니스 모델을 재정의할 경우에도 유용하다. 실제 사례들을 통해 다양한 비즈니스 환경에서 직면할 문제점들과 그에 대한 해결책을 파악하는 데 도움이 된다. 실제 사례를 통해 학습하면 이론적 지식이 더 실질적이고 실행 가능한 지식으로 발전한다. 이는 창업가들이 자신의 비즈니스에서 발생할 수 있는 문제를 예측하고, 더 효과적으로 대응할 수 있도록 준비시켜 준다. 또한 실패 사례를 분석함으로써 창업가들은 일반적인 함정을 피하고, 성공적인 비즈니스 전략을 수립하는 데 필요한 중요한 교훈을 얻을 수 있다. 따라서 제6장에서는 무역벤처 창업을 추진할 때 참조할 수 있는 국경 간 전자상거래 사례들을 학습하고자 한다.

1. 사례 연구: 아마존(Amazon)

1) 아마존의 설립

아마존은 1994년 7월 6일에 설립된 다국적 기업이며, 창업자는 제프 베조스(Jeff Bezos)이다. 주요 사업 지역은 미국, 캐나다, 멕시코, 영국, 아일랜드, 독일, 프랑스, 이탈리아, 스페인, 호주, 일본, 인도, 중국 등이 있다. 또한 이 회사는 전자상거래, 클라우드 컴퓨팅, 엔터테인먼트 서비스 등 다양한 분야에서 서비스를 제공하고 있다. 아마존(Amazon)의 로고는 'A'에서 시작해 'Z'에 이르는 화살표로 되어 있다. 이는 고객이 원하는 모든 제품을 제공한다는 의미를 담고 있다.

2) 왜 아마존인가?

아마존은 전 세계에서 가장 많이 방문하는 전자상거래 웹사이트로, 매달 20억 명 이상의 방문자를 유치한다. 2023년 3월에는 24억 명의 방문자를 끌어들였으며, 이는 아마존을 미국에서 네 번째, 전 세계에서 열세 번째로 인기 있는 사이트로 만들었다. 정확한 주문 수는 알려지지 않았지만, 아마존은 하루에 약 160만 개의 패키지를 배송한다고 여러 보고서에서 밝히고 있다. 이는 아마존 플랫폼이 초당 약 20개의 주문을 처리한다는 것을 의미한다. 아마존은 특히 미국에서 전자상거래 시장의 큰 부분을 차지하고 있으며, 2022년에 미국 전자상거래 시장 점유율의 37.8%를 기록했다. 아마존은 전 세계 20개의 다른 국제 마켓플레이스를 운영하고 있으며, 이러한 시장들도 미국 시장처럼 높은 트래픽을 기록하고 있다. 세계에서 가장 많이 방문하는 전자상거래 웹사이트 중 네 곳이 아마존 마켓플레이스다(예

마켓플레이스
기본적으로 장소로서의 시장을 의미한다.

를 들면, Amazon.com, Amazon.co.uk, Amazon.de, Amazon.co.jp 등이 있으며 각각 미국, 영국, 독일, 일본 등의 시장에 특화되어 서비스를 제공한다).

3) 아마존 셀러(Seller) 판매 방식

아마존 판매자가 제품을 판매하는 방식은 주로 아마존 셀러(Seller), 아마존 프라임(Prime), 아마존 벤더(Vendor) 세 가지로 구분할 수 있다.

아마존 셀러는 아마존 고객의 오더를 판매자가 직접 배송하는 방식을 말한다. 아마존 프라임(Fulfillment by Amazon: FBA)은 판매자가 자기 제품을 아마존 창고에 보내고, 주문이 들어오면 아마존 창고에서 고객에게 배송하는 방식이다. 아마존 프라임 방식은 판매자가 물류와 배송에 대한 부담을 아마존에 맡기는 대신, 관련 비용을 지불해야 한다. 또한 아마존 벤더는 판매자가 아마존과 계약을 맺고 제품을 아마존에 납품한다. 납품된 제품은 'Sold by Amazon'으로 표시되며, 아마존이 가격 설정, 판매, 고객 서비스를 포함한 모든 과정을 관리한다.

판매자는 제품을 아마존에 리스팅한 후에도 판매 방식을 변경할 수 있다. 따라서 판매자는 먼저 아마존 셀러로서 아마존에 온라인 상점을 개설하고 제품을 등록(리스팅)한 다음, 상황에 따라 가장 적합한 판매 방식을 선택할 수 있다.

4) 물류를 고객에게까지 전달하는 과정

물류를 고객에게 전달하는 과정은 퍼스트 마일, 미들 마일, 라스트 마일로 구분할 수 있다. 퍼스트 마일(First Mile) 단계에서는 원자재 조달에서 시작하여 생산 과정을 거쳐 완제품이 물류 거점이나 판매점으로 이동되는 구간을 의미한다. 이 과정은 제품 생산의 초기 단계로, 원재료가 수집되고 제품이 제조되는 과정을 포함한다. 그다음 단계는 미들 마일(Middle Mile) 단계이다. 이 단계는 기업 간의 물류가 이루어지는 과정으로, 원자재나 완성품이 물류 창고로 옮겨지는 전반적인 과정을 포함한다. 미들 마일은 효율적인 물류관리와 공급망 최적화에 중요한 역할을 한다. 라스트 마일(Last Mile) 단계는 고객에게 최종 제품을 배송하는 서비스를 말한다. 기업이나 물류 창고에서 최종 소비자에게 상품을 전달하는 마지막 단계

공급망

최종 고객에게 제품과 서비스를 제공하는 모든 절차와 행위를 포함한다.

로, 고객 만족도와 직결되는 매우 중요한 과정이다. 라스트 마일 배송은 종종 물류비용의 상당 부분을 차지하며, 효율성과 신속성이 요구된다. 각각의 단계는 제품의 제조에서 소비자에게 전달되기까지의 전체 공급망에서 중요한 역할을 하며, 각 단계의 효율적인 관리는 전체 공급망의 성공에 기여한다.

5) 아마존 벤더(Vendor)

아마존 셀러가 아마존과 계약하여 아마존에 납품하고, 이 제품을 아마존이 판매하는 방식으로 'Sold By Amazon'이다.

아마존 벤더의 장점은 아마존의 광고 플랫폼을 활용하여 제품 홍보를 강화할 수 있다는 점이다. 이는 제품의 노출을 극대화하고 잠재고객에게 더욱 효과적으로 도달하는 데 도움이 된다. 아마존이 직접 제품을 판매함으로써 브랜드의 신뢰도가 향상되며, 제품 반품과 관련된 처리도 아마존이 담당하여 판매자의 부담을 줄여준다. 또한 벤더는 자신의 계정 관리를 위해 아마존의 담당자를 할당받을 수 있으며, 이를 통해 보다 전문적인 지원을 받을 수 있다. 아마존 벤더 프로그램은 이러한 장점들을 통해 판매자가 자신의 비즈니스를 더욱 효과적으로 관리하고 성장시킬 기회를 제공한다.

그러나 벤더는 판매된 제품에 대한 결제를 받기까지 최대 60일을 기다려야 하며, 이는 현금흐름 관리에 영향을 미칠 수 있다. 아마존의 고객 서비스 수준에 의존해야 하고, 반품 관리에 대한 부담이 적기 때문에 반품 비율이 높아질 가능성이 있다. 높은 반품 비율로 인해 아마존이 벤더와의 거래를 중단할 수도 있다. 또한 아마존은 경쟁사의 판매가격에 매우 민감하게 반응하여 벤더의 가격정책에 영향을 줄 수 있다. 이러한 요소들은 아마존 벤더들이 비즈니스 운영 시 반드시 고려해야 할 중요한 사항들이다.

6) 아마존 판매를 위한 비용

아마존 판매를 위한 비용구조는 계정 비용(selling plan), 판매 수수료(referral fees), 배송비, FBA 수수료(fulfillment fees), 기타 비용으로 구분할 수 있다.

첫째, 계정 비용으로는 Individual Plan이 있으며, 판매된 상품당 0.99달러와 추가 판매 수수료가 부과된다. 반면, Professional Plan은 월 39.99달러와 추가 판매 수수료가 적용된다.

둘째, 판매 수수료는 판매자가 아마존 플랫폼에서 상품을 판매할 때 아마존이 부과하는 수수료이다. 판매된 제품의 카테고리에 따라 다르며, 일반적으로 8%에서 15% 사이이다. 판매 수수료는 구매자가 지불한 전체 판매가격에 기반하여 계산되며, 이 가격에는 배송비나 선물 포장 비용도 포함된다. 이 수수료는 아마존이 자사 마켓플레이스를 통해 판매되는 다양한 제품들로부터 수익을 창출하는 중요한 방법이다. 판매자에게는 이러한 수수료를 이해하고 제품 가격을 경쟁력 있게 책정하며 수익성을 관리하는 데 필수적이다.

셋째, 배송비는 판매자가 관리하거나 아마존의 배송 서비스를 이용하는 경우가 있다. 판매자가 직접 관리하는 경우, 배송 과정과 비용을 자체적으로 설정하고 관리한다. 반면, 아마존의 배송 서비스를 이용하는 경우, 아마존이 제품의 포장, 배송, 고객서비스를 담당하여 판매자의 운영 부담을 줄여준다.

넷째, FBA 사용 시 발생하는 FBA 수수료는 제품의 크기와 무게에 따라 다르다. 마지막으로 창고료, 환불 처리 수수료, 광고 비용 등 기타 비용도 고려해야 한다. 이러한 요소들은 아마존에서 판매할 때의 전반적인 비용구조를 이해하는 데 중요하다.

FBA(Fulfillment By Amazon)
아마존 주문 처리 서비스란 아마존이 상품의 주문 처리 과정 전반을 대리하는 서비스로, 아마존이 주문된 상품을 선별, 포장 및 배송하고 교환 및 반품과 같은 고객 응대 업무까지 제공한다.

7) 아마존의 경쟁력은 어디에서 나오는가?

아마존의 경쟁력은 다양한 요소에 의해 강화된다. 우선, 진성 리뷰를 통해 고객의 신뢰를 구축하고, 이를 통해 고객들은 품질이 좋은 제품을 신뢰하고 선택할 수 있다. 또한 동일한 제품을 여러 셀러가 판매함으로써 소비자에게 다양한 가격 옵션을 제공한다. 마지막으로, FBA와 프라임 배송 서비스를 통해 신속하고 효율적인 배송을 보장하여 고객 만족도를 높인다. 이러한 요소들이 결합하여 아마존은 고객들에게 매력적인 쇼핑 경험을 제공한다.

2. 사례 연구: 쇼피(Shopee)

1) 소개

이커머스(e-commerce)

컴퓨터 통신이나 인터넷을 이용해서 온라인으로 이루어지는 전자상거래를 말한다.

쇼피는 동남아시아, 대만, 브라질, 멕시코에서 가장 빠르게 성장하는 이커머스 플랫폼이다. 동남아 시장에서 전체 다운로드 수, 월간 활성 사용자, 사이트 방문 수 총 3가지 항목에서 1위 기록을 차지하며 동남아 최대 이커머스 플랫폼으로 자리 잡았다.

2) 동남아시아 시장의 3가지 트렌드

(1) MZ 세대의 젊은 소비층 증가와 변화하는 소비 패턴

동남아시아 인구의 50%가 30세 이하이며, 2000년대 출생한 젊은 세대로 SNS, 영상클립, 메신저를 통해 브랜드를 접하고 구매하는 비율이 전체 온라인 구매의 절반 이상(53%)을 차지하는 중요한 소비자층이다.

(2) 급성장하는 중산층의 소득수준과 소비능력

2019년부터 2030년까지 아세안 지역 중산층의 가계소득은 약 두 배 증가할 것으로 예상된다(이는 3,000만 달러에서 5,700만 달러로 증가하는 것을 의미하며, 이로 인해 중산층의 소비능력 또한 크게 증가할 것으로 보인다).

(3) 빠른 모바일 디지털화

아세안 지역은 빠른 디지털화를 경험하고 있으며, 이로 인해 디지털 네이티브 소비자층이 급격히 증가하고 있다. 디지털 비즈니스에 대한 국가 간 투자와 혁신이 활발히 이루어지고 있으며, 이는 시장의 디지털 전환을 가속화하고 있다.

3) 쇼피의 경쟁력

(1) 더 편리해진 해외 배송

셀러는 판매자 센터에서 배송 라벨을 출력한 후 쇼피 물류창고로 상품을 배송한다. 이후 쇼피의 자체 물류 시스템을 통해 현지 고객 주소지까지 배송 처리가 이루어진다. 이는 해외 배송의 편의성과 효율성을 크게 향상시킨다.

(2) 경쟁력 있는 가격, 더 나은 품질

쇼피는 경쟁력 있는 물류 요율을 제공함으로써 비용 효율성을 높인다. 또한 신속한 통관 및 현지 배송 처리를 통해 상품의 배송 속도와 품질을 개선한다.

(3) 국내 SLS(Shopee Logistics Service) 집하장 보유

쇼피는 김포 집하장을 보유하고 있어, 국내에서의 물류 처리가 더욱 효율적이고 신속하게 이루어진다.

(4) 쇼피 픽업 서비스

수도권(서울, 경기, 인천) 지역에 대한 픽업 서비스를 제공한다. 이는 지역 내 셀러들에게 더 큰 편의성을 제공하며, 물류 과정의 간소화와 시간 절약을 가능하게 한다.

(5) 자체 해외 배송 솔루션을 통한 All-in-one 서비스 제공

쇼피는 자체적으로 구축된 해외 배송 솔루션을 통해 현지 통관부터 배송까지의 전 과정을 통합적으로 관리한다. 이는 셀러들에게 단순화된 배송 과정과 향상된 고객 경험을 제공한다. 이러한 요소들은 쇼피를 전자상거래 시장에서 경쟁력 있는 플랫폼으로 만들며, 특히 셀러들에게 큰 이점을 제공한다.

4) 쇼피 풀필먼트 서비스(Fulfillment Service)의 장점

(1) 물류비 절감

B2B 해상 운송 진행 시 SLS(Shopee Logistics Service) 대비 평균적으로 40% 이상의 물류비용을 절감한다(이는 마켓, 제품군, 물동량에 따라 상이할 수 있다). 또는 동남아시아 현지에서의 입출고 작업을 통한 고정비용(인건비)을 절감할 수 있다.

(2) 빠른 배송

쇼피 풀필먼트 서비스를 이용함으로써 판매자들은 고객에게 더 빠른 배송 시간을 제공할 수 있다. 이는 고객 만족도를 높이고 재구매율을 증가시킬 수 있는 중요한 요소이다.

(3) 운영의 편리성

쇼피 풀필먼트 서비스는 사용자에게 더욱 편리한 운영 환경을 제공한다. 이는 시스템의 자동화와 통합된 관리 인터페이스를 통해 이루어진다.

(4) 마케팅 지원

쇼피 풀필먼트 서비스를 사용하는 판매자들은 국가별로 특별한 마케팅 지원을 받을 수 있다. 이는 판매 촉진 및 브랜드 인지도 향상에 기여한다. 또한 상품이 풀필먼트 전용 탭과 전용 카테고리에 노출되어 제품이 더 눈에 띄는 기회를 얻게 된다. 이는 품목의 가시성을 높이고, 잠재적 구매자의 주목을 받을 가능성을 증가시킨다.

이러한 장점들은 쇼피 풀필먼트 서비스가 셀러들에게 제공하는 가치를 강조하며, 효율적인 물류 관리와 마케팅 지원을 통해 셀러들의 비즈니스 성장을 도울 수 있음을 보여준다.

3. 국경 간 전자상거래 플랫폼

[표 6-1] 글로벌 주요 전자상거래 플랫폼

국가	플랫폼명	플랫폼 개요
미국	아마존	세계 최대 온라인 쇼핑몰 (전 세계 20개국에서 마켓플레이스 운영)
	이베이	세계 최대 규모 오픈마켓(약 200,000개 스토어 보유
중국	타오바오	알리바바 그룹이 운영하는 오픈마켓
	티몰	B2C 온라인 소매를 담당하며 타오바오에서 분사
일본	라쿠텐이치바	일본 최대 온라인 쇼핑몰(14억 명의 유저베이스 보유)
동남아	쇼피	동남아시아 업계 1위 온라인 쇼핑몰 기업

출처: KOTRA 자체 조사

아마존은 세계 최대 온라인 소매업체로서 20개국에서 마켓플레이스로 운영된다. 이는 아마존이 전 세계적으로 널리 분포한 사용자 기반과 글로벌 시장에서의 강력한 입지를 갖고 있다.

이베이는 세계 최대 규모의 온라인 경매(약 800,000개 스토어) 사이트로 활동한다. 타오바오(Taobao)는 중국 최대의 온라인 쇼핑 플랫폼 중 하나로, 알리바바 그룹에 속해 있다. 2003년에 설

B2C
기업과 소비자 간의 거래를 의미한다.

온라인 경매
인터넷을 통해 제품과 서비스의 가격을 매기는 것.

C2C

소비자 간 직접 거래하는 전자상거래를 의미한다.

립된 이 플랫폼은 소비자 간(C2C) 및 소규모 사업체 간(B2C) 거래에 초점을 맞추고 있다. 티몰은 B2C 온라인 쇼핑몰로 단독화하며 타오바오에서 분리되어 운영한다. 라쿠텐이치바(Rakuten Ichiba)는 일본의 대형 온라인 쇼핑몰로, 라쿠텐 그룹에 의해 운영된다. 1997년에 설립된 라쿠텐이치바는 일본에서 가장 큰 인터넷 쇼핑몰 중 하나로, 다양한 카테고리의 상품을 판매하는 B2B2C 플랫폼이다. 동남아시아 쇼피는 동남아시아에서 매년 1위 온라인 쇼핑몰로 자리매김한다.

4. 국경 간 전자상거래 구축

1) 시장조사와 목표 시장 선택

사업 계획

기업체의 경영과 관련된 계획.

국경 간 전자상거래 사업을 시작하기에 앞서, 타깃으로 삼을 국가 및 시장에 대한 철저한 조사는 필수적이다. 이러한 조사 과정은 해당 시장의 소비자 행동, 선호도, 규제 환경을 포괄적으로 이해하는 데 중요한 역할을 하며, 사업 계획의 기초를 마련하는 데 결정적인 요소가 된다. 조사를 통해 얻은 정보는 제품이나 서비스를 어떻게 소비자에게 효과적으로 제공할 것인지, 어떤 마케팅 전략을 사용하여 수익을 창출할 것인지에 대한 구체적인 계획 수립에 도움을 준다. 그뿐 아니라 성공적인 국경 간 전자상거래 사업을 위해서는 명확한 수익 모델을 개발하는 것이 중요하다. 이는 기업이 어떻게 수익을 창출하고, 이익을 극대화하며, 투자에 대해 최적의 수익률을 달성할 수 있을지에 대한 전략을 설명한다. 수익 모델은 사업의 재정적 건전성을 확보하고, 장기적인 성장 전략을 수립하는 데 있어 핵심적인 구성

요소이다.

따라서 국경 간 전자상거래 사업의 성공은 타깃 시장에 대한 깊이 있는 이해, 소비자의 요구와 선호를 반영한 제품 및 서비스의 제공, 효과적인 마케팅 전략의 실행, 그리고 견고한 수익 모델의 개발에 달려 있다고 할 수 있다. 이 모든 요소가 유기적으로 결합될 때 기업은 국제시장에서 경쟁력을 갖추고 지속가능한 성장을 이룰 수 있다.

2) 다국어 지원 웹사이트 구축

글로벌 시장에서 활동하는 기업들에게 웹사이트의 다언어 지원은 필수적이다. 이는 다양한 국가의 고객들이 자신의 모국어로 제품 정보를 이해하고, 쇼핑 과정을 수행할 수 있게 함으로써, 사용자 경험을 크게 향상시킨다. 또한 모국어로 제공되는 서비스는 고객과의 신뢰 구축에도 중요한 역할을 한다. 이러한 접근은 고객이 자신이 이해하고 편안하게 느끼는 언어로 정보를 접할 수 있게 해주어, 결국 브랜드 충성도를 높이고 시장에서의 경쟁력을 강화하는 데 기여한다.

3) 지역화 전략 수립

(1) 문화적 적합성의 필요성

각 시장의 독특한 문화와 관습을 고려하는 지역화 전략은 필수적이다. 이를 통해 제품이나 서비스가 해당 시장의 소비자에게 더욱 관련성 있고 수용 가능해진다.

(2) 맞춤형 콘텐츠 제공

제품 설명, 마케팅 캠페인, 고객 서비스는 각각의 지역 문화와 언어에 맞추어 맞춤화되어야 한다. 이를 통해 브랜드는 해당 지역의 소비자들과 더욱 효과적으로 소통할 수 있으며, 그들의 기대와 요구를 더 잘 충족시킬 수 있다.

(3) 문화적 민감성의 중요성

지역화는 단순히 언어 변환을 넘어서 문화적 뉘앙스와 의미를 정확히 전달하는 것을 포

맞춤화

소비자에게 전달될 제품이나 서비스를 사용자의 선호도나 사전 행위를 기반으로 변화시키는 것을 말한다.

함한다. 이는 브랜드가 소비자와의 신뢰를 구축하고, 문화적 오해를 피하는 데 중요하다.

지역화 전략은 글로벌 시장에서의 성공을 위해 필수적이다. 각 시장의 문화적 특성에 맞춘 맞춤형 콘텐츠 제공을 통해 소비자 만족도를 높이고 브랜드 충성도를 증진시킬 수 있다.

4) 글로벌 결제 시스템 구축

(1) 다국적 결제 시스템 도입의 필요성

다양한 국가의 고객들이 결제를 원활하게 처리하기 위해서는 국경을 넘나드는 결제를 지원하는 다국적 결제 시스템의 도입이 필수적이다. 이 시스템은 전 세계 고객의 결제 요구를 충족시킬 수 있어야 한다. 다국적 결제 시스템을 선택할 때는 환율 변동을 주의 깊게 고려해야 한다. 환율의 변동성은 국제 거래 비용에 직접적인 영향을 미치므로, 이를 효과적으로 관리할 수 있는 시스템이 필요하다.

또한 고객이 선호하는 결제방식은 지역에 따라 크게 다를 수 있다. 따라서 신용카드, 전자 지갑, 은행 이체 등 다양한 결제 방법을 지원하는 시스템을 도입함으로써 모든 고객의 결제 편의성을 보장해야 한다.

글로벌 시장에서 성공적으로 결제를 처리하기 위해서는 환율 변동과 지역별 결제 선호도를 고려한 다국적 결제 시스템의 도입이 필수적이다. 이는 국제적인 고객 기반을 확보하고, 글로벌 비즈니스 확장을 지원하는 데 중요한 역할을 한다.

5) 물류 및 배송 전략

국경을 넘는 물류와 배송은 전자상거래에서 핵심적인 역할을 수행한다. 이 과정은 상품이 최종 소비자에게 원활하게 도달하는 데 필수적이다. 신뢰성 있는 배송 파트너의 선택은 성공적인 전자상거래 운영에 있어 중대한 결정이다. 파트너는 상품의 안전한 배송, 시기적절한 도착, 그리고 고객 만족을 보장해야 한다.

물류 과정의 고려사항은 효율적이고 문제없는 세관 처리는 물류 과정에서 지연을 방지하고 추가 비용을 줄이는 데 중요하다. 상품의 배송 시간은 고객 만족도에 직접적인 영향을 미치므로, 예측 가능하고 일관된 배송 시간을 유지하는 것이 중요하다. 경쟁력 있는 배송 비용을 설정하는 것은 비즈니스의 수익성을 유지하면서 고객에게 매력적인 가격을 제공하는 데 기여한다. 국경을 넘는 물류와 배송 관리는 전자상거래 사업의 성패를 좌우하며, 신중한 계획과 실행을 통해 최적화되어야 한다.

6) 법규 준수 및 세관 문제에 대한 대응

상품을 해외로 수출할 때는 목적지 국가의 법규와 세관 규정을 준수하는 것이 필수적이다. 이 과정에는 세금, 수입 관세, 제품 규제 등이 포함되며, 통관 절차의 원활한 진행을 보장하고 법적 리스크를 최소화하는 데 기여한다. 수출되는 상품에 적용되는 세금과 수입 관세는 해당 국가의 세관 규정에 따라 달라지므로, 이러한 비용을 사전에 정확히 파악하고 계산하는 것이 상품 가격 책정과 수익성 분석에 중요하다. 또한 각국이 설정한 수입 제품에 대한 다양한 기준과 규제를 충족시키는 것도 중요하며, 이는 제품의 안전성, 표준화, 환경 규제 등을 포함한다. 국가마다 다른 법규와 세관 규정을 이해하고 준수하는 것은 국제 수출에서 성공을 위한 필수적인 단계이며, 무역 법규 위반에 따른 벌금이나 수출 지연과 같은 부정적 결과를 피하는 데 중요하다.

7) 고객 서비스와 지원

고객 서비스를 다양한 시간대와 언어에 걸쳐 제공하는 체계의 구축은 고객 만족도를 높이는 데 중요한 요소이다. 이러한 체계는 글로벌 고객 기반에 맞춤화된 서비스를 제공함으로써 고객들의 요구에 효과적으로 응답하고, 이를 통해 장기적인 고객 관계를 발전시키는 데 기여한다.

• 평가문제 •

진위형(O, X 문제)

1	아마존 프라임은 아마존 고객의 오더를 판매자가 직접 배송하는 방식을 말한다.	
2	물류를 고객까지 전달하는 과정은 퍼스트 마일, 미들 마일, 라스트 마일로 구분할 수 있다.	
3	쇼피 풀필먼트 서비스(Shopee Fulfillment Service)를 사용하는 판매자들은 국가별로 특별한 마케팅 지원을 받을 수 있다.	
4	상품을 해외로 수출할 때는 목적지 국가의 법규와 세관 규정을 준수하는 것이 필수적인 것이 아니다.	
5	다국적 결제 시스템을 선택할 때는 환율 변동을 주의 깊게 고려해야 한다.	

단답식

6. 판매자가 자기 제품을 아마존 창고에 보내고, 주문이 들어오면 아마존 창고에서 고객에게 배송하는 방식은?

____

7. 고객에게 최종 제품을 배송하는 서비스 단계는?

____

8. 판매자가 아마존 플랫폼에서 상품을 판매할 때 아마존이 부과하는 수수료는?

____

9. 글로벌 시장에서의 성공을 위해 필수적이며, 각 시장의 문화적 특성에 맞춘 맞춤형 콘텐츠 제공을 통해 소비자 만족도를 높이고 브랜드 충성도를 증진시킬 수 있는 전략은?

---

10. 아마존 판매를 위한 FBA 사용 시 발생하는 FBA 수수료는 ___에 따라 다르다.

주관식

11. 물류를 고객까지 전달하는 과정을 제시하고, 각각 설명하시오.

---

12. 아마존 판매자가 제품을 판매하는 방식은 주로 아마존 셀러, 아마존 프라임, 아마존 벤더 세 가지로 구분할 수 있다. 각각 설명하시오.

정답

1. X **2.** O **3.** O **4.** X **5.** O **6.** 아마존 프라임(Fulfillment by Amazon) **7.** 라스트 마일(Last Mile) 단계 **8.** 판매 수수료(referral fees) **9.** 지역화 전략 **10.** 제품의 크기와 무게

제7장

전자상거래의 발전

최근에 등장한 블록체인, NFT, 메타버스, 인공지능 등 새로운 기술들은 국경 간 전자상거래 분야에 큰 영향을 미치고 있다. 신기술이 전자상거래에 통합되면서 기존 비즈니스 모델을 혁신하고 새로운 형태의 비즈니스 모델들이 탄생하고 있다.

이러한 기술들이 국경 간 전자상거래에 접목되면서 기업들은 더욱 혁신적이고 효율적인 방식으로 글로벌 시장에 접근할 수 있게 되었다. 이는 소비자들에게도 더 다양하고 풍부한 쇼핑 경험을 제공할 수 있다. 이러한 새로운 비즈니스 모델을 이해하는 것은 국경 간 전자상거래 분야의 미래 전망을 파악하는 데 중요한 부분이다.

1. 블록체인

1) 블록체인의 정의

블록체인이란 다수의 거래 내역을 묶어 블록을 구성하고, 해시를 사용하여 여러 블록을 체인처럼 연결한 뒤, 다수의 사람들이 복사하여 분산, 저장하는 알고리즘이다. 또한 블록체인은 비즈니스 네트워크에서 트랜잭션을 기록하고 자산을 추적하는 프로세스를 효율화하는 불변의 공유 원장인데, 이때 자산은 유형 자산(주택, 자동차, 현금, 토지) 또는 무형 자산(지적재산권, 특허, 저작권, 브랜드)일 수 있다. 사실상 가치를 지닌 모든 것이 블록체인 네트워크상에서 추적되고 거래됨으로써 연루된 모든 것에 대한 리스크를 줄이고 비용을 절감할 수 있다. 해시란 다양한 길이를 가진 데이터를 고정된 데이터로 매핑(mapping)하는 알고리즘으로, 특정 데이터를 상징하는 더 짧은 길이의 데이터로 변환하는 것을 의미한다. 해시는 무결성과 보안성이라는 특징을 가진다.

해시
하나의 문자열을, 이를 상징하는 더 짧은 길이의 값이나 키로 변환하는 것.

무결성
네트워크를 통해 송수신되는 정보의 내용이 불법적으로 생성, 변경, 삭제되지 않도록 보호되어야 하는 성질.

보안성
인가된 사람, 프로세스, 시스템만이 알아야 할 필요성에 근거하여 시스템에 접근해야 한다는 원칙.

2) 블록체인의 중요성

비즈니스는 정보를 기반으로 실행되는데, 블록체인은 오직 인가된 네트워크 멤버만이 접근할 수 있는 불변의 원장에 저장된, 즉각적이고 공유되며 완벽히 투명한 정보를 제공하므로, 정보를 전달하는 데 있어 매우 이상적이다. 블록체인 네트워크는 주문, 결제, 계정, 생산 등을 추적할 수 있다. 블록체인 네트워크는 멤버들이 믿을 수 있는 단일 뷰를 공유하므로, 사용자는 엔드-투-엔드로 트랜잭션(Transaction)의 모든 세부사항을 볼 수 있으며 더욱 큰 신뢰성과 함께 새로운 효율성과 기회를 제공받을 수 있다.

3) 블록체인의 원리

P2P

중앙 서버를 거치지 않고 클라이언트 컴퓨터끼리 직접 통신하는 방식을 통칭.

블록체인 기술은 거래정보를 기록한 원장 데이터를 중앙 서버가 아닌 네트워크에 참가하는 모든 공동체가 거래를 기록하고 관리하는 P2P 거래를 지향하는 탈중앙화를 핵심 개념으로 하는 기술이다. 블록체인이 작동하려면 블록을 구성하고, 구성한 블록은 해시를 이용하여 연결하며, P2P를 통해 분산 저장할 필요가 있다. 기존 금융 시스템에서는 금융회사들이 중앙 서버에 거래 기록을 보관해온 반면, P2P 방식을 기반으로 하는 블록체인에서는 거래 정보를 블록에 담아 차례대로 연결하고 이를 모든 참여자가 공유한다.

(1) 블록의 구성

트랜잭션(Transaction)

데이터베이스에서 하나의 논리적 기능을 수행하기 위한 작업의 단위.

블록체인에서는 다수의 거래 기록을 묶어 하나의 블록으로 구성한다. 거래의 최소 단위는 트랜잭션(Transaction)으로, 이는 더는 쪼갤 수 없는 업무 처리의 최소 단위를 뜻한다. 거래가 발생한 경우, 각각의 트랜잭션별로 하나의 거래내역을 구성한다. 이 트랜잭션은 해시함수를 통해 암호화된다. 해시함수를 통해 변환된 값은 일정한 길이의 데이터로 암호화되고, 일정한 시간에 한 번씩 트랜잭션들을 묶어 블록을 형성한다.

(2) 거래 과정

① A가 B에게 송금 희망 등의 거래 요청을 한다.

② 해당 거래 정보가 담긴 블록이 생성된다.

③ 블록이 네트워크상의 모든 참여자에게 전송되면 참여자들은 거래 정보의 유효성을 상호 검증한다.

④ 참여자 과반수의 데이터와 일치하는 거래 내역은 정상

장부로 확인하는 방식으로 검증이 완료된 블록은 이전 블록에 연결되고, 그 사본이 만들어져 각 사용자의 컴퓨터에 분산 저장된다.

⑤ A가 B에게 송금하여 거래가 완료된다.

이렇게 거래할 때마다 거래 정보가 담긴 블록이 생성되어 계속 연결되면서 모든 참여자의 컴퓨터(노드, Node)에 분산 저장된다. 이를 해킹하여 임의로 수정하거나 위조 또는 변조하려면 전체 참여자의 과반수 이상의 거래 정보를 동시에 수정해야 하므로 사실상 불가능하다. 따라서 접근을 차단함으로써 거래 정보를 보호, 관리하는 기존의 금융 시스템과는 전혀 달리, 블록체인에서는 모든 거래 정보를 누구나 열람할 수 있도록 공개한 상태에서 은행 같은 공신력 있는 제3자의 보증 없이 당사자 간에 안전하게 거래가 이루어진다.

노드(Node)

블록체인에서는 중앙집중형 서버에 거래 기록을 보관, 관리하지 않고 거래에 참여하는 개인의 서버가 모여 네트워크를 유지 및 구성하는데, 이러한 네트워크에 참여하는 개인들을 노드라고 지칭한다.

4) 블록체인의 종류

블록체인은 활용되는 목적에 따라 2가지 종류로 나뉘며 각 블록체인마다 특징이 있다. 퍼블릭 블록체인(Public Blockchain)은 개방형 블록체인으로 누구나 트랜잭션을 생성할 수 있어 앞에서 설명한 공공거래장부에 해당하며, 통상 블록체인이라 하면 퍼블릭 블록체인을 지칭한다. 프라이빗 블록체인(Private Blockchain)은 폐쇄형 블록체인으로 퍼블릭 블록체인의 상대적 개념이다. 프라이빗 블록체인은 서비스 제공자의 승인을 받아야만 참여할 수 있으며, 주로 기업에서 활용하므로 엔터프라이즈(Enterprise) 블록체인이라고도 한다.

[표 7-1] 블록체인의 구분

구분	퍼블릭 블록체인	프라이빗 블록체인
관리자	모든 거래 참여자	한 중앙기관이 모든 권한 보유
거버넌스	한번 정해진 법칙을 바꾸기가 매우 어려움	중앙기관의 의사결정에 따라 용이하게 법칙을 바꿀 수 있음
거래 속도	네트워크 확장이 어렵고 거래 속도가 느림	네트워크 확장이 매우 쉽고 거래 속도가 빠름
데이터 접근	누구나 접근 가능	허가받은 사용자만 접근 가능
식별성	익명성	식별 가능
거래 증명	PoW, PoS 등 알고리즘에 따라 거래증명자가 결정됨, 거래증명자가 누구인지 사전에 알 수 없음	중앙기관에 의하여 거래 증명이 이루어짐
활용 사례	비트코인	나스닥 비상장 주식 거래소 플랫폼 '링크(LinQ)'

5) 블록체인의 특징

(1) 신뢰성

블록체인에 기록된 데이터는 해킹을 통한 데이터의 위 · 변조가 어려워서 신뢰성의 특징을 가진다. 블록체인에 기록된 내용은 해시 함수를 통해 변환되어 암호화되는데, 만약 해킹이 발생하여 데이터의 변조가 발생하면 해당 데이터의 해시값이 변경되어 데이터의 위 · 변조를 알아낼 수 있다.

(2) 안전성

블록체인에 기록된 데이터는 P2P 방식으로 분산되어 저장되므로 특정 노드에 대한 디도스 공격이나 랜섬웨어 공격으로부터 안전하다. 기존 서버-클라이언트 구조는 서버에 디도스, 랜섬웨어 공격이 가해지면 해당 서버의 시스템이 전부 마비되지만 블록체인은 분산 저장되므로 전체 시스템이 마비되지 않는다.

(3) 탈중앙화

서버-클라이언트 구조에서는 모든 정보가 중앙 서버가 집중되기에 서버가 의사결정 권한을 가지지만 블록체인은 중앙집권화가 되지 않은 P2P 방식으로 운영되므로 중앙에서 의사결정을 하는 기관이 존재하지 않는다. 블록체인의 의사결정 방식은 네트워크에 참여하는 노드들의 과반 이상의 동의를 필요로 하는 탈중앙화 방식으로 이루어진다.

여기서 탈중앙화란 중앙 집중화를 벗어나 분산된 소규모 단위로 자율적으로 운영되는 것을 말한다.

블록체인은 기존의 서버-클라이언트 관계가 아니라, 개별 노드들의 자발적이고 자율적인 연결에 의해 P2P 방식으로 작동한다. 블록체인 기술이 도입되어 사회적으로 널리 확산됨에 따라 기존의 중앙집중식 조직, 기업, 단체, 기구 등은 탈중앙 분산 구조로 변경되고 있다.

(4) 가용성

블록체인의 데이터는 모든 참여자의 노드에 분산 저장되므로, 그중 어느 하나가 문제를 일으키더라도 전체 시스템이 유지되며 중단되지 않는다.

(5) 투명성

블록체인 시스템에서는 모든 정보를 공유하므로, 정보를 정확히 확인할 수 있는 특성이 있다. 이 특성은 거래 장부가 모든 참여자에게 공유되는 개방성과 참여자가 거래 관련 정보를 객관적으로 알 수 있는 추적성으로 구성되어 있다.

6) 블록체인의 활용

(1) 암호화폐

블록체인 기술을 활용한 대표적인 사례로 암호화폐가 있다. 기존 서버-클라이언트 구조의 인터넷에서는 이중지불 문제를 해결할 수 없어 정보를 전달할 수 있었지만 중개기관 없이는 가치를 전달할 수 없었다. 하지만 암호화폐는 탈중앙화적 특징을 가지는 블록체인 기술을 활용하여 이중지불 문제를 해결할 수 있다. 해시 함수를 이용하는 블록체인 기술은 하나의 블록에 과거의 모든 거래 내역이 포함되기 때문에 이중지불이 불가능한 구조다.

따라서 기존의 중앙화된 서버가 필요 없다. 암호화폐는 국경을 넘어 범세계적인 통용성이 있으며, 국가들의 자의적 결정에 의한 발권이나 회수가 불가능하다. 오직 경제 생태계

이중지불
디지털 자산이나 가상화폐의 가치가 한 번 사용된 후에도 복제되어 두 번 이상 지불되는 문제를 말한다.

비트코인
비트와 동전의 합성어로, 2009년 사토시 나카모토라는 필명의 프로그래머가 개발한 가상 자산.

구성원의 합의와 프로토콜에 따라 발행되며, 민주적으로 운용된다. 또한 암호화폐는 국지적 경제 불안에 의한 인플레이션이나 디플레이션에 대비한 안전자산이 될 수 있다. 암호화폐는 생태계 활동 여부에 따라 사전에 약속된 합의에 따라 분배를 받을 수 있으며, 주식과 같이 암호화폐 거래소에서 교환 매입도 가능하다. 대표적인 암호화폐로는 비트코인, 이더리움이 있다.

① 비트코인

비트코인은 2009년 사토시 나카모토가 창시한 최초의 암호화폐로, 글로벌 전자지불 네트워크이자 이를 기반으로 통용되는 디지털 화폐의 명칭이다. 중앙 통제적인 금융기관의 개입이 전혀 없다는 것이 가장 차별화된 특징이며 수학적 알고리즘을 바탕으로 참여자 모두에 의해 관리와 운영이 이루어질 수 있도록 설계되어 있다. 중앙 관리기관 없이 사람들의 컴퓨터와 컴퓨터를 이어 직접 거래하도록 하는 P2P 방식의 수평적 네트워크에서 거래를 포함한 모든 활동이 이루어진다. 전자적 방식으로만 거래되지만 현금처럼 익명성이 보장된다는 점도 주요 특징이다.

• 비트코인이 극복해야 할 과제?

가격의 변동성이 크기 때문에 화폐적 정체성에 대한 의문만 두드러지게 되었고, 일종의 투기 수단처럼 비쳤다. 각종 보안 사고도 문제다. 비트코인 자체는 해킹으로부터 비교적 안전한 것으로 평가받고 있으나, 이용자들이 컴퓨터 보안에 소홀하거나 분실 등으로 인해 발생하는 사고는 확산에 큰 걸림돌이 되고 있다. 아울러 현금을 보관하는 은행과 같은 역할을 하는 비트코인 관련 회사들의 보안 문제 역시 불안감을 조성하는 요인이 되고 있다. 이메일이나 인터넷이 등장했을 때처럼 비트코인의 사용과 보안을 쉽게 해주는 각종 웹서비스와 응용프로그램들이 등장해야 할 것이다.

② 이더리움

이더리움은 비탈릭 부테린이 비트코인을 2013년 하드포크하여 만든 새로운 암호화폐 플랫폼이다. 이더리움 플랫폼상에서 거래되는 암호화폐는 이더(Ether)지만, 이더리움과 이더를 구분하지 않고 부르는 경향이 있다. 비탈릭 부테린은 비트코인에서 사용되는 핵심 기능인 블록체인에 스마트 계약 등 여러 기능을 포함할 수 있다는 점에 착안하여, 비트코인을 기반으로 이더리움을 만들게 된다. 이더리움은 암호화폐 그 자체로써 사용되기도 하지만, 스마트 계약 기능이 포함된 이더리움을 활용하여 암호화폐 송금, 금융, 게임 등 다방면에서 이용하고 있다.

하드포크

블록체인 내 블록의 규칙을 완전히 바꾸는 것을 의미한다. 하드포크를 진행하면, 기존에 있던 블록체인 시스템과는 완전히 분리된 새로운 블록체인 구조를 나타내게 된다. 하드포크를 하는 목적으로는 기존에는 없던 신규 기능 추가, 해커의 공격으로 인한 취약점 개선, 새로운 코인을 만드는 경우 등이 있다.

• 이더리움의 분산 애플리케이션 및 이더리움의 시사점

분산 애플리케이션이란 이더리움의 EVM에서 동작하는 분산환경 기반 응용프로그램이다. 분산 애플리케이션은 이더리움 네트워크의 자원을 활용하여 신뢰성, 안전성을 제공하고 이용자의 브라우저에서 이더리움에 저장된 계약 코드를 실행하기 위한 기능을 제공한다. 이더리움은 자유로운 웹 생태계를 제공함으로써 새로운 인프라 조성에 기여할 것으로 예상되며, 초연결사회에서 더욱 효과적으로 이용될 수 있을 것으로 보인다.

(2) 스마트 계약

블록체인은 위 · 변조 방지성이라는 특징을 이용하여 위 · 변조 방지가 필요한 계약서 작성에 활용된다. 스마트 계약이란 계약 당사자가 사전 협의한 내용을 미리 프로그래밍하여 전자계약서라는 문서 안에 넣어두고, 이 계약 조건이 충족되면 자동

스마트 계약

블록체인 기술을 활용하여 금융 거래, 부동산 계약, 공증 등 다양한 형태의 계약을 자동으로 체결하고 이행하는 것을 말한다.

으로 계약이 실행되도록 하는 시스템이다. 대표적인 스마트 계약 플랫폼으로 이더리움이 있다. 비트코인은 가치의 저장과 전달이 가능하지만, 이더리움은 이보다 더 나아가 스마트 계약이 가능한 플랫폼이다.

(3) 물류관리

블록체인의 거래내역의 위 · 변조 방지성을 이용하여 블록체인 기반 물류관리 시스템을 운영한다. 유통과정에 블록체인의 위 · 변조 방지성을 이용하여 투명한 정보 공개가 가능하다. 블록체인 기반 물류관리 시스템을 도입한 대표적인 기업으로 에버레저(Everledger)가 있다. 블록체인 기반 스타트업인 에버레저는 다이아몬드 보증 사기를 막기 위해 설립되었다. 에버레저는 다이아몬드의 생산, 거래 내용, 다이아몬드 정보 등의 모든 유통과정이 블록체인 기반 시스템에 등록되어 있다.

① 블록체인이 활용되는 기타 다른 분야

- 영화 및 엔터테인먼트: 블록체인 기반 프로젝트는 투명성을 제공하여, 투자자가 프로덕션의 가치와 프로세스 그리고 투자가 어떻게 사용되고 있는지를 볼 수 있도록 한다. 콘텐츠 라이선스는 콘텐츠 유출을 방지하고, 확보한 로열티에 대한 투명성을 제공하는 데 도움이 될 수 있다.

- 헬스 케어 관리: 헬스 케어 분야의 블록체인 도입은 다른 업계보다 더디기는 했지만, 현재 패러다임의 전환이 진행되고 있다. 블록체인의 사용 확대로 인해 헬스 케어 서비스 제공자의 시간과 비용이 소요되는 의료 프로세스를 개선, 보안 및 가속화할 수 있는 기회가 늘고 있다. 이에 개인정보가 보호되는 방식으로 보편적인 환자 기록을 생성하고 환자 데이터 공유, 보험금 청구 확인, 의사 및 헬스 케어 서비스 제공자의 자격 증명 확인, 의료기관 인증, 임상시험 결과 추적, 위조 방지를 위한 이력 추적 프로세스 개선, 다양한 진단 시스템의 환자 데이터 연결 등의 분야에서 활용되고 있다.

- 금융 거래 및 뱅킹: 블록체인 트랜잭션의 보안과 속도는 완전히 새로운 금융 패러다임을 만들고 있다. 블록체인 분산 네트워크의 여러 노드에 기반한 탈중앙화 금융은

중개자와 신뢰가 필요 없는 환경을 생성하고, 신용카드 거래 처리와 관련된 수수료를 줄이며, 소요 시간을 단축해준다. 금융 거래를 하는데 중개자를 제거하면 즉각적으로 진정한 익명성이 생겨난다. 이는 일반적으로 차입자의 위험을 평가하거나 신청서 및 신원 확인에 오랜 시간이 소요되는 대출 업무와 후선 업무에 도움이 된다.

• 배송 및 공급망: 제품의 원산지 증명에서 운송 상태, 운송 중 컨테이너의 온도 및 상태에 대한 완전한 투명성 확보까지 블록체인 기술은 점점 더 복잡해지는 공급망 관리 작업을 간소화하는 데 도움을 준다. 여러 공급업체의 데이터나 검증에 의존할 필요 없이, 원산지 증명 제공을 포함해 원장을 따라 모든 선적을 쉽게 추적할 수 있다.

② 블록체인 기반 공유경제 서비스

• 정의: 수익형 공유기업의 플랫폼을 거치지 않고 블록체인 기술을 공유경제 메커니즘에 적용함으로써 '온라인 네트워크상 분산화된 공개 장부'만으로도 거래참여자 간에 높은 신뢰를 제공하고, 공유경제가 궁극적으로 추구하는 개인과 개인 간의 거래 활성화를 제공하는 서비스다. 중앙화된 플랫폼에서 탈중앙화된 플랫폼으로의 이동과 동시에 공유거래 메커니즘에서 발생하는 가치들이 온전히 공유경제 거래 참여자들에게 돌아가며 참여자 네트워크를 확보할 수 있다. 블록체인 기반 공유경제 서비스를 활용하면 블록체인 기술이 적용된 스마트 계약을 통해 서비스 이용과 관련된 모든 정보 및 거래조건 등이 확인되고 은행이나 간편결제 기술과 같은 중간 서비스 없이 이용료의 지급도 가능해진다. 중개 서비스에 더 이상 수수료를 낼 필요도 없고 이들 기업이 정해놓은 여러 복잡한 규칙과 조건을 따를 필요도 없이 순수히 개인과 개인의 수요와 공급이 만나 공유거래가 가능하다.

• 필요성: 공유경제는 참여자 간에 형성되는 시장인데, 현재 공유 경제서비스 시장에서는 '플랫폼 사업자'가 대부분 이윤을 가져가는 구조로 인해 진정한 공유경제의 실현이 어려운 상황이다. 수익형 공유기업들이 제공하는 중앙집권화된 플랫폼은 공유거래 메커니즘을 실현하기 위해 다양한 이용자들이 보유한 자원에 대한 데이터베이스를 구축해 이들 사이에 거래가 이루어질 수 있는 네트워크를 형성하고, 공급자와 이

공유경제

이미 만들어진 제품을 여러 사람이 함께 공유하여 사용하는 협력 소비 경제를 의미한다.

용자 사이에 거래가 이루어질 수 있는 정보환경을 제공하며 거래 참여자 사이의 거래와 결제가 안전하게 이루어질 수 있도록 일정 수준의 보안 및 통제 기능을 제공한다. 한편, 블록체인을 통해 플랫폼의 역할을 대체할 수 있게 되면서 '플랫폼 사업자'의 필요성이 줄어들고, '블록체인 기반의 공유경제 서비스'의 중요성이 커지고 있다. 이에 따라 공유거래 메커니즘에서 블록체인과 스마트 계약기반이 활성화되면 공유비용은 낮아지고 거래 편의성은 더욱 높아질 전망이다. 모든 공유거래 메커니즘에서 상당한 비용과 시간이 절감되어 자원 탐사, 매칭 및 정산이 이루어지고, 자동화, 프로그래밍된 규칙에 따른 모든 프로세스가 진행되어 어느 때보다 안전하고 신뢰할 수 있는 경제영역이 구축될 것이다. 한편, 블록체인 기술은 공유경제 서비스 부문 외에도 금융 서비스, 제조 및 유통, 공공서비스, 사회문화 등 다양한 산업 분야에 활용될 수 있는 범용성이 매우 높다. 하지만 공유경제뿐만 아니라 다양한 분야에서 블록체인 기술이 적용되고 활성화되기 위해서는 법적·제도적 측면에서 이를 정비할 필요가 있으며, 블록체인의 잠재력을 극대화하기 위해서는 민관이 협력해 혁신 생태계를 조성하는 것이 중요하다.

2. NFT

1) 정의

대체 불가능 토큰(Non-fungible Token, NFT)이란 블록체인 기술을 이용해서 디지털 자산의 소유주를 증명하는 가상의 토큰이다. 그림, 영상 등의 디지털 파일을 가리키는 주소를 토큰 안에 담음으로써 그 고유한 원본성 및 소유권을 나타내는 용도로 사용된다. '대체 불가능한 토큰'이라고 해서 NFT를 디지털 이미지의 원본으로 해석하는 경우도 많지만, 원본 이미지보다는 다른 토큰으로 대체가 안 된다는 의미다.

NFT(Non Fungible Token)

대체 불가능한 토큰(Non-Fungible Token)은 희소성을 가진 디지털 자산을 대표하는 토큰으로, 블록체인의 토큰을 다른 토큰으로 대체하는 것이 불가능한 가상자산을 말한다.

(1) 코인 / 토큰

① 코인: 다른 플랫폼에 종속되지 않고 자체 네트워크를 가지고 독립적인 생태계를 유지하는 암호화폐를 의미한다. 비트코인처럼 다른 플랫폼에 종속되지 않은 암호화폐와 이더리움같이 독립적인 플랫폼을 소유하고 있는 암호화폐 또한 코인이라고 한다.

② 토큰: 다른 플랫폼 위에서 개별적인 목적을 달성하기 위해서 사용되는 암호화폐를 의미한다. 토큰은 자체적인 네트워크가 없으며 다른 플랫폼에 기반하여 작동한다. NFT도 스마트 계약을 포함한 이더리움 플랫폼 위에서 작동하는 토큰 중 하나다.

(2) 민팅(Minting)

그림이나 영상 등 디지털 자산의 NFT를 생성하는 것을 일컫는 용어다. 민팅은 화폐를 주조한다는 뜻의 Mint를 옮긴 말에서 시작된 것으로, 블록체인상에서 암호화폐를 발행하는 것을 의미한다.

2) NFT 작동 원리

NFT는 블록체인 기술을 활용해 디지털 자산에 고유한 일련번호를 붙여서 디지털 파일에 토큰을 다는 식으로 구현된다. 최근 수년 동안 비트코인 열풍으로 알려지기 시작한 블록체인은 '분장원장' 기술을 기반으로 거래를 구현하는 기술로 '원장'이란 거래 기록을 의미한다. 보통 거래를 보증하는 믿을 만한 중개자가 그 기록을 보관하기에 기업이나 정부, 은행 등이 거래의 주체가 됐지만, 블록체인 기반 거래는 중간자를 빼고, 거래 당사자끼리 만나 계약을 체결하고 그것을 모든 유저가 지켜보면서 인증하는 방식이다.

3) NFT 특징

NFT는 위조나 변조가 어려워 원본의 가치를 훼손하는 일이 없다는 특징을 지닌다. 또한 거래 내역이 블록체인에 공개적으로 기록되어 있어 쉽게 추적이 가능하다. 이를 통해 디지털 소유권의 진위를 확인할 수 있으며, 창작자가 발행한 에디션 수를 파악해 희소성을 입증할 수 있다. NFT는 표준화된 기술 덕분에 포맷상의 차이로 발생할 수 있는 문제를 방지하고, NFT 마켓플레이스를 통해 손쉽게 거래할 수 있다는 장점이 있다. 추가로, 프로그래밍이 가능해 상호 운용성이 뛰어나 여러 생태계에서 활용될 수 있다. NFT 작품의 소유권은 일정 수의 토큰으로 나누어 일부만 구매하거나 판매할 수 있어 분할 거래가 가능하다. 더 나아가 높은 유동성 덕분에 초기 사용자들에게 플랫폼 내에서 거래 가능한 토큰을 제공하여 보상하는 경우도 있다.

4) NFT 활용 현황

(1) 온라인 게임

2017년 11월 출시된 '크립토키티(CryptoKitties)'는 NFT를 활용한 최초의 게임이다. 크립토키티는 NFT 고양이 캐릭터를 가상화폐로 사고파는 P2E(Pay to Earn) 게임으로, 가상의 고양이를 수집하여 육성, 교환하는 것이 가능하다. 2018년에는 NFT 게임 중 가상 자산을 기반으로 수익을 창출하는 최초의 게임 '엑시 인피니티(Axie Infinity)'가 출시되었다. 게임 이용자는 엑시 인피니티 플레이를 통해 획득한 AXS와 SLP 토큰과 엑시 NFT를 엑시 인피니티 마켓플레이스에서 판매하고, 판매금액으로 받은 이더리움을 가상자산 거래소에서 현금화하여 수익을 창출한다. 2020년에는 카카오게임즈 개발 자회사 '프렌즈 게임즈'에서 '크립토드래곤'을 출시했다. 게임 내 드래곤과 아이템을 NFT로 발급하여 거래하거나 교환할 수 있도록 개발했고, 디지털 자산 지갑을 통해 획득한 드래곤을 보관하고 안전하게 관리할 수 있도록 설계되었다.

(2) 엔터테인먼트

NFT가 가진 고유성과 희소성은 팬덤 기반의 엔터테인먼트 산업이 수익을 내기 적합한 구조를 제공하기에, 엔터테인먼트 기업들은 아티스트의 지적재산권을 활용한 다양한 한정판 NFT 굿즈를 통해 팬들의 구매욕을 자극한다. 대표적으로 국내 엔터테인먼트 기업 하이브는 두나무와 합작법인을 설립해 아티스트의 지적재산권과 NFT를 결합했다. 현재 하이브는 실물 앨범을 구매하면 들어 있는 아티스트의 사진인 포토카드를 고유성이 있는 디지털 자산으로 만들고, 팬 커뮤니티 서비스 '위버스' 같은 공간에서 수집, 교환, 전시가 가능하도록 추진 중인 상황이다.

(3) 스포츠

스포츠 분야는 엔터테인먼트 분야와 비슷하게 트레이딩 카드가 활발하게 발매되고 있는 상황으로, 각 스포츠 업종의 선수, 선수단, NFT 발행사가 협약을 맺고 선수 영상을 NFT화하여 판매하고 있다. NBA 탑 샷은 NBA 경기 하이라이트 영상을 블록체인 기술을 접목해 디지털 카드로 제작하여 판매하고 있고, 2018년 프랑스에서 설립된 '소레어(Sorare)'는 블록체인 기술을 활용해 축구선수의 얼굴 등을 담은 카드를 NFT화해서 거래하는 플랫폼이다.

3. 메타버스

1) 메타버스의 정의

메타버스(Metaverse)

현실 세계와 같은 경제, 사회 활동이 이루어지는 3차원의 가상세계를 의미한다.

메타버스(Metaverse)란 가상이라는 뜻의 '메타(Meta)'와 현실 세계라는 뜻의 '유니버스(Universe)'가 합쳐진 단어로, 사회적·경제적 활동이 벌어지는 3차원 가상세계를 의미한다. 다른 콘텐츠들과 달리 메타버스만이 갖는 차별화 요소는 5C라고 불리고, 5C가 충족되어야 메타버스라 통칭할 수 있다. 5C에는 Canon(세계관), Creator(창작자), Currency(디지털 통화), Community(일상의 연장), Connectivity(연결)이 있다. 메타버스 유저가 콘텐츠 창작자이자 소비자로 활동할 수 있기 때문에 프로슈머(Prosumer) 생태계가 형성된다.

2) 메타버스의 특징

메타버스는 무한하게 지속되는 것으로, 리셋하거나 중단하거나 종결되지 않는 특징이 있다. 이는 실제로 진행되고 있는 경험이며 모두에게 일관된 방식으로 실시간으로 존재한다고 볼 수 있다. 또한 메타버스는 동시적 참여에 제한이 없어 누구라도 메타버스의 일부를 구성할 수 있으며, 특정 행사, 장소, 활동에 함께 동시에 그리고 개별적으로 참여할 수 있다. 메타버스에는 완전하게 기능하는 경제 생태계가 있어 개인들과 사업자가 창작, 소유, 투자, 판매하는 것에 더하여 다른 사람들에 의해 인정되는 가치를 생성하는 매우 다양한 범주의 작업에 대한 보상을 받을 수 있다. 이는 현실과 가상세계를 확장하는 경험을 제공하며, 디지털 세계와 현실세계의 사적이고 공적인 네트워크와 경험, 개방 및 폐쇄 플랫폼에 걸쳐 있다. 메타버스는 기존에 존재하지 않았던 상호 운영성을 제공하며, 데이터, 디지털 아이템/자산, 콘텐츠 등은 다양한 경험을 통해 상호 운영성을 확보한다. 이 과정에서 매우 다양한 범주의 기여자들에 의해 콘텐츠와 경험이 생성 및 운영된다.

3) 메타버스의 4가지 유형

(1) 거울세계

거울세계란 물리적인 현실 세계를 그대로 반영해 정보적으로 확장한 세계이다. 대표적인 예로 블록뷰(Blockview), 구글 어스(Google Earth) 등이 있다. 거울세계는 메타버스 중에서도 사실성, 재현성, 정보성이 가장 두드러지는 세계로 허구성이 중시되는 가상세계와 생성 원칙이 다르다. 가상의 아바타를 통해서 원격 현존하는 것을 전제로 삼는 가상세계와는 달리 아바타 없이 현실 기반으로 공간을 제공하는 것을 원칙으로 삼는다.

(2) 증강현실

증강현실이란 현실 환경 기반 위에 네트워크화된 정보나 이미지를 덧붙여 그것이 실재하는 것처럼 현실을 증강시킨 세계다. 증강현실 역시 거울 세계와 마찬가지로 외부 현실과 밀접한 상관 관계를 맺고 있으며, 그 기능과 효과가 철저하게 현실에 반영되어야만 한다. 증강현실은 현실 공간에 2D 또는 3D로 표현한 가상의 겹쳐 보이는 물체를 통해 상호작용하는 환경을 의미한다. 가상세계에 대한 사람들의 거부감을 줄이고, 몰입감을 높이는 특징을 지닌다.

(3) 라이프로깅

라이프로깅(Lifelogging)은 일상 기록이라 칭하기도 하는데 사물과 사람에 대한 일상적인 경험과 정보를 캡처, 저장하고 묘사하는 기술이다. 증강기술을 활용해 개인의 일상생활을 포착해 자동 기록 및 보관하는 환경으로, 개인 일상생활의 모든 행동을 데이터로 저장하고 관리한다는 측면에서 유용하고 도움이 될 수 있다. 하지만 이는 개인의 프라이버시 침해를 야기할 수 있으며 원래 의도와는 다른 용도로 사용될 수도 있다는 점에서 문제가 될 수 있다.

(4) 가상세계

가상세계는 현실과 유사하거나 혹은 완전히 다른 대안적 세계를 디지털 데이터로 구축한 것이다. 가상세계에서 사용자들은 아바타를 통해 현실 세계와 동일한 사회 활동과 경제 활동을 할 수 있다.

[표 7-2] 메타버스의 4가지 유형

구분	증강현실	라이프로깅	거울세계	가상세계
정의	현실공간에 가상의 2D 또는 3D 물체를 겹치게 하여 상호작용하는 환경	사물과 사람에 대한 일상적인 정보를 캡처, 녹화하여 저장, 공유하는 기술	실제 세계를 그대로 반영하되, 정보적으로 확장한 세계	디지털 세계로 구축한 가상세계
특징	증강기술을 활용해 사물과 사람의 정보를 기록	위치 기반 네트워크로 활용하여 스마트 환경을 구축	현실과 데이터를 융합함	이용자의 자아가 투영된 아바타 간 상호작용
활용 분야	스마트폰, 게임, 차량용 HUD	가상지도, 모델링, GPS 등	지도 기반 서비스	온라인 멀티플레이어 게임
실사용 사례	Pokémon Go 등	페이스북, 인스타그램 등	배달의 민족, 요기요, Google Maps	로블록스, 제페토 등

4) 게임 기반 메타버스

모바일, PC, 콘솔용 게임을 기반으로 탄생한 메타버스이다. 게임을 수행하는 것이 주목적이지만 소통 공간을 겸하고, 게임 제작 및 판매, 쇼핑, 공연 등 이용 형태가 계속 발전 중이다. 대표적인 예로 로블록스, 마인크래프트, 포트나이트 등이 있다.

- 로블록스

로블록스(Roblox)는 2004년 로블록스 코퍼레이션에서 제작한 온라인 게임 제작 플랫폼이다. 로블록스에는 '로블록스 스튜디오(Roblox Studio)'라는 자체 게임 제작 도구가 있어, 이용자들은 자체적으로 게임을 제작 및 공유할 수 있고, 게임을 무료로 이용하거나 로블록스 내에서 통용되는 암호화폐 '로벅스(Robux)'를 통해 유료로 판매할 수 있다. 또한 로블록스는 게임 기반 메타버스의 특징을 적극적으로 활용하여 이용자들에게 게임 제작을 통한 게임 플레이를 유도하고 있다. 하지만 자체 게임 제작 플랫폼 생태계를 유지 · 발전시키기 위해서는 다수의 이용자가 필요하다. 그래서 로블록스는 이용자들의 충성도와 지속적인 접속성을 장려하기 위해 이용자들의 피드백을 적극적으로 수용해 지속 가능한 자체 생태계를 구축하도록 했다. 로블록스는 이러한 자체 생태계 구축을 위해 게임 플랫폼 자체의 적극적인 현지화 전략을 활용했다. 한편, 로블록스에는 문제점 또한 존재한다. 로블록스의 주 이용자층은 16세 미만이다. 하지만 로블록스 플랫폼의 특성상 게임 내 게임 형태로 이루어져서 게임 내 게임 콘텐츠 중 유해 콘텐츠에 대한 관리감독이 아직 미흡하다.

5) 소셜 기반 메타버스

소셜 미디어 형태의 모바일 웹에서 출발하여 소통, 모임, 쇼핑, 게임 등이 가능한 메타버스로 발전한 형태다. 콘텐츠를 이용자가 자유롭게 창작 및 공유할 수 있어 메타버스의 특징인 5C를 상당 부분 충족한다. 게임 기반 메타버스와 마찬가지로 이용자가 직접 게임 내 아이템을 제작 및 판매할 수 있어 프로슈머(Prosumer, 참여형) 생태계가 형성된다.

• 제페토

제페토(Zepeto)는 한국 네이버 회사의 자회사인 네이버Z에서 만든 메타버스 플랫폼이다. 제페토는 얼굴 인식과 증강현실의 3D를 사용해 내가 원하는 아바타를 직접 만들 수 있고 그 안에서 다양한 활동을 하며 다른 사용자와 소통하고 가상현실을 살아가는 공간이다. 또한 제페토는 채팅뿐 아니라 그 안에서 만난 이용자들과 팔로우를 하고, 음성채팅이 가능하며, 문화생활을 할 수 있다. 제페토에서는 디지털 노마드 시대에 맞게 직접 아바타의 옷이나 물건 등을 만들어 판매할 수도 있다. 이러한 제페토 시장에 개인뿐 아니라 여러 유명 기업들 및 엔터테인먼트의 투자가 이어지고 있다. 특히 하이브 엔터테인먼트와 YG는 총 120억 원의 투자를 진행했는데, 이는 이용자의 주 연령층이 Z세대라는 점을 이용해 엔터테인먼트 사업을 확장해 나간다는 목적하에 진행된 것이다.

6) 생활 산업 기반 메타버스

가상 융합 기술이 접목된 디바이스(인터페이스)를 이용하여 운동, 교육, 시뮬레이션, 훈련 등을 목적으로 성취, 레벨, 경쟁, 보상 등 게임적 요소를 접목하여 활동에 동기를 부여하는 '과도기적 형태의 메타버스'이다.

- 즈위프트

즈위프트(Zwift)는 2014년 미국에서 개발된 실내 사이클링 시뮬레이션 메타버스 플랫폼이다. 즈위프트의 이용자들이 실내 사이클을 통해 운동하면 센서와 연동된 즈위프트 플랫폼 내 아바타도 같은 속도로 움직인다. 즈위프트의 두드러지는 특징은 게임 요소를 도입해 운동 효율을 상승시켰다는 점이다. 즈위프트는 스마트 센서로 자전거의 바퀴, 페달 등의 회전 속도를 측정해 데이터화하고, 데이터화한 수치를 비교해 전 세계 이용자들이 서로 경쟁하게끔 한다. 또한 롤러와 같은 다양한 기기를 사용해 이용자들에게 현실감을 심어준다. 롤러란 실외에서 사용하는 자전거를 실내에서 바퀴가 돌아갈 수 있게 고정하는 장치다. 스마트 롤러는 롤러에 경사 지원, 속도 측정 등 다양한 기능을 추가하여 이용자들이 실제감 있는 운동을 할 수 있게 해준다. 즈위프트는 이러한 스마트 롤러를 연동하는 것이 가능하여, 경사진 곳이 나오면 전자석을 이용하여 페달을 움직이기 힘들게 만들고, 바퀴 회전 속도를 측정하여 다양한 경쟁상대들과 자전거 라이딩을 즐길 수 있도록 도와준다.

4. 인공지능

1) 정의

인공지능은 컴퓨터 시스템이 인간의 학습, 할당, 문제 해결 등의 작업을 모방하거나 수행하는 능력을 가진 기술이나 시스템을 말한다. 인공지능은 기계 학습, 패턴 인식, 자연어 처리, 컴퓨터 비전 등 다양한 분야에서 발전하고 있으며, 컴퓨터 프로그램이 복잡한 작업을 수행하고 토론적인 결정을 내릴 수 있도록 도와주는 역할을 한다.

인공지능
인간의 지능이 가지는 학습 능력, 추론 능력, 자연어 이해능력 등의 기능을 갖춘 컴퓨터 시스템.

2) 인공지능과 자연지능의 차이

(1) 자연지능(NI, Natural Intelligence)

생명체가 가지고 있는 지능으로, 이는 곧 생존을 위한 능력이다. 자연지능은 학습과 예측으로 나누어진다. 학습에는 진화를 통한 학습과 태어나서 하는 학습, 즉 본성(nature)과 양육(nurture)이 있고, 예측은 학습을 통해 배운 것을 실세계에서 활용하는 지혜를 뜻한다. 결국 자연지능은 생존을 위한 것이고, 이를 위해서 학습과 예측 능력이 필요하다고 볼 수 있다.

(2) 인공지능(AI, Artificial Intelligence)

이 능력을 그대로 컴퓨터로 옮긴, 기계로부터 만들어진 지능을 말한다. 컴퓨터 공학에서 이상적인 지능을 갖춘 존재, 혹은 시스템에 의해 만들어진 지능, 즉 인공적인 지능을 뜻하며, 일반적으로 범용 컴퓨터에 적용한다고 가정한다. 이 용어는 그와 같은 지능을 만들 수 있는 방법론이나 실현 가능성 등을 연구하는 과학 분야를 지칭하기도 한다.

[표 7-3] 자연지능 속성 vs 인공지능 속성

속성	자연지능	인공지능
감각기관(시간, 청각, 촉각, 후각) 사용 능력	높음	낮음
상상할 수 있는 창의적인 능력	높음	낮음
경험으로부터 배우는 능력	높음	낮음
적응할 수 있는 능력	높음	낮음
지능 획득 시 비용 감당 능력	높음	낮음
다양한 정보 원천을 사용할 수 있는 능력	높음	낮음
많은 양의 외부 정보를 획득할 수 있는 능력	높음	낮음
복잡한 계산을 할 수 있는 능력	낮음	높음
정보 전달 능력	낮음	높음
계산을 빠르고 정확하게 하는 능력	낮음	높음

3) 인공지능 발전 과정

인공지능은 전문가 시스템(Expert system)-인공신경망-기계학습-딥러닝의 과정을 통해 발전해왔다.

(1) 전문가 시스템(Expert system)

① 전문가 시스템의 특징

전문가 시스템은 분석 결과뿐만 아니라 분석의 이유와 원인도 설명할 수 있어야 한다. 이러한 설명 가능성은 사용자들이 시스템의 추론 과정을 이해하고 신뢰할 수 있게 해준다. 또한 전문가 시스템은 인간의 사고방식을 모방하여 인간의 지능적 행동을 보여주어야 한다. 이는 문제 해결, 판단 및 추론 능력을 포함한다. 전문가 시스템은 복잡하고 다양한 상황 속에서도

전문가 시스템

전문가와 같거나 그 이상의 문제 해결 능력을 가질 수 있도록 만들어진 시스템.

문제를 효과적으로 문제를 해결할 수 있는 능력을 가져야 한다. 마지막으로 이러한 시스템은 불확실한 정보나 불완전한 데이터 속에서도 합리적인 결정을 내릴 수 있으며 불확실성에 대처할 수 있는 능력이 필요하다.

② 전문가 시스템의 한계

전문가 시스템은 널리 검증되거나 충분히 시험되지 않아 신뢰성과 효율성에 의문을 제기할 수 있다. 일부 전문가 시스템은 사용하기 복잡하여 일반 사용자나 비전문가가 이해하고 활용하기 어려울 수 있다. 또한 특정 영역에 대한 해결책을 제공하지만, 그 범위가 좁아 다른 영역의 문제 해결에는 적용하기 어려울 수 있다. 다양한 분야의 지식을 하나의 시스템에서 통합하고 혼합해서 사용하는 것도 어려운 일이다. 전문가 시스템은 오류를 발생시킬 가능성이 있으며, 이는 때때로 심각한 결과를 초래할 수 있다. 대부분의 전문가 시스템은 학습을 통한 진화가 불가능해서 시간이 지남에 따라 구식이 되거나 비효율적이 될 수 있다. 그리고 시스템의 유지 관리가 어렵고 시간이 많이 소요되며, 지속적인 업데이트와 개선이 필요하다. 마지막으로 전문가 시스템의 개발은 일반적으로 비용이 많이 들며, 고도의 전문지식과 기술이 필요하다.

③ 전문가 시스템을 언제 사용하는가?

전문가 시스템은 보상이 위험보다 클 때 사용하는 것이 권장된다. 이러한 상황에서는 시스템의 효율성과 정확성이 중요한 역할을 한다. 또한 특정 분야에서 인간 전문가의 지식과 경험을 대체하기 어려운 경우에도 전문가 시스템이 사용될 수 있다. 이는 전문가의 지식을 보존하고, 접근성을 높이며, 비용 효율적인 방식으로 그 지식을 활용하는 데 도움을 준다. 또한 전통적 프로그래밍 방식으로 해결하기 복잡하고 다변적인 문제 또는 불확실한 상황에서 결정을 내려야 할 때 전문가 시스템은 더욱 유연하고 효과적인 해결책을 제공할 수 있다.

이러한 상황에서 전문가 시스템의 사용은 문제 해결과 의사결정 과정을 강화하는 중요한 도구로 작용한다.

4) 전문가 시스템의 개발 절차

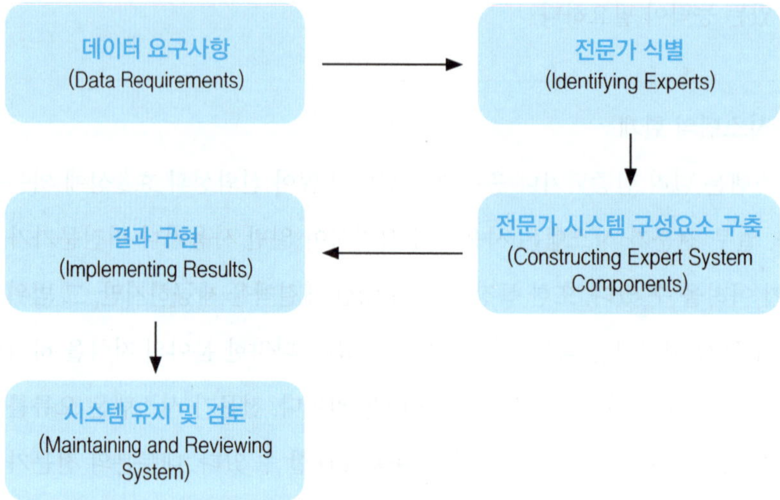

[그림 7-1] 전문가 시스템의 개발 절차

전문가 시스템의 개발 절차는 [그림 7-1]에 제시된 바와 같이, 데이터 요구사항, 전문가 식별, 전문가 시스템 구성요소 구축, 결과 구현, 마지막으로 시스템 유지 및 검토 단계로 이루어진다.

(1) 전문가 시스템의 개발과 운영

첫째, 데이터 요구사항(Data Requirements) 단계는 데이터 요구조건을 의미하며, 어떤 데이터를 전문가 시스템에서 다룰 것인가에 대해 논의하는 단계이다. 둘째, 전문가 식별 단계에서는 전문가로부터 얻은 지식과 경험을 전문가 시스템 내에서 활용하는 방법을 개발한다. 전문가 시스템의 세 번째 단계는 구성요소 구축 단계이다. 전문가의 지식을 체계적으로 정리하여 지식 베이스를 구축하며, 이 지식을 바탕으로 결정을 내리는 추론 엔진을 개발한 다음에 사용자들이 시스템과 쉽게 상호작용할 수 있도록 사용자 인터페이스를 설계한다. 이 과정을 통해 전문가 시스템은 전문가의 지식과 경험을 효과적으로 모방하고 활용할 수 있게 된다. 넷째, 결과 구현 단계에서는 개발된 시스템을 실제 환경에 적용한다. 시스템의 성능을 평가하고, 실제 문제 해결에 어떻게 사용될 수 있는지를 보여준다. 이 과정에서 시스템의 유용성과 효과성이 검증된다. 마지막으로 시스템 유지 및 검토 단계에서는 시스템을 지속해서 관리하고 정기적으로 검토한다. 이를 통해 시스템이 최신 상태를 유지하며, 새로운 데이터나 변화하는 요구사항에 맞춰 적절히 업데이트될 수 있도록 한다. 각 단계는 시스템의 효율성과 정확성을 보장하기 위해 필수적이며, 전문가 시스템의 성공적인 개발과 운영에 중요한 역할을 한다.

① 전문가 시스템 개발 및 사용에 참여하는 사람들(Participants in developing and an using expert system)

- 도메인 전문가(Domain Expert): 도메인 전문가는 전문가 시스템이 다루고자 하는 특정 분야의 전문지식을 가진 사람들을 말한다. 도메인 전문가의 지식과 경험을 전달하여 전문가 시스템의 지식 베이스를 구축하는 것이다. 이들은 지식 엔지니어와 협력하여 자신들의 지식을 시스템이 이해할 수 있는 형식으로 전환하는 데 도움을 준다.
- 지식 엔지니어(Knowledge Engineer): 지식 엔지니어는 도메인 전문가로부터 얻은 지식을 분석하고 시스템 내에서 사용할 수 있는 형식으로 구조화한다. 이들은 전문가 시스템의 아키텍처를 설계하고, 구현 및 테스트를 담당한다.
- 지식 사용자(Knowledge User): 지식 사용자는 전문가 시스템을 사용하여 문제 해결, 의사결정 지원, 정보 분석 등을 수행한다. 이들의 사용 경험과 피드백은 시스템의 지속적인 개선과 사용자 친화적인 조정에 중요한 역할을 한다.

② 전문가 시스템과 AI의 결합 및 활용

- 신용조회 및 대출: 전문가 시스템과 AI의 결합은 신용조회 및 대출 분석 과정에 활용되어 대출 승인 여부를 결정한다. 이 시스템은 고객의 신용 정보, 재정 상태, 과거 거래 기록 등을 분석하여 대출의 위험도를 평가하고, 이를 바탕으로 대출 승인 여부를 자동으로 결정한다.
- 테러리스트 검거: 안보 및 법 집행기관에서는 전문가 시스템과 AI를 결합하여 테러리스트를 추적하고 검거하는 데 사용한다. 이 시스템은 다양한 데이터 소스에서 정보를 수집하고 분석하여 의심스러운 활동이나 네트워크를 식별한다.
- 제품과 결합: 제품 내에 AI와 전문가 시스템을 내장함으로써 제품의 가격을 높여 고

부가가치 전략을 적용한다. 이러한 제품들은 더 정교한 기능과 향상된 사용자 경험을 제공하며, 시장에서 차별화된 가치를 제공한다.

- 이상 징후 감지: 전문가 시스템과 AI의 결합은 시스템이나 네트워크 내의 이상 징후를 조기에 감지하는 데 활용된다. 이는 사이버 보안, 기계 고장 예측, 건강 모니터링 등 다양한 분야에서 중요한 역할을 한다.
- 채용 과정의 질적 요소 평가: 인사 관리 분야에서는 전문가 시스템과 AI를 활용하여 채용 과정 중 후보자의 질적 요소를 평가할 수 있다. 이 시스템은 후보자의 경력, 교육 배경, 인터뷰 응답 등을 분석하여 더욱 정확하고 객관적인 평가를 제공한다.

이러한 방식으로 전문가 시스템과 AI의 결합은 다양한 분야에서 혁신적인 해결책을 제공하며, 더욱 효율적이고 정확한 의사결정을 가능하게 한다.

(2) 머신러닝(Machine Learning)

기계학습은 규칙을 명시적으로 프로그래밍하지 않고, 데이터로부터 의사결정을 위한 패턴을 기계가 스스로 학습하는 과정이다. 이는 비지도 학습, 지도 학습, 강화 학습으로 분류된다. 비지도 학습은 자율 학습을 통해 데이터의 차원을 줄이거나 군집화를 진행한다. 지도 학습은 주입식 교육 방식으로, 데이터를 분류하거나 회귀 분석을 수행한다. 강화 학습은 자율성이 보장되며, 보상 시스템을 통해 학습한다. 이러한 학습 방법들은 퍼셉트론 단층 신경망의 한계를 극복하기 위해 다층 퍼셉트론을 활용하는 데 중요한 역할을 한다.

머신러닝

머신러닝은 컴퓨터 과학 중 인공지능의 한 기술이며, 데이터를 통해 인간의 학습 능력과 같은 기능을 컴퓨터에서 실현하고자 하는 기법 및 기술이다.

(3) 딥러닝(Deep Learning)

인공신경망 기반의 딥러닝 모델은 비정형 데이터로부터 특징을 추출하고 판단을 기계가 수행한다. 이 모델은 인풋 레이어와 아웃풋 레이어 사이에 위치한 히든 레이어를 포함하고 있다. 이 히든 레이어의 작동 메커니즘은 복잡하여 설명하기 어렵다.

딥러닝이 성공할 수 있었던 이유는 여러 가지가 있다. 첫째는 소셜 미디어의 확산으로 사람들이 데이터의 창조자가 되어 대량의 데이터가 축적되었고, 이는 빅데이터의 형성을 촉진했다. 둘째, 기계학습의 이론적 발전이 이루어졌으며, 셋째, 강력한 하드웨어의 기술 발전이 딥러닝의 성장을 지원하였다.

비정형 데이터
일정한 규격이나 형태를 지닌 숫자 데이터와 달리, 그림이나 동영상 파일, 오디오 파일, 보고서 등 구조화되지 않은 데이터를 의미한다.

(4) 자연어 처리(Natural Language Processing)

자연어 처리(Natural Language Processing, NLP)는 컴퓨터가 인간의 언어, 즉 자연어를 이해하고 처리할 수 있도록 하는 기술이다. 자연어란 일반 사회에서 자연스럽게 발생하여 사용되는 언어로, 에스페란토와 같은 인공 언어와 대비되는 개념이다. 자연어 처리 기술은 컴퓨터와 인간 간 소통을 가능하게 하며, 구문 분석, 문서 분류, 문서 요약, 기계 번역, 지식 기반 시스템 등 다양한 과정을 포함한다. 이 과정에서 데이터 전처리, 신규성 탐지(Novelty Detection), 연관 규칙 관계 분석, 반도체 기반 분석, 문서 벡터화, 키워드 추출, 거리 기반 관계 분석 등 다양한 자연어 처리 방법이 활용된다. 이러한 방법들을 통해 컴퓨터는 인간의 언어를 더 잘 이해하고, 유용한 정보를 추출하며, 인간과의 상호작용을 더욱 효과적으로 수행할 수 있다.

• 평가문제 •

진위형(O, X 문제)

1	프라이빗 블록체인은 서비스 제공자의 승인을 받아야만 참여할 수 있으며, 주로 기업에서 활용하여 엔터프라이즈(Enterprise) 블록체인이라고 한다.	
2	블록체인에 기록된 데이터는 해킹을 통한 데이터의 위 · 변조가 쉬우므로 신뢰성의 특징이 필요하다.	
3	거울세계란 물리적인 현실 세계를 그대로 반영하여 정보적으로 확장한 세계이다.	
4	인공지능은 생명체가 가지고 있는 지능으로, 이는 곧 생존을 위한 능력이다.	
5	인공신경망 기반의 딥러닝 모델은 비정형 데이터로부터 특징을 추출하고 판단을 기계가 수행한다.	

단답식

6. 다수의 거래 내역을 묶어 블록을 구성하고, 해시를 사용하여 여러 블록을 체인처럼 연결한 뒤, 다수의 사람이 복사하여 분산, 저장하는 알고리즘은?

____

7. 비탈릭 부테린이 비트코인을 2013년 하드포크하여 만든 새로운 암호화폐 플랫폼은?

____

8. 블록체인 기술을 이용해서 디지털 자산의 소유주를 증명하는 가상의 토큰은?

____

9. 컴퓨터가 인간의 언어, 즉 자연어를 이해하고 처리할 수 있도록 하는 기술은?

____

10. 전문가 시스템이 다루고자 하는 특정 분야의 전문지식을 가진 사람들은?

____

주관식

11. 전문가 시스템의 개발 절차를 제시하고, 각각 설명하시오.

____

____

____

12. 메타버스의 4가지 유형을 제시하고, 이들을 각각 설명하시오.

____

____

____

정답

1. O **2**. X **3**. O **4**. X **5**. O **6**. 블록체인 **7**. 이더리움 **8**. 대체 불가능 토큰(Non-Fungible Token, NFT) **9**. 자연어 처리(Natural Language Processing, NLP) **10**. 도메인 전문가

PART 3

무역벤처 창업 전략

PART 3에서는 무역벤처 창업은 세계화된 경제 환경에서 중요한 기회를 제공한다. 이는 국경을 넘어 상품과 서비스를 교환함으로써 다양한 시장에서 발생하는 수요와 공급의 다이내믹을 파악하고 활용한다. 디지털 기술의 진보로 인해 무역 환경은 빠르고 효율적으로 변화하고 있으며, 이에 따라 무역벤처 창업가들은 전통적인 무역 모델을 넘어서 혁신적인 접근방식을 필요로 한다. 따라서 4편에 걸쳐 무역벤처 창업 전략을 설계하고 실행하기 위한 구체적인 지침을 제공하고자 한다.

제8장

디자인 씽킹

디자인 씽킹(Design Thinking)은 4차 산업혁명과 디지털 전환 시대에서 중요한 혁신적 방법론으로 자리 잡고 있다. 기업들은 다양한 문제를 해결하고 고객 중심의 혁신을 이룩하기 위해 디자인 씽킹을 적극적으로 활용하고 있으며, 이는 제품 개발, 서비스 개선, 비즈니스 모델 혁신을 위한 필수적인 접근법으로 자리매김하고 있다. 또한 디자인 씽킹은 검증, 교육, 케어, 공공 서비스 등 여러 분야에서도 유연하게 적용되고 있다.

본 장에서는 디자인 씽킹의 핵심 개념과 그 적용 방법에 대해 깊이 이해하고, 실제 비즈니스 사례에서의 성공과 실패를 분석할 것이다. 이를 통해 독자들은 디자인 씽킹이 비즈니스 환경에서 어떤 가치를 창출할 수 있는지에 대한 통찰을 얻을 수 있을 것이다. 또한 디자인 씽킹의 한계와 이를 극복하는 방안에 대해서도 다뤄 더욱 현실적인 관점에서 이 방법론의 효과적인 활용 가능성을 모색하고자 한다.

1. 디자인 씽킹의 개요

1) 디자인 씽킹의 정의와 배경

디자인 씽킹(Design Thinking)은 사용자의 요구와 경험을 중심으로 문제를 해결하는 창의적이고 인간 중심적인 접근방식이다. 디자인 씽킹은 기술, 비즈니스, 인문학 등 다양한 분야에 도입되었으며, 특히 복잡한 문제를 해결하는 데 있어 혁신을 촉진하는 방법론으로 자리 잡았다. 이 방법론은 단순히 제품이나 서비스의 디자인을 넘어 문제를 정의하고 해결하는 모든 과정에 적용된다.

디자인 씽킹의 기원은 1960년대 미국 스탠퍼드 대학교에서 시작되었다. 당시 산업 디자인과 엔지니어링 분야에서 창의적인 문제 해결 방법에 대한 필요성이 대두되었고, 이를 바탕으로 디자인 씽킹이라는 개념이 형성되었다. 디자인 씽킹은 초기에는 제품 디자인과 관련된 문제 해결을 중심으로 발전했지만, 시간이 지나면서 비즈니스 전략, 서비스 디자인, 조직 혁신 등 다양한 영역으로 확장되었다.

디자인 씽킹의 핵심은 '인간 중심적 디자인'에 있다. 이는 사용자가 실제로 겪고 있는 문제를 깊이 이해하고, 이를 해결하기 위한 솔루션을 개발하는 것을 목표로 한다. 이를 위해 디자인 씽킹은 사용자의 경험을 공감적으로 이해하는 것에서 출발하며, 그 이후 문제를 정의하고, 다양한 아이디어를 도출하며, 프로토타입을 제작하고 테스트하는 일련의 과정을 포함한다.

비선형적 과정
문제 해결 과정에서 단계들이 순차적으로 진행되지 않고 필요에 따라 반복되거나 재구성될 수 있는 접근방식이다.

또한 디자인 씽킹은 비선형적이고 반복적인 과정이다. 이는 문제를 해결하는 과정에서 예상치 못한 변수가 발생할 수 있으며, 이러한 변수를 반영하여 문제를 재정의하고, 새로운 아이디어를 도출하며, 솔루션을 지속해서 개선하는 것이 중요하기 때문이다. 이러한 접근방식은 특히 복잡한 문제나 불확실성이 높은 상황에서 매우 효과적이다.

2) 디자인 씽킹의 중요성

디자인 씽킹은 오늘날 기업들이 혁신을 추진하고, 고객 중심의 제품과 서비스를 개발하는 데 중요한 역할을 하고 있다. 특히 무역벤처 창업에서 디자인 씽킹은 다음과 같은 이유로 필수적인 접근방식으로 여겨진다.

(1) 사용자 중심 혁신

디자인 씽킹은 사용자의 요구와 경험을 중심으로 문제를 해결한다. 이는 단순히 제품의 기능을 개선하는 것을 넘어 사용자에게 진정한 가치를 제공할 수 있는 솔루션을 개발하는 데 중점을 둔다. 사용자 중심의 혁신은 고객 만족도를 높이고, 브랜드 충성도를 강화하는 데 중요한 역할을 한다.

사용자 중심
사용자의 요구와 경험을 중심으로 문제를 정의하고 해결하는 접근방식. 고객 중심이라고도 한다.

(2) 복잡한 문제 해결

무역벤처 창업에서는 다양하고 복잡한 문제가 발생할 수 있다. 디자인 씽킹은 이러한 문제를 구조화하고, 단계별로 접근하여 해결책을 도출하는 데 매우 효과적이다. 예를 들어, 새로운 시장에 진출할 때 발생할 수 있는 문화적 차이, 법적 규제, 소비자 선호도의 차이 등을 디자인 씽킹을 통해 체계적으로 분석하고, 이에 맞는 전략을 수립할 수 있다.

(3) 리스크 관리

디자인 씽킹은 빠른 프로토타이핑과 반복적인 테스트를 통해 리스크를 줄이는 데 도움이 된다. 새로운 아이디어를 시장에

프로토타이핑(Prototyping)
아이디어를 시각적으로 구현하거나 모형으로 만드는 과정을 의미한다. 저비용으로 빠르게 시제품을 제작하여 테스트할 수 있는 것이 장점이다.

출시하기 전에 저비용으로 신속하게 프로토타입을 제작하고, 사용자 피드백을 통해 개선점을 도출함으로써 시장에서의 실패 가능성을 최소화할 수 있다. 이는 특히 창업 초기 단계에서 중요한 리스크 관리 전략이다.

(4) 협업 촉진

디자인 씽킹은 팀 간의 협업을 촉진하는 접근방식이다. 다양한 배경과 전문성을 가진 팀원들이 함께 문제를 해결하는 과정에서 서로의 아이디어를 결합하고 시너지를 창출할 수 있다. 이는 혁신적인 솔루션을 도출하는 데 중요한 요소로 작용하며, 팀의 창의성을 극대화할 수 있다.

(5) 지속 가능성 강화

디자인 씽킹은 제품과 서비스의 지속 가능성을 고려한 문제 해결 방법을 제시한다. 환경적·사회적 책임을 반영한 디자인을 통해 기업은 장기적인 관점에서 지속 가능한 성장을 추구할 수 있다. 이는 기업의 사회적 책임(CSR)과도 연관되며, 브랜드 이미지와 평판을 강화하는 데 기여한다.

사회적 책임(CSR, Corporate Social Responsibility)

기업이 경제적 이익을 추구하는 것뿐만 아니라, 사회와 환경에 긍정적인 영향을 미치는 활동을 수행하는 것.

3) 전통적 문제 해결 방식과의 비교

전통적인 문제 해결 방식은 주로 분석적이고 논리적인 접근에 의존하며, 문제를 명확히 정의하고 단계별로 해결책을 찾아가는 과정을 중요시한다. 이러한 접근방식은 분명한 목표가 있을 때 효과적이지만, 복잡하고 불확실성이 높은 문제를 해결하는 데는 한계가 있을 수 있다.

전통적인 문제 해결 방식에서는 문제를 기술적이거나 기능적인 관점에서 바라보며, 사용자의 실제 경험이나 감정적 요구를 충분히 고려하지 않는 경우가 많다. 예를 들어, 전통적인 제품 개발 과정에서는 제품의 성능을 최적화하는 것이 주요 목표일 수 있다. 하지만 이러한 접근방식은 사용자의 실제 요구와 경험을 반영하지 못해 시장에서 실패할 가능성이 크다.

반면, 디자인 씽킹은 문제를 더욱 넓은 시각에서 접근하며, 사용자의 감정과 경험을 중심으로 문제를 정의하고 해결한다. 이는 문제 해결 과정에서 사용자가 겪는 실제 문제를 이해하고, 이를 바탕으로 창의적이고 혁신적인 솔루션을 도출할 수 있게 한다. 또한 디자인 씽킹은 비선형적이고 반복적인 프로세스를 통해 문제를 지속적으로 재정의하고, 새로운 해결책을 모색한다.

예를 들어, 한 글로벌 무역벤처가 새로운 제품을 개발할 때 전통적인 문제 해결 방식을 사용할 경우, 시장조사 결과를 바탕으로 제품의 기능을 개선하고, 비용 절감 전략을 도입할 수 있다. 그러나 디자인 씽킹을 적용할 경우, 이 회사는 먼저 현지 소비자의 경험과 요구를 깊이 이해하고, 이들의 감정을 고려한 제품 디자인을 개발할 수 있다. 이는 단순한 기능 개선을 넘어 소비자에게 더 큰 가치를 제공할 수 있는 제품을 만들어내는 데 기여한다.

4) 디자인 씽킹의 역사적 발전과 확산

디자인 씽킹은 1960년대 미국 스탠퍼드 대학교에서 처음 개념화되었다. 당시 산업디자인 분야에서는 단순한 제품 설계 이상의 창의적인 문제 해결 방법이 필요하다는 인식이 확산했고, 이를 바탕으로 인간 중심적 접근방식이 도입되기 시작했다. 이 과정에서 디자인 씽킹은 인간의 창의성을 강조하고 문제 해결에 대한 새로운 관점을 제시하게 되었다.

디자인 씽킹의 초기 발전 과정에서 IDEO와 같은 디자인 컨설팅 회사가 중요한 역할을 했다. IDEO의 창립자 데이비드 켈리(David Kelley)는 디자인 씽킹의 개념을 체계화하고, 이를 다양한 비즈니스 문제에 적용하는 데 선구적인 역할을 했다. 그의 팀은 디자인 씽킹을 활용하여 혁신적인 제품과 서비스를 개발하였고, 이는 디자인 씽킹이 전 세계적으로 확산하는 계기가 되었다.

1980년대와 1990년대에 걸쳐 디자인 씽킹은 IT, 헬스케어, 교육, 사회적 문제 해결 등 다양한 분야로 확장되었다. 특히 기술 발전과 글로벌화로 인해 문제 해결의 복잡성이 증가하면서 디자인 씽킹의 중요성은 더욱 커지게 되었다. 오늘날 디자인 씽킹은 전 세계의 다양한 기업, 교육기관, 공공기관 등에서 혁신을 촉진하고 문제를 해결하는 중요한 방법론으로 자리 잡았다.

또한 디자인 씽킹의 확산은 교육 분야에서도 중요한 변화를 불러왔다. 스탠퍼드 대학교의 D-School을 비롯한 여러 교육기관에서는 디자인 씽킹을 교육과정에 도입하여 학생들이 창의적인 문제 해결 능력을 기를 수 있도록 돕고 있다. 이러한 교육적 접근은 미래의 창의적인 리더를 양성하는 데 중요한 역할을 하고 있으며, 디자인 씽킹이 단순한 방법론을 넘어 문화와 사고방식으로 자리 잡게 하고 있다.

결론적으로, 디자인 씽킹은 사용자의 요구를 중심으로 문제를 해결하는 혁신적인 접근 방식으로, 오늘날의 복잡한 문제를 해결하고 지속 가능한 성장을 추구하는 데 중요한 역할을 하고 있다. 디자인 씽킹은 무역벤처 창업을 포함한 다양한 비즈니스 영역에서 필수적인 도구로 자리 잡았으며, 앞으로도 그 중요성은 계속해서 커질 것으로 예상된다.

2. 디자인 씽킹의 프로세스

디자인 씽킹은 다섯 가지 주요 단계로 구성되어 있으며, 각 단계는 문제 해결 과정에서 중요한 역할을 하고 있다. 이 단계들은 비선형적이며, 필요에 따라 반복적으로 수행될 수 있다.

1) 공감(Empathy)

공감은 디자인 씽킹의 첫 번째 단계로, 사용자의 입장에서 문제를 바라보고, 그들의 필요와 감정을 깊이 이해하는 것을 목표로 하고 있다. 이 단계는 문제를 겪는 사람의 입장에서 상황을 이해하고, 그들의 경험을 통해 문제를 재정의하는 데 초점을 맞추고 있다.

공감 단계에서 사용자는 단순히 설문조사나 데이터 분석을 통해 이해되는 것이 아니라, 실제로 그들의 일상생활에서 어떠한 경험을 하고 있는지에 대해 심층적으로 탐구하게 된다. 이를 위해 사용자 인터뷰, 현장 관찰, 경험 샘플링 등의 방법이 사용될 수 있다.

예를 들어, 한 무역벤처가 새로운 시장에 진출하기 위해 현지 소비자의 행동과 문화를 이해하려고 할 때, 공감 단계에서 해당 지역의 소비자들이 어떤 문화적 배경에서 어떤 제품을 사용하고, 어떤 불편함을 느끼는지에 대해 깊이 있는 조사를 수행할 수 있다. 이를 통해 단순히 제품을 판매하는 것 이상의 가치를 제공할 기회를 발견하게 된다.

공감 단계는 사용자 입장에서 문제를 바라보고 이해하는 것을 목표로 하며, 이를 통해 문제 해결의 방향성을 설정하게 된다. 공감 단계에서 얻은 인사이트는 문제 정의와 아이디어 도출 과정에서 중요한 역할을 한다.

공감 단계에서는 사용자 인터뷰, 현장 관찰, 공감 지도(Empathy Map) 작성, 경험 샘플링 등의 도구와 기법이 사용될 수 있다. 이러한 도구들은 사용자의 경험과 감정을 시각화하고, 이를 기반으로 문제를 재정의하는 데 도움을 준다.

공감 지도(Empathy Map)

사용자 경험과 감정을 시각적으로 표현하는 도구로, '보고, 듣고, 생각하고, 느끼는 것'을 중심으로 작성한다.

2) 문제 정의(Define)

문제 정의는 공감 단계에서 얻은 인사이트를 바탕으로 핵심 문제를 명확하게 정의하는 과정이다. 문제 정의 단계에서 정의된 문제는 이후의 모든 디자인 씽킹 과정의 방향성을 결정짓게 된다. 따라서 이 단계에서의 정확한 문제 정의는 매우 중요하다.

문제 정의 질문법
(“How Might We”)

문제를 정의하고 해결 방안을 모색하기 위해 사용하는 질문법이다. 문제를 열린 질문으로 재구성하여 다양한 해결책을 탐색할 수 있도록 돕는다.

문제 정의는 사용자가 직면한 문제를 구체적으로 정의하는 것이며, 이를 통해 디자인 씽킹 과정에서 집중해야 할 영역을 명확히 하게 된다. 예를 들어, 문제 정의 단계에서는 사용자 인터뷰와 관찰을 통해 발견된 문제를 명확하게 정리하고, 이를 바탕으로 디자인 과제를 도출하게 된다.

문제 정의 단계에서는 종종 “How Might We~”라는 질문을 통해 문제를 정의하고 해결 방안을 모색하는데, 이는 문제를 열린 질문으로 재구성하여 다양한 해결책을 모색할 수 있도록 돕는다. 예를 들어, 고객 반응이 좋지 않을 경우 "어떻게 하면 고객이 더 만족할 수 있도록 서비스를 개선할 수 있을까?"라는 질문을 통해 문제를 명확히 하고, 다양한 해결책을 탐색할 수 있다.

3) 아이디어 도출(Ideate)

아이디어 도출은 문제를 해결하기 위한 다양한 창의적인 아이디어를 생성하는 단계이다. 이 과정에서는 비판 없이 가능한 한 많은 아이디어를 내는 것이 중요하며, 이를 통해 혁신적인 해결책을 발견할 수 있다.

아이디어 도출 단계에서는 창의적 사고와 개방적인 접근이 요구된다. 다양한 아이디어를 도출하는 것이 중요하며, 이를 통해 문제 해결을 위한 혁신적이고 실용적인 솔루션을 찾을 수 있다. 이 단계에서는 브레인스토밍, 스캠퍼(SCAMPER), 마인드맵 등과 같은 다양한 기법이 사용될 수 있다.

스캠퍼(SCAMPER)
Substitute(대체), Combine(결합), Adapt(적용), Modify(수정)을 말한다. Put to other uses(다른 용도), Eliminate(제거), Reverse(재배치)를 의미하는 아이디어 도출 기법.

예를 들어, 한 무역벤처는 새로운 제품 라인을 개발하기 위해 아이디어 도출 세션을 개최하고, 팀 내 다양한 부서의 직원들이 참여하여 자유롭게 아이디어를 제시하도록 할 수 있다. 이 과정에서 다소 비현실적이거나 획기적인 아이디어도 나올 수 있으며, 이러한 아이디어들이 나중에 더 발전된 솔루션으로 이어질 수 있다.

4) 프로토타입(Prototype) 제작

프로토타입 제작은 아이디어를 현실화하는 과정으로, 아이디어를 시각적으로 구현하고, 이를 통해 문제 해결 방법의 효과를 검증하는 데 중점을 두고 있다. 이 단계에서는 시제품이나 모델을 제작하여 아이디어를 실제로 시험해 볼 수 있다.

프로토타입 제작의 목적은 빠른 피드백을 얻기 위해 저비용으로 시제품을 제작하는 것이다. 이 단계에서는 실수나 실패가 매우 유용한 학습 기회로 작용할 수 있으며, 사용자 피드백을 통해 개선점을 발견하고 이를 반영하여 최종 제품을 개발할 수 있다.

예를 들어, 한 무역벤처는 새로운 제품을 출시하기 전에 저비용으로 프로토타입을 제작하고, 이를 잠재고객들에게 테스트해 보면서 개선점을 도출할 수 있다. 이를 통해 초기 단계에서의 실패를 줄이고, 시장에서의 성공 가능성을 높일 수 있다.

프로토타입 제작 단계에서는 3D 프린팅, 모형 제작, 와이어프레임, 스케치 등의 도구와 기법이 사용될 수 있다. 이러한 도구들은 아이디어를 시각적으로 구현하고, 사용자 피드백을 통해 개선할 수 있는 기회를 제공한다.

와이어프레임(Wireframe)
웹사이트, 애플리케이션, 소프트웨어 등 디지털 제품의 구조와 콘텐츠 배치를 시각적으로 표현한 간단한 스케치나 도식.

5) 테스트(Test)

테스트는 제작된 프로토타입을 실제 사용자와 상호작용하며 검증하는 과정이다. 이 단계에서는 인터뷰, 설문조사, 관찰 등을 통해 사용자 피드백을 수집하고, 이를 바탕으로 프로토타입을 개선하거나 새로운 아이디어를 도출하게 된다. 테스트는 반복적으로 수행될 수 있으며, 이를 통해 최종 제품의 완성도를 높일 수 있다.

테스트 단계에서는 사용자의 피드백을 적극적으로 수집하고, 이를 기반으로 제품을 개선해 나가는 과정이 중요하다. 테스트 결과는 종종 예기치 못한 문제를 드러낼 수 있으며, 이러한 문제를 신속하게 해결함으로써 시장에서의 성공 가능성을 높일 수 있다.

예를 들어, 한 무역벤처는 새로운 제품을 출시하기 전에 고객 대상 테스트를 진행하고, 이를 통해 제품의 작은 결함을 발견하여 수정할 수 있었다. 이를 통해 최종 제품은 시장에서 더 나은 성과를 거둘 수 있었다.

테스트 단계에서는 사용자 테스트, A/B 테스트, 설문조사, 인터뷰 등의 도구와 기법이 사용될 수 있다. 이러한 도구들은 제품의 최종 완성도를 높이고, 시장에서의 성공 가능성을 검증하는 데 도움을 준다.

A/B 테스트
두 가지 이상의 버전(A와 B)의 콘텐츠, 디자인, 마케팅 전략 등을 비교하여 어느 것이 더 효과적인지를 분석하는 실험 방법.

3. 디자인 씽킹의 도구 및 기법

디자인 씽킹(Design Thinking)에서는 문제를 효과적으로 해결하기 위해 다양한 도구와 기법이 활용된다. 이러한 도구들은 각 단계에서 중요한 역할을 하며, 사용자가 직면한 문제를 더욱 명확히 이해하고, 창의적인 해결책을 도출하며, 이를 현실화하는 데 도움을 준다.

1) 브레인스토밍(Brainstorming)

브레인스토밍은 아이디어 도출 단계에서 가장 널리 사용되는 기법 중 하나이다. 팀원들이 자유롭게 아이디어를 제시하고, 이를 바탕으로 새로운 해결책을 도출하는 데 사용된다. 모든 아이디어를 수용하며 비판을 금지하고 창의성을 극대화하는 것이 핵심이다.

> 예시: 한 무역벤처는 새로운 제품 라인을 개발하기 위해 팀원들 간 브레인스토밍 세션을 개최했다. 이 과정에서 "현지화된 패키지 디자인", "환경 친화적인 소재 사용", "소비자 참여형 이벤트" 등 다양한 아이디어가 제시되었다. 이 중에서 가장 실현 가능성이 높은 아이디어가 선정되어 프로토타입 제작 단계로 넘어갔다.

프로토타입(Prototype)
제품, 시스템 또는 서비스의 초기 모형을 의미하며, 최종 제품이 실제로 어떻게 작동할지에 대한 개념을 시각적으로 구현한 것으로, 디자인 단계에서 아이디어를 구체화하고 테스트하기 위해 사용된다.

2) 공감 지도(Empathy Map)

공감 지도는 공감 단계에서 사용자의 경험과 감정을 시각화하는 도구이다. 이를 통해 사용자가 무엇을 생각하고 느끼며, 어떤 행동을 취하는지에 대한 깊은 이해를 얻을 수 있다. 공감 지도는 사용자의 경험을 구조화된 방식으로 분석하고, 이를 바탕으로 문제를 정의하는 데 중요한 역할을 한다.

> 예시: 한 무역벤처는 현지 소비자에 대한 공감을 높이기 위해 공감 지도를 작성했다. 공감 지도는 소비자가 제품을 사용할 때 어떤 감정을 느끼는지, 어떤 문제를 겪는지 파악할 수 있도록 돕는다. 예를 들어, 소비자가 제품 사용 시 복잡한 포장 때문에 불편함을 느낀다는 점을 발견했다면 포장을 단순화하는 방안을 고려할 수 있다.

3) 고객 여정 지도(Customer Journey Map)

고객 여정 지도는 고객이 제품이나 서비스를 사용하는 과정을 시각화한 도구이다. 이를 통해 고객이 어떤 경로를 통해 제품을 접하고 사용하는지, 어떤 경험을 하는지 파악할 수 있다. 예를 들어, 온라인 쇼핑몰에서 고객의 여정은 '사이트 방문 → 제품 탐색 → 장바구니 → 결제 → 리뷰 작성'으로 나눌 수 있다. 고객 여정 지도는 고객의 경험을 단계별로 분석하고, 각 단계에서 발생하는 문제나 개선점을 도출하는 데 유용하다.

예시: 한 무역벤처는 새로운 서비스 출시 전에 고객 여정 지도를 작성하여, 고객이 서비스를 사용하는 과정에서 겪을 수 있는 문제를 사전에 파악하고 이를 개선할 수 있었다. 예를 들어, 고객이 제품 구매 후 배송 과정에서 불편을 겪는 경우, 배송 시스템을 개선하여 고객의 경험을 향상시킬 수 있다.

4) 프로토타이핑 도구

프로토타이핑 도구는 아이디어를 시각적으로 구현하는 데 사용된다. 이를 통해 아이디어의 실현 가능성을 검토하고, 사용자 피드백을 받을 수 있다. 다양한 재료와 기법을 활용하여 저비용으로 빠르게 프로토타입을 제작함으로써 빠른 피드백 및 개선이 가능하다. 저해상도 도구로는 종이스케치, 워이어 프레임이 있으며, 고해상도 도구엔 Figma, Adobe XD, 3D 프린팅 등이 있다.

예시: 한 무역벤처는 새로운 제품의 프로토타입을 제작하기 위해 3D 프린팅 기술을 활용했다. 이를 통해 저렴하게 시제품을 제작하고, 사용자 피드백을 받아 제품을 개선할 수 있었다. 프로토타입은 실제 제품의 크기와 형태를 정확히 모방하여 사용자가 실제로 어떻게 제품을 사용할지에 대한 예측을 가능하게 한다.

5) 실시간 설문조사 및 피드백 도구

실시간 설문조사와 피드백 도구는 사용자가 제품이나 서비스를 사용하면서 실시간으로 피드백을 제공할 수 있도록 돕는다. Google Forms, SurveyMonkey와 같은 도구를 활용하면 사용자 피드백을 빠르게 수집하고 분석할 수 있다.

> 예시: 한 무역벤처는 새로운 서비스 출시 전에 베타 테스트를 진행하고, 사용자들에게 실시간으로 설문조사를 실시했다. 이를 통해 사용자들이 겪는 문제를 신속하게 파악하고, 출시 전에 이를 해결할 수 있었다. 예를 들어, 모바일 앱의 사용성을 개선하기 위해 앱 내 실시간 피드백 기능을 사용해 사용자 경험을 향상시켰다.

베타 테스트(Beta Test)

제품이나 소프트웨어가 공식적으로 출시되기 전에 실제 사용자에게 공개하여 테스트하는 단계.

6) 서비스 디자인 블루프린트(Service Design Blueprint)

서비스 디자인 블루프린트는 고객과 기업 간의 서비스 경험을 시각적으로 표현하는 도구로, 고객과 상호작용하는 프론트 스테이지(고객 접점)와 기업 내부에서 수행되는 백스테이지(지원 활동 및 프로세스)를 명확하게 구분하여 서비스의 흐름을 이해하고 개선하는 데 사용된다. 이를 통해 서비스의 모든 접점에서 발생하는 상호작용을 분석하고, 서비스의 품질을 향상시킬 수 있는 방안을 도출한다.

> 예시: 한 무역벤처 기업이 국경 간 전자상거래 서비스를 운영한다고 가정했을 때, 고객은 온라인 플랫폼에서 상품을 탐색하고 결제하는 프론트 스테이지를 경험한다. 반면, 판매자의 상품 출고와 물류센터 준비, 통관 절차 등은 백스테이지에서 진행된다. 블루프린트를 통해 고객이 배송 지연이나 결제 오류를 경험하는 문제 지점을 파악하고, 내부 프로세스를 개선함으로써 전체 서비스 품질을 높일 수 있다.

4. 무역벤처 창업에서 디자인 씽킹 활용

디자인 씽킹은 무역벤처 창업에서 다양한 방식으로 활용될 수 있다. 특히 제품 개발, 시장 진입 전략 수립, 문제 해결, 혁신 촉진 등의 과정에서 중요한 역할을 하고 있다. 이 섹션에서는 디자인 씽킹이 실제로 무역벤처 창업에서 어떻게 적용될 수 있는지에 대해 구체적으로 살펴본다.

1) 제품 및 서비스 개발

무역벤처 창업에서 디자인 씽킹은 제품 및 서비스 개발의 핵심 도구로 사용된다. 디자인 씽킹은 사용자의 요구와 경험을 중심으로 제품을 설계하고 개발하는 데 중점을 둔다. 이는 단순히 기능적인 제품을 만드는 것을 넘어 사용자가 실제로 필요로 하고 만족할 수 있는 제품을 개발하는 것을 목표로 한다.

예시: 한 무역벤처가 전자제품을 제조하고 있다고 가정해보자. 이 회사는 새로운 무선 이어폰 제품을 개발하고 있으며, 디자인 씽킹을 통해 사용자의 요구를 깊이 이해하고 있다. 공감 단계에서 이들은 고객들이 무선 이어폰을 사용할 때 자주 겪는 문제들을 파악했다. 예를 들어, 이어폰이 쉽게 잃어버리기 쉽고, 배터리 수명이 짧다는 문제를 발견했다. 이를 바탕으로 문제 정의 단계에서 "이어폰을 더 쉽게 찾을 수 있고, 배터리 수명을 연장할 방법은 무엇일까?"라는 문제를 정의했다.
이후 아이디어 도출 단계에서는 다양한 솔루션이 제시되었다. 예를 들어, 이어폰에 위치 추적 기능을 추가하거나 배터리 수명을 두 배로 늘릴 수 있는 기술적 개선이 논의되었다. 프로토타입 제작 단계에서는 이러한 아이디어를 시제품으로 구현하여 테스트하였고, 최종적으로 고객의 요구를 충족시키는 무선 이어폰 제품을 성공적으로 출시할 수 있었다.
이와 같이 디자인 씽킹은 제품 개발 과정에서 사용자의 실제 요구를 반영한 솔루션을 도출하고, 이를 실행 가능한 제품으로 전환하는 데 필수적인 역할을 한다.

2) 시장 진입 전략 수립

디자인 씽킹은 새로운 시장에 진입하기 위한 전략을 수립하는 데도 매우 효과적이다. 무역벤처는 글로벌 시장에서 성공하기 위해 각 시장의 특성과 고객의 요구를 정확히 이해해야 하며, 디자인 씽킹은 이러한 이해를 바탕으로 시장 진입 전략을 개발하는 데 유용한 도구가 된다.

예시: 한 무역벤처가 아시아 시장에 진출하려고 한다고 가정해보자. 이 회사는 디자인 씽킹을 활용하여 아시아 시장의 문화적 · 경제적 특성을 분석하고, 공감 단계를 통해 현지 소비자들의 구매 동기와 선호도를 깊이 이해하게 되었다. 예를 들어, 공감 과정에서 이들은 아시아 소비자들이 제품의 품질과 브랜드 명성을 중요하게 생각한다는 것을 알게 되었다.

이를 바탕으로 문제 정의 단계에서 "우리는 어떻게 하면 아시아 시장에서 브랜드 신뢰도를 높이고, 제품의 고급스러움을 강조할 수 있을까?"라는 문제를 정의할 수 있다. 이후 아이디어 도출 단계에서 다양한 솔루션이 제시되었다. 예를 들어, 현지에서 인지도가 높은 인플루언서를 활용한 마케팅 전략, 고급 패키징 디자인, 브랜드 스토리텔링 등을 통한 시장 진입 전략이 제안되었다.

이러한 전략들은 프로토타입 제작 및 테스트 단계를 거쳐 최종적으로 실행되었으며, 아시아 시장에서 성공적으로 브랜드를 구축하고 시장 점유율을 확대하는 데 기여했다.

3) 문제 해결과 혁신 촉진

디자인 씽킹은 무역벤처 창업 과정 시 발생하는 복잡한 문제를 해결하고, 조직 내 혁신을 촉진하는 데 매우 효과적이다. 이는 단순히 제품 개발과 시장 진입 전략에 국한되지 않으며, 조직 내의 다양한 문제를 해결하고, 더 나은 프로세스를 구축하는 데도 활용될 수 있다.

예시: 한 무역벤처가 공급망 문제를 겪고 있다고 가정해보자. 이 회사는 제품의 원자재를 조달하는 과정에서 빈번한 지연과 품질 문제를 경험하고 있으며, 이로 인해 제품 생산과 배송이 차질을 빚고 있다. 디자인 씽킹을 활용하여 이 문제를 해결하기 위해 회사는 먼저 공감 단계를 통해 공급업체와의 관계를 깊이 이해하고 문제의 원인을 파악한다.

공급업체와의 인터뷰를 통해 이들은 지연과 품질 문제가 발생하는 주요 원인을 파악하게 되었으며, 이를 바탕으로 문제 정의 단계에서 "우리는 어떻게 하면 공급업체와의 협력을 개선하고, 원자재의 품질과 배송 시간을 최적화할 수 있을까?"라는 문제를 정의했다.

이후 아이디어 도출 단계에서는 새로운 계약 조건, 품질 관리 시스템의 개선, 그리고 공급업체와의 협력 강화를 위한 다양한 아이디어가 제시되었다. 프로토타입 제작 단계에서는 새로운 품질 관리 시스템이 시범적으로 도입되었으며, 테스트 단계에서 긍정적인 결과를 도출함으로써 회사는 공급망 문제를 해결하고, 더 나은 제품 생산과 배송 프로세스를 구축할 수 있었다.

4) 글로벌 시장에서의 경쟁력 확보

디자인 씽킹은 글로벌 시장 진출 시 현지 고객의 요구를 반영하여 경쟁력을 높이는 핵심 전략으로 활용된다. 글로벌 시장은 문화적·경제적·법적 환경이 매우 다르므로 각 시장에 맞는 맞춤형 전략을 개발하는 것이 중요하다. 디자인 씽킹은 이러한 전략을 개발하는 데 필수적인 도구가 된다.

> 예시: 한 무역벤처가 유럽 시장에 진출하려고 한다고 가정해보자. 이 회사는 디자인 씽킹을 활용하여 유럽 시장의 특성을 분석하고, 공감 단계를 통해 현지 소비자들의 요구와 선호도를 이해하게 되었다. 예를 들어, 유럽 소비자들은 환경 친화적인 제품과 지속 가능한 비즈니스 모델을 선호한다는 것을 알게 되었다.

이를 바탕으로 문제 정의 단계에서 "우리는 어떻게 하면 유럽 시장에서 지속 가능성을 강조한 제품을 통해 경쟁력을 확보할 수 있을까?"라는 문제를 정의했다. 이후 아이디어 도출 단계에서는 친환경 소재 사용, 탄소 배출량 저감 기술, 재활용 가능한 패키징 등의 다양한 솔루션이 제시되었다.

프로토타입 제작 단계에서는 이러한 아이디어를 실제 제품에 적용해 보았으며, 테스트 단계에서 유럽 소비자들의 긍정적인 반응을 얻을 수 있었다. 최종적으로 무역벤처는 유럽 시장에서 친환경 제품을 통해 성공적으로 경쟁력을 확보할 수 있었다.

5) 사용자 중심의 제품 현지화 전략

디자인 씽킹은 제품 현지화 전략을 수립하는 데도 매우 유용하게 활용될 수 있다. 무역벤처가 새로운 시장에 진출할 때, 해당 시장의 문화적 특성과 소비자의 요구를 정확히 반영한 제품을 개발하는 것이 중요하다. 디자인 씽킹은 이러한 현지화 전략을 수립하는 데 필수적인 도구가 된다.

예시: 한 무역벤처가 남미 시장에 진출하려고 한다고 가정해보자. 이 회사는 디자인 씽킹을 활용하여 남미 시장의 문화적 특성과 소비자의 요구를 이해하게 되었다. 공감 단계를 통해 이들은 남미 소비자들이 전통적인 디자인과 현대적인 기능을 모두 갖춘 제품을 선호한다는 것을 알게 되었다.
이를 바탕으로 문제 정의 단계에서 "우리는 어떻게 하면 남미 소비자들이 선호하는 전통적인 디자인과 현대적인 기능을 결합한 제품을 개발할 수 있을까?"라는 문제를 정의했다. 이후 아이디어 도출 단계에서는 전통적인 남미 디자인 요소를 현대적인 기술과 결합한 제품 아이디어가 제시되었다.
프로토타입 제작 단계에서는 이러한 아이디어를 반영한 시제품이 제작되었으며, 테스트 단계에서 남미 소비자들의 긍정적인 반응을 얻을 수 있었다. 이를 통해 무역벤처는 남미 시장에서 성공적으로 제품을 현지화하고, 높은 시장 점유율을 확보할 수 있었다.

5. 성공 및 실패 사례 분석

디자인 씽킹은 다양한 무역벤처 창업 사례에서 성공적인 결과를 이끌어낸 중요한 요소로 작용하고 있다. 디자인 씽킹이 실제로 무역벤처 창업에서 어떻게 성공을 이끌어냈는지, 그리고 이러한 성공을 가능하게 한 핵심 요소들에 대해 구체적으로 살펴보도록 한다.

1) 디자인 씽킹을 통해 성공한 무역벤처 사례

디자인 씽킹을 통해 성공을 거둔 무역벤처 사례들은 매우 다양하다. 이러한 사례들은 디자인 씽킹이 실제 비즈니스 환경에서 얼마나 유효한지, 그리고 어떻게 적용되는지를 명확히 보여준다.

> **예시 1: 디자인 씽킹을 활용한 새로운 시장 진입 전략**
> 한 글로벌 무역벤처는 디자인 씽킹을 활용하여 동남아시아 시장에 성공적으로 진출할 수 있었다. 이 회사는 현지 소비자들의 요구를 깊이 이해하기 위해 공감 단계를 통해 심층 조사를 실시했다. 이 과정에서 현지 소비자들이 가격에 민감하며, 품질과 내구성을 중요하게 생각한다는 것을 알게 되었다. 이를 바탕으로 문제 정의 단계에서는 "우리는 어떻게 하면 동남아시아 시장에서 품질을 유지하면서도 가격 경쟁력을 확보할 수 있을까?"라는 문제를 정의했다.
> 이후 아이디어 도출 단계에서는 원가 절감을 위한 다양한 아이디어가 제시되었으며, 현지 생산 공장을 설립하여 물류비용을 줄이자는 결론에 도달했다. 프로토타입 제작 및 테스트 단계를 거쳐 현지에서 생산된 제품이 성공적으로 출시되었으며, 회사는 동남아시아 시장에서 큰 성공을 거두었다.

> **예시 2: 디자인 씽킹을 통한 혁신적인 제품 개발**
> 한 무역벤처가 디자인 씽킹을 통해 혁신적인 제품을 개발한 사례가 있다. 이 회사는 전통적인 주방용품을 제조하고 있었지만, 시장에서의 경쟁이 치열해지면서 차별화된 제품을 개발할 필요성을 느꼈다. 공감 단계를 통해 고객 인터뷰를 실시한 결과, 많은 소비자들이 기존 주방용품의 디자인이 시대에 뒤떨어져 있다고 느끼고 있으며, 더 현대적이고 실용적인 제품을 원한다는 것을 알게 되었다.
> 이를 바탕으로 문제 정의 단계에서 "우리는 어떻게 하면 주방용품의 전통적인 기능을 유지하면서도 더 현대적이고 실용적인 디자인을 구현할 수 있을까?"라는 문제를 정의했다. 이후 아이디어 도출 단계에서는 다양한 디자인 아이디어가 제시되었으며, 새로운 재료와 기술을 활용한 혁신적인 주방용품이 개발되었다. 이 제품은 프로토타입 제작 및 테스트 단계를 거쳐 시장에 출시되었으며, 큰 인기를 끌게 되었다.

2) 성공 요소 분석

디자인 씽킹을 통한 성공 사례들에서 공통적으로 발견되는 요소들이 있다. 이러한 요소들은 디자인 씽킹을 성공적으로 활용하기 위해 필요한 조건들이다.

(1) 사용자 중심의 접근

모든 성공 사례에서 사용자 중심의 접근이 중요한 역할을 했다. 고객의 실제 요구를 이해하고, 이를 기반으로 문제를 해결하는 것이 성공의 핵심이었다. 사용자의 요구와 기대를 정확히 파악하는 것이 디자인 씽킹의 출발점이며, 이는 제품 개발과 시장 진입의 성공을 좌우하는 중요한 요소이다.

(2) 빠른 프로토타이핑과 테스트

빠른 프로토타이핑과 테스트를 통해 실패를 사전에 파악하고, 신속하게 수정할 수 있다. 이는 시장에서의 실패를 줄이고, 성공 가능성을 높이는 데 중요한 역할을 했다. 초기 단계에서 다양한 아이디어를 테스트하고, 사용자 피드백을 반영하여 제품을 개선하는 것이 성공의 중요한 요소로 작용했다.

프로토타이핑(Prototyping)

제품, 시스템, 또는 서비스를 개발하는 과정에서 초기 모델이나 시제품(프로토타입)을 제작하여 테스트하고, 이를 바탕으로 최종 제품을 개선해 나가는 과정.

(3) 협력과 소통

디자인 씽킹 과정에서 팀 간의 협력과 소통이 중요한 역할을 했다. 다양한 관점을 고려하여 통합함으로써 최적의 해결책을 도출할 수 있었다. 팀원들이 각자의 전문성을 발휘하면서도 협력하여 문제를 해결하는 것이 중요한 성공 요소로 작용했다.

3) 실패 사례와 교훈

디자인 씽킹이 항상 성공적인 결과를 보장하는 것은 아니다. 일부 사례에서는 디자인 씽킹이 제대로 적용되지 않아 실패로 이어지기도 했다. 이러한 실패 사례들을 분석함으로써 디자인 씽킹을 보다 효과적으로 활용하기 위한 교훈을 얻을 수 있다.

실패 사례 1: 사용자 중심의 접근 부족으로 인한 실패

한 무역벤처는 디자인 씽킹을 도입했지만, 사용자 중심의 접근을 소홀히 하여 시장에서 실패를 경험했다. 이 회사는 새로운 제품을 개발하면서 공감 단계에서 충분한 조사를 하지 않았고, 사용자의 실제 요구를 제대로 파악하지 못했다. 이에 따라 문제 정의 단계에서 잘못된 가정을 기반으로 문제를 정의하게 되었으며, 이후 도출된 아이디어와 솔루션도 사용자의 기대에 부응하지 못했다. 결과적으로 이 제품은 시장에서 외면받게 되었고, 회사는 큰 손실을 입었다. 이 실패 사례는 공감 단계의 중요성을 강조하며, 사용자의 요구를 정확히 파악하지 않고는 성공적인 제품을 개발할 수 없다는 점을 다시 한 번 일깨워준다.

실패 사례 2: 팀 내 갈등으로 인한 실패

또 다른 사례로, 한 무역벤처가 디자인 씽킹을 도입했으나 팀 내 갈등으로 인해 실패한 사례가 있다. 이 회사는 다양한 배경과 전문성을 가진 팀원들로 구성된 프로젝트 팀을 구성했으나, 아이디어 도출 단계에서 팀원들 간의 갈등이 발생하였다. 일부 팀원들은 서로의 의견을 존중하지 않았고, 결국 최종적으로 도출된 솔루션은 팀 내 일부 구성원의 의견만을 반영하게 되었다. 이로 인해 개발된 제품은 시장에서 실패했으며, 팀 내 갈등은 조직 전체에 부정적인 영향을 미쳤다.

이 실패 사례는 팀 내 협력과 소통의 중요성을 강조하며, 다양한 관점을 통합하는 것이 성공적인 문제 해결에 필수적이라는 점을 일깨워준다.

4) 디자인 씽킹의 제한 사항 및 극복 방안

디자인 씽킹은 매우 유용한 도구이지만, 모든 상황에서 효과적인 것은 아니다. 일부 제한 사항들이 존재하며, 이러한 한계를 극복하기 위한 방안들이 필요하다.

(1) 복잡한 조직 구조

일부 조직에서는 디자인 씽킹을 도입하기 어려운 복잡한 구조가 있을 수 있다. 예를 들어, 기존의 계층적 조직 구조에서는 디자인 씽킹의 개방적이고 협력적인 접근방식이 제대로 적용되기 어려울 수 있다. 이러한 경우, 조직 내에서 디자인 씽킹을 도입하기 위한 교육과 인식의 전환이 필요하다. 조직의 리더십은 디자인 씽킹의 가치를 이해하고, 이를 실천할 수 있는 문화를 조성하는 데 중요한 역할을 한다.

(2) 자원 부족

디자인 씽킹 과정은 공감 조사, 프로토타이핑, 사용자 테스트 등 여러 활동으로 구성되며 이를 수행하기 위해서는 충분한 자원과 시간이 필요하다. 그러나 일부 무역벤처는 제한된 자원과 인력으로 인해 디자인 씽킹을 제대로 적용하기 어려울 수 있다. 이러한 한계를 극복하기 위해서는 효율적인 자원 관리와 계획이 필요하며, 상황에 맞게 디자인 씽킹 프로세스를 간소화하거나 조정할 수 있는 능력이 요구된다.

(3) 문화적 저항

조직 내 문화적 저항이 있을 수 있다. 일부 구성원들은 기존의 문제 해결 방식에 익숙해져 있어 새로운 접근방식을 받아들이기 어려워할 수 있다. 이를 극복하기 위해서는 디자인 씽킹의 가치를 조직 내 모든 구성원이 이해하고 받아들일 수 있도록 교육과 소통이 필요하다. 디자인 씽킹의 성공 사례를 공유하고, 실질적인 성과를 통해 구성원들의 신뢰를 구축하는 것이 중요하다.

6. 디자인 씽킹의 한계와 극복 방안

디자인 씽킹은 매우 강력한 문제 해결 방법론이지만, 그 한계도 명확히 존재한다. 디자인 씽킹의 한계를 이해하고, 이를 극복하기 위한 전략을 마련하는 것이 중요하다. 지금부터는 디자인 씽킹의 주요 한계와 이를 극복하는 방안들을 구체적으로 살펴본다.

1) 디자인 씽킹의 주요 한계점

(1) 시간과 자원의 한계

디자인 씽킹 과정은 상당한 시간과 자원이 요구된다. 특히 공감 단계와 프로토타이핑 단계에서는 많은 시간과 비용이 소요될 수 있다. 공감 조사를 위해 사용자 인터뷰를 실시하고, 다양한 프로토타입을 제작하며, 이를 테스트하는 과정은 자원 집약적이다. 이러한 과정에서 예산 부족이나 시간 제약이 발생할 수 있으며, 이는 디자인 씽킹의 효과를 저하시킬 수 있다.

(2) 팀 내 갈등

디자인 씽킹 과정에서는 다양한 배경과 전문성을 가진 팀원들이 협력하게 되며, 이 과정에서 갈등이 발생할 수 있다. 특히 아이디어 도출 단계에서는 서로 다른 관점과 의견이 충돌할 가능성이 크다. 이러한 갈등은 효과적으로 관리되지 않으면 팀 내 협력을 저해하고, 최종 결과물의 질을 떨어뜨릴 수 있다.

(3) 문화적 차이

디자인 씽킹은 주로 서구의 문화적 맥락에서 발전했기 때문에, 다른 문화적 배경을 가진 조직에서 적용하는 데 어려움이 있을 수 있다. 예를 들어, 일부 문화에서는 개방적이고 창의적인 사고를 촉진하는 디자인 씽킹의 접근방식이 낯설게 느껴질 수 있다. 또한 상하 구조가 강한 조직에서는 디자인 씽킹의 협력적이고 수평적인 접근방식이 잘 맞지 않을 수 있다.

2) 극복을 위한 전략

(1) 효율적인 자원 관리

디자인 씽킹 과정에서 자원과 시간을 효율적으로 관리하기 위한 체계적인 계획이 필요하다. 공감 조사나 프로토타이핑 과정에서 자원을 최대한 효율적으로 활용하기 위해 우선순위를 설정하고, 중요한 요소에 집중하는 것이 중요하다. 또한 디자인 씽킹의 각 단계에서 필요한 자원과 시간을 정확히 예측하고, 이를 관리할 수 있는 계획을 수립해야 한다.

(2) 팀 내 협력 촉진

갈등을 예방하고 협력을 촉진하기 위해 팀 내 소통을 강화하고, 문제 해결을 위한 공동의 목표를 설정하는 것이 중요하다. 팀원들이 서로의 역할과 책임을 명확히 이해하고, 협력하여 문제를 해결할 수 있도록 돕는 것이 필요하다. 갈등이 발생할 경우, 이를 신속하게 해결하고, 팀원들이 서로의 의견을 존중하며 협력할 수 있는 환경을 조성하는 것이 중요하다.

(3) 문화적 적응

디자인 씽킹을 다양한 문화적 맥락에 맞게 적응시키는 것이 필요하다. 현지 문화에 대한 깊은 이해를 바탕으로 디자인 씽킹을 현지 상황에 맞게 변형하여 적용할 수 있어야 한다. 예를 들어, 상하 구조가 강한 조직에서는 디자인 씽킹의 협력적 접근방식을 적용하는 데 어려움이 있을 수 있으므로, 이러한 환경에 맞게 디자인 씽킹 프로세스를 조정할 필요가 있다. 또한 조직 내 구성원들이 디자인 씽킹의 가치를 이해하고 수용할 수 있도록 교육과 소통을 강화하는 것이 중요하다.

3) 조직 내 디자인 씽킹 도입 시 도전 과제

조직 내에서 디자인 씽킹을 도입하는 데는 여러 도전 과제가 있을 수 있다. 이러한 과제들을 해결하기 위해서는 체계적인 접근이 필요하다.

(1) 기존 프로세스와의 충돌

조직 내 기존의 문제 해결 프로세스와 디자인 씽킹이 충돌할 수 있다. 기존의 문제 해결 방식이 계층적이고 분석적인 접근에 의존하는 경우, 디자인 씽킹의 비선형적이고 창의적인 접근방식과 충돌할 수 있다. 이를 해결하기 위해서는 기존 프로세스와 디자인 씽킹을 통합하거나, 디자인 씽킹의 가치를 조직 내에 널리 알리는 노력이 필요하다. 조직 내 리더들은 디자인 씽킹을 도입할 때 기존 프로세스와의 조화를 고려해야 하며, 이를 통해 새로운 접근방식을 성공적으로 도입할 수 있도록 해야 한다.

(2) 조직문화

디자인 씽킹은 개방적이고 창의적인 조직문화를 요구한다. 기존의 경직된 조직문화에서는 디자인 씽킹이 제대로 작동하지 않을 수 있다. 이를 해결하기 위해서는 조직문화의 변화와 이를 뒷받침하는 리더십이 필요하다. 조직 내 리더들은 창의적 사고와 협력을 장려하는 환경을 조성해야 하며, 구성원들이 자유롭게 아이디어를 제시하고, 이를 발전시킬 수 있도록 독려해야 한다.

(3) 저항 관리

조직 내에서 디자인 씽킹 도입에 대한 저항이 있을 수 있다. 일부 구성원들은 기존의 문제 해결 방식에 익숙해져 있어 새로운 접근방식을 받아들이기 어려워할 수 있다. 이러한 저항을 관리하기 위해서는 디자인 씽킹의 장점과 필요성을 명확히 설명하고, 구성원들이 디자인 씽킹의 가치를 직접 체험할 수 있도록 해야 한다. 또한 디자인 씽킹 도입 초기에는 작은 성공 사례를 만들어 조직 내 신뢰를 구축하고, 점진적으로 디자인 씽킹을 확대 적용하는 전략이 필요하다.

(4) 팀 내 협업과 조정

디자인 씽킹 과정에서 팀 내 협업과 조정은 매우 중요하다. 다양한 관점을 가진 팀원들이 함께 작업하는 과정에서 갈등이 발생할 수 있는데, 이를 조정하고 협력을 촉진할 필요가 있다.

(5) 갈등 해결

팀 내에서 발생하는 갈등을 신속하게 해결하는 것이 중요하다. 갈등이 장기화되면 디자인 씽킹 과정 전체에 부정적인 영향을 미칠 수 있다. 팀 리더는 갈등 상황을 신속하게 파악하고, 중재자의 역할을 통해 갈등을 해결해야 한다. 또한 갈등 해결 과정에서 각 팀원의 의견을 존중하고, 공정하게 문제를 해결하는 것이 중요하다.

(6) 협업 촉진

팀 내 협업을 촉진하기 위해 소통을 강화하고, 공동의 목표를 설정하는 것이 필요하다. 이를 통해 팀원들이 서로의 역할을 이해하고, 효과적으로 협력하게 할 수 있다. 팀 리더는 정기적인 팀 회의를 통해 팀원 간의 소통을 강화하고, 각자의 진행 상황을 공유함으로써 협력을 촉진할 수 있다.

(7) 역할 분담

디자인 씽킹 과정에서 각 팀원들의 역할을 명확하게 분담하는 것이 중요하다. 이를 통해 혼란을 줄이고, 팀 내 작업의 효율성을 높일 수 있다. 역할 분담은 각 팀원의 강점과 전문성을 반영하여 이루어져야 하며, 이를 통해 팀 전체의 성과를 극대화할 수 있다. 팀 리더는 역할 분담 과정에서 각 팀원의 의견을 존중하고, 공정하게 역할을 분배하는 것이 중요하다.

• 평가문제 •

진위형(O, X 문제)

1	디자인 씽킹은 문제 해결 과정에서 감정보다는 분석적 접근을 중시한다.	
2	디자인 씽킹의 목적은 창의적 문제 해결을 통해 사용자 중심의 혁신을 달성하는 것이다.	
3	디자인 씽킹은 일반적으로 한 번의 프로세스로 끝나며, 반복적인 과정은 포함되지 않는다.	
4	디자인 씽킹은 고객 중심적 사고를 기반으로 하며, 사용자의 요구와 경험을 중심으로 문제를 해결한다.	
5	디자인 씽킹의 아이디어 도출 단계에서는 비판적 사고가 우선시되며, 제한된 수의 아이디어만을 생성한다.	

단답식

6. 디자인 씽킹에서 사용자의 요구와 감정을 깊이 이해하는 첫 번째 단계는 무엇인가?

____

7. 디자인 씽킹의 프로세스 중 다양한 아이디어를 창출하는 단계를 무엇이라고 하는가?

____

8. 디자인 씽킹에서 아이디어를 실제로 구현하여 시제품을 만드는 단계를 무엇이라고 하는가?

____

9. 고객이 제품이나 서비스를 사용하는 과정을 시각화한 도구를 무엇이라고 하는가?

____

10. 디자인 씽킹의 마지막 단계에서 사용자의 피드백을 수집하고 제품이나 서비스를 개선하는 과정은 무엇인가?

____

주관식

11. 디자인 씽킹과 전통적 문제 해결 방식의 차이점에 대해 설명하고, 이 차이가 무역벤처 창업에 어떻게 기여할 수 있는지 논의하시오.

____

____

____

12. 디자인 씽킹이 무역벤처 창업에서 중요한 이유를 구체적인 예시를 들어 설명하시오.

____

____

____

정답

1. X **2.** O **3.** X **4.** O **5.** X **6.** 공감(Empathy) **7.** 아이디어 도출(Ideate)
8. 프로토타입(Prototype) 제작 **9.** 고객 여정 지도(Customer Journey Map) **10.** 테스트(Test)

• 참고문헌 •

김성남 & 이화준(2015). 『디자인 씽킹: 사용자 경험을 위한 창의적 사고 프로세스』. 디자인하우스.

김정원(2020). 『디자인 씽킹과 비즈니스 혁신』. 한경비즈니스.

이장희(2019). 『디자인 씽킹으로 창의적 문제 해결하기』. 한국경제신문.

Brown, T.(2009). Change by Design: How Design Thinking Transforms Organizations and Inspires Innovation. Harper Business.

Brown, T., & Katz, B.(2019). Design Thinking for Social Innovation. Stanford Social Innovation Review.

Kelley, T., & Littman, J.(2001). The Art of Innovation: Lessons in Creativity from IDEO, America's Leading Design Firm. Crown Business.

Liedtka, J., & Ogilvie, T.(2011). Designing for Growth: A Design Thinking Toolkit for Managers. Columbia University Press.

Lockwood, T. (Ed.)(2010). Design Thinking: Integrating Innovation, Customer Experience, and Brand Value. Allworth Press.

Martin, R.(2009). The Design of Business: Why Design Thinking is the Next Competitive Advantage. Harvard Business Press.

Plattner, H., Meinel, C., & Leifer, L.(Eds.)(2011). Design Thinking: Understand–Improve–Apply. Springer.

Rowe, P. G.(1987). Design Thinking. MIT Press.

제9장

해외시장조사

세계 경제가 점점 더 통합되면서 글로벌 시장에서의 경쟁은 점점 더 치열해지고 있다. 이러한 환경에서 기업의 해외 진출은 더 이상 선택이 아닌 필수가 되고 있다. 글로벌 시장에서 성공하려면, 기업은 목표 시장에 대한 철저한 이해와 분석을 바탕으로 전략을 수립해야 한다. 이 과정에서 가장 중요한 역할을 하는 것이 바로 해외시장조사다. 해외시장조사는 기업이 새로운 시장에 진입할 때 발생할 수 있는 위험을 최소화하고, 효과적인 진입 전략을 수립하는 데 핵심적인 역할을 한다.

본 장에서는 해외시장조사의 개념과 중요성, 그리고 이를 효과적으로 수행하기 위한 방법을 상세히 설명한다. 이 과정에서 독자들은 해외시장조사가 기업의 글로벌 시장 진출에서 왜 필수적인지, 그리고 어떻게 체계적으로 접근해야 하는지를 이해할 수 있을 것이다.

해외시장조사
새로운 시장에 진입하거나 기존 시장에서의 위치를 강화하기 위해 해당 시장에 대한 정보를 체계적으로 수집하고 분석하는 과정.

1. 해외시장조사의 개요

1) 해외시장조사의 의의

해외시장조사는 기업이 새로운 시장에 진출하거나 기존 시장에서의 위치를 강화하기 위해, 해당 시장에 대한 정보를 체계적으로 수집하고 분석하는 과정이다. 이는 단순히 시장 규모나 성장 가능성을 파악하는 것을 넘어 시장 내에서 발생할 수 있는 다양한 위험 요소를 식별하고, 이를 바탕으로 적절한 대응 전략을 수립하는 것을 목표로 한다. 이러한 과정은 기업이 시장에 효과적으로 진입하고, 장기적으로 성공할 수 있는 기반을 마련하는 데 필수적이다.

국제무역의 본질적인 특성 때문에 해외시장조사는 더욱 중요해진다. 국가 간의 거래는 지리적 · 문화적 · 법적 차이로 인해 다양한 장애물을 동반하며, 이러한 차이와 위험 요소를 극복하기 위해서는 철저한 시장조사가 필요하다. 예를 들어, 특정 국가의 법적 규제나 문화적 차이를 충분히 이해하지 못한 상태에서 시장에 진입할 경우 예기치 않은 문제를 마주할 수 있다. 이는 기업의 명성뿐만 아니라 재정적 손실로도 이어질 수 있다. 따라서 해외시장조사는 기업이 이러한 장애물을 파악하여 극복할 수 있는 방법을 찾는 데 중요한 역할을 한다.

2) 해외시장조사의 목적

해외시장조사의 주된 목적은 시장에서의 성공 가능성을 평가하고, 이를 바탕으로 전략을 수립하는 것이다. 이 과정에서 기업은 정치적 · 경제적 · 사회적 환경을 면밀히 분석하고, 잠재적인 기회와 위험 요소를 파악한다. 이를 통해 기업은 경쟁사와의 경쟁에서 우위를 점할 수 있는 전략을 마련하고, 시장에서의 위치를 강화할 수 있다.

해외시장조사는 또한 리스크 관리의 측면에서도 중요한 역할을 한다. 정치적 불안정이나 경제적 불확실성, 문화적 차이 등 다양한 리스크를 사전에 파악하고, 이를 최소화할 수 있는 대응 전략을 마련하는 것이 필수적이다. 이외에도 경쟁사 분석을 통해 시장에서의 경쟁 구도를 이해하고, 자사 제품의 차별화 전략을 개발하는 것도 해외시장조사의 중요한 목적 중 하나이다.

2. 해외시장조사의 과정

해외시장조사는 체계적이고 단계적인 접근이 필요하다. [그림 9-1]은 해외시장조사의 전반적인 과정을 단계별로 시각적으로 나타낸 것이다. 이 과정을 통해 각 단계에서 무엇을 목표로 하고, 어떻게 접근해야 하는지를 명확히 이해할 수 있다.

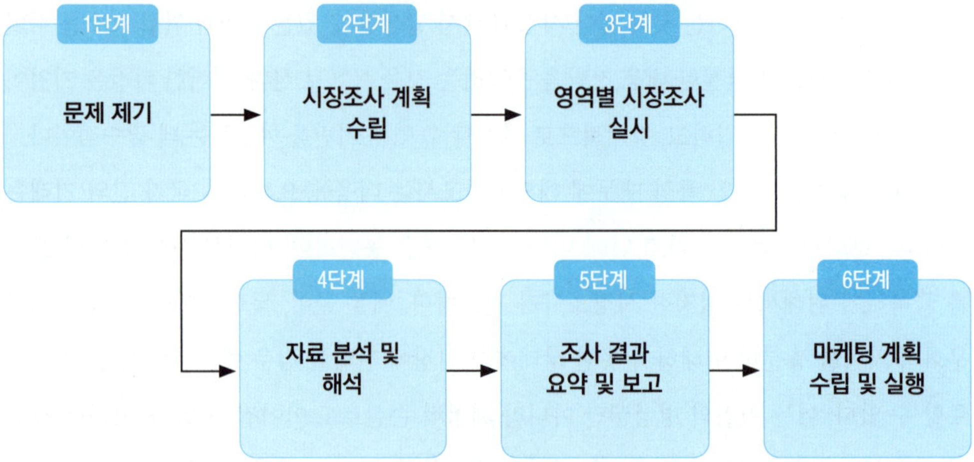

[그림 9-1] 해외시장조사의 과정

1) 1단계: 문제 제기

해외시장조사의 첫 번째 단계는 '문제 제기'다. 이는 기업이 직면하고 있는 비즈니스 과제나 새로운 시장에서 해결해야 할 문제를 정의하는 과정이다. 여기서 문제란 단순히 해결해야 할 이슈뿐만 아니라, 새로운 기회를 탐색하거나 전략적 방향을 설정하는 데 필요한 요소를 포함한다. 예를 들어, 특정 시장에서 자사 제품이 성공할 가능성을 평가하거나, 경쟁사의 시장 점유율을 분석하여 자사의 전략적 위치를 재고하는 것이 될 수 있다.

문제를 명확히 정의하는 것은 조사 과정 전체에 영향을 미치므로 매우 중요하다. 이 단계에서 문제를 잘못 정의하면 이후의 모든 과정이 잘못된 방향으로 진행될 수 있다. 따라서 문제를 제기할 때는 기업의 전략적 목표와 시장 환경을 충분히 고려하여 신중하게 접근해야 한다.

2) 2단계: 시장조사 계획 수립

문제가 명확히 정의되면, 다음 단계는 '시장조사 계획 수립'이다. 이 단계에서는 정의된 문제를 해결하기 위해 어떤 정보를 수집할지, 어떤 방법을 사용할지, 그리고 조사 범위는 어떻게 설정할지를 계획한다. 시장조사 계획 수립은 조사 활동의 방향을 설정하는 단계로, 목표 설정과 조사 방법론 선택이 핵심이다.

구체적으로는 조사 대상 국가나 지역, 조사할 산업 분야, 경쟁 상황, 소비자 행동 등의 범위를 설정하고, 설문조사, 인터뷰, 데이터 분석 등 구체적인 조사 방법을 결정한다. 또한 조사 기간과 예산, 필요한 인력 등도 이 단계에서 함께 계획되어야 한다. 이 과정에서 조사 결과를 실질적인 전략 수립에 어떻게 활용될 수 있을지도 고려해야 한다.

3) 3단계: 영역별 시장조사 실시

시장조사 계획이 수립되면, 실제로 '영역별 시장조사'를 실시하게 된다. 이 단계에서는 계획된 대로 각 영역에서 필요한 정보를 수집한다. 주요 조사 영역에는 경제적 환경, 정치적 환경, 사회적 · 문화적 환경, 기술적 환경, 경쟁 환경 등이 포함된다. 각 영역에서 데이터를 수집할 때는 신뢰성 있는 출처에서 정확한 정보를 얻는 것이 중요하다.

예를 들어, 경제적 환경 조사를 위해서는 대상 시장의 경제성장률, 국민소득, 물가수준 등을 분석하고, 정치적 환경 조사를 위해서는 현지의 정치적 안정성, 법적 규제 등을 파악해야 한다. 이와 함께 경쟁 환경 조사를 통해 현지에서 활동 중인 주요 경쟁사들의 전략을 분석함으로써 그들이 어떤 시장 점유율을 차지하고 있는지를 파악할 수 있다. 이를 통해 자사의 진입 전략을 구체화할 수 있다.

4) 4단계: 자료 분석 및 해석

조사된 데이터를 바탕으로 '자료 분석 및 해석'이 이루어진다. 이 단계는 수집된 데이터를 분석하여 유의미한 인사이트를 도출하는 과정이다. 데이터를 분석할 때는 단순히 수치나 통계적 결과를 확인하는 데 그치지 않고, 그 결과가 실제로 무엇을 의미하는지 해석하는 것이 중요하다.

예를 들어, 경제적 지표가 상승세를 보이는 시장에서 자사의 제품을 어떻게 포지셔닝할 수 있을지, 경쟁사의 약점이 무엇이며 이를 어떻게 공략할 수 있을지 등을 도출함으로써 기업의 전략 수립에 중요한 근거가 된다.

제품 포지셔닝
(Product Positioning)
특정 시장에서 소비자들이 자사 제품을 어떻게 인식하도록 할지를 결정하는 마케팅 전략.

5) 5단계: 조사 결과 요약 및 보고

자료 분석이 끝나면 '조사 결과를 요약 및 보고'하는 단계로 넘어간다. 이 단계에서는 분석 결과를 체계적으로 정리하여 경영진이나 관련 부서에 보고한다. 보고서에는 조사 목적, 조사 방법, 주요 결과, 그리고 이를 바탕으로 도출된 핵심 전략 방향이 포함된다.

보고서 작성 시에는 조사 결과를 명확하고 이해하기 쉽게 전달하는 것이 중요하다. 그래프, 차트 등을 활용하여 시각적으로 표현함으로써 독자가 쉽게 이해할 수 있도록 한다.

6) 6단계: 마케팅 계획 수립 및 실행

조사 결과를 바탕으로 '마케팅 계획을 수립하고 실행'하는 단계다. 이 단계에서는 앞서 핵심 시사점과 전략을 실제 마케팅 활동으로 구현한다. 마케팅 계획에는 제품 포지셔닝, 가격 전략, 유통 전략, 프로모션 전략 등이 포함되며, 이를 통해 목표 시장에서의 성공 가능성을 극대화한다.

예를 들어, 조사 결과 특정 시장에서 자사 제품의 가격 경쟁력이 중요하다고 판단되면, 가격을 조정하거나 비용 효율적인 생산 방식을 도입하는 전략을 세울 수 있다. 또한 현지 문화와 소비자 특성을 반영한 프로모션 전략을 통해 브랜드 인지도를

가격 전략
(Pricing Strategy)
기업이 자사의 제품이나 서비스에 적절한 가격을 책정하고 이를 시장에 적용하는 방법.

유통 전략
(Distribution Strategy)
제품이나 서비스를 생산자로부터 소비자 또는 최종 사용자에게 효율적이고 효과적으로 전달하기 위해 설계된 계획과 접근방식.

높이고, 시장에서의 입지를 강화할 수 있다.

이 모든 과정을 통해 무역벤처기업은 철저한 준비와 분석을 바탕으로 새로운 시장에 성공적으로 진입할 수 있게 된다. 시장조사는 단순한 정보 수집이 아니라, 이를 기반으로 실행 가능한 전략을 수립하고 실천하는 데 중요한 역할을 한다.

프로모션 전략
(Promotion Strategy)
제품이나 서비스에 대한 인지도를 높이고, 소비자에게 그 가치를 전달하여 구매를 촉진하는 데 사용되는 다양한 마케팅 활동과 방법.

3. 해외시장조사의 주요 내용

해외시장조사는 기업이 글로벌 시장에서 성공적으로 진입하고, 경쟁력을 확보하는 데 필요한 중요한 과정이다. 이 과정에서 다양한 요인들이 분석되어야 하며, 이러한 요인들을 체계적으로 이해하는 것이 필수적이다. 해외시장조사는 단순히 특정 국가의 시장 규모나 경제적 지표만을 살펴보는 것이 아니라, 더욱 심층적으로 정치적 · 경제적 · 사회적 · 문화적 요소를 포함한 다양한 환경적 요인들을 포괄적으로 분석해야 한다.

1) 정치적 요소

정치적 환경은 시장 진입에 있어 가장 중요한 요소 중 하나다. 이는 대상 국가의 정치 구조, 정부의 정책 방향, 그리고 잠재적인 정치적 위험을 포함한다. 예를 들어, 정치적 불안정은 수출자에게 큰 위험을 초래할 수 있다. 특히 경제성장과 해외 상품에 대한 수요가 높은 후발개도국이라 할지라도 정치적 리스크가 높은 시장에서는 신중한 접근이 필요하다. 정치적 리스크는 시장 진입 이후에도 지속적으로 관리해야 하며, 불안정한 정치적 상황이 지속될 경우에는 전략을 재조정할 필요도 있다.

후발개도국
기존의 개발도상국(LDC, Less Developed Country) 중에서도 특히 경제발전이 뒤늦게 시작된 국가들.

정치적 환경 분석에서는 해당 국가의 법률, 규제, 무역 정책, 정부의 경제 정책 등을 면밀히 검토해야 한다. 이는 시장 진입 전략을 수립하는 데 중요한 영향을 미칠 수 있다. 예를 들어, 특정 국가에서 외국 기업의 진입을 제한하거나 특정 산업에 대한 규제를 강화하는 경우, 해당 시장에 진출하기 위해서는 이러한 규제를 충분히 이해하고 대응 전략을 마련해야 한다.

2) 경제적 요소

경제적 환경은 시장 진입 가능성을 평가하는 데 있어 중요한 기준이다. 이는 대상 국가의 국민소득, 경제성장률, 물가수준, 노동시장, 환율 등의 핵심 경제지표를 포함한다. 이러한 경제적 요인은 특정 상품이나 서비스의 수요와 공급에 직접적인 영향을 미친다. 따라서 경제적 환경을 면밀히 분석하는 것이 필수적이다.

예를 들어, 자동차를 수출하려는 기업은 현지의 노동시장과 임금 수준, 소비자의 구매력 등을 고려해야 한다. 반면, 향수와 같은 소비재를 수출할 때는 이러한 경제적 요소보다는 소비자의 생활 수준과 문화적 특성을 더 중요하게 고려할 수 있다. 또한 대상 국가의 경제적 안정성이나 경제 정책도 시장 진입 전략에 중요한 영향을 미칠 수 있다. 경제적 불안정이 큰 국가에서는 리스크 관리가 더욱 중요하므로, 기업은 이를 사전에 파악하고 대응 전략을 마련해야 한다.

국제무역에 관련된 규제 및 제도도 중요한 고려 사항이다. 특정 상품이 규제의 대상이라면 해당 규제를 준수하거나 대안적인 무역 전략을 고려해야 한다. 예를 들어, 수출이나 수입에 관련된 규제나 제한 사항이 있을 경우, 이를 고려한 전략을 세우고 필요한 보험 제도를 탐색해야 한다. 이러한 규제를 무시하거나 충분히 고려하지 않을 경우 시장 진입 이후에 예상치 못한 문제를 마주할 수 있으며, 이는 큰 손실로 이어질 수 있다.

3) 사회적 요소

사회적 요인의 분석은 대상 국가의 인구 구조, 기후, 종교, 문화, 교육 수준 등을 포함한 다양한 요소를 포괄한다. 이는 소비자의 행동과 선호도, 그리고 제품에 대한 수요에 직접적인 영향을 미치는 중요한 요소다. 예를 들어, 특정 국가의 인구 구조를 분석함으로써 해당 시장의 수요를 예측할 수 있다. 인구가 적지만 국민소득이 높은 국가에서는 고가의 제품을 판매할 수 있으며, 반대로 인구가 많은 국가에서는 대량의 저가 제품을 수출할 수 있다.

기후 역시 상품 선택에 중요한 요소다. 기후가 더운 지역에서는 여름철에 적합한 제품이나 서비스가 더 큰 수요를 가질 수 있는 반면, 기후가 추운 지역에서는 겨울철 제품이나 난방 관련 제품이 더 큰 인기를 끌 수 있다. 또한 특정 국가의 종교적 특성도 상품의 수요에 큰 영향을 미칠 수 있다. 예를 들어, 종교적 이유로 특정 음식을 금기시하는 문화에서는 해당 상품의 수요가 적을 수 있다.

사회적 인프라, 특히 통신과 물류 시설도 무역거래에서 중요한 요소다. 대상 국가의 통신 인프라가 발달하지 않은 경우, 이를 고려한 수출 전략을 수립해야 한다. 첨단 통신 기술을 활용하여 상담 및 거래가 이루어지는 현대 무역 환경에서는 통신 인프라가 기업의 경쟁력에 큰 영향을 미칠 수 있다. 또한 효율적인 물류 운영을 위해 항만 및 공항 시설의 상태와 위치도 중요한 고려 사항이다. 내륙 국가의 경우 해상과 육상 운송을 연계하여 물류 전략을 최적화하며, 특정 상품의 특성에 따라 항공 운송 계획을 세울 필요도 있다.

국민소득(Gross National Income, GNI)

한 나라의 국민이 일정 기간(주로 1년) 동안 국내외에서 벌어들인 총소득을 의미한다. 해당 국가의 국민이 국내에서 생산한 모든 재화와 서비스의 가치를 포함하며, 해외에서 얻은 소득, 즉 해외 자산이나 투자를 통해 발생한 소득도 포함된다.

4) 문화적 요소

문화적 환경은 소비자의 행동과 선호에 깊이 영향을 미치는 요소이다. 각국의 문화적 특성은 소비자들이 어떤 상품을 선택하고 어떻게 소비하는지를 결정하는 데 중요한 역할을 한다. 문화적 요소를 이해하는 것은 특히 글로벌 시장에서 매우 중요하다.

예를 들어, 어떤 문화에서는 특정 색상이 중요한 의미를 지니거나, 특정 상징이 긍정적 혹은 부정적인 의미를 가질 수 있다. 이러한 문화적 차이는 제품 디자인, 포장, 광고 메시지에 직접적인 영향을 미치며, 문화적 요소를 고려하지 않은 전략은 실패할 가능성이 높다.

특정 국가에서 인기 있는 상품이 다른 국가에서는 전혀 수요가 없을 수 있으며, 이는 문화적 차이에서 비롯된다. 특정 국가에서는 색상이나 상징이 중요한 의미를 지닐 수 있다. 이러한 문화적 특성은 제품 디자인, 포장, 광고 메시지에 영향을 미친다. 따라서 글로벌 시장에서 성공하려면 각국의 문화적 특성을 깊이 이해하고, 이에 맞는 전략을 수립해야 한다.

5) 기술적 요소

포지셔닝(Positioning)

마케팅 전략의 한 부분으로, 제품이나 브랜드를 시장 내에서 경쟁 제품과 차별화하여 소비자들의 인식 속에 특정한 위치를 잡는 것을 말한다.

기술적 환경은 시장에서의 경쟁 우위를 확보하는 데 중요한 요소이다. 특정 국가나 시장의 기술적 인프라와 기술 수용도는 기업이 어떻게 제품을 포지셔닝하고 마케팅할지를 결정하는 데 큰 영향을 미친다. 예를 들어, 인터넷 보급률이 높은 시장에서는 전자상거래가 주요 판매 채널이 될 수 있으며, 이러한 시장에서는 디지털 마케팅 전략이 필수적이다.

반면, 인터넷 인프라가 부족한 시장에서는 오프라인 채널을 통한 마케팅이 더 효과적일 수 있다. 모바일 기기 사용률이 높은 시장에서는 모바일 앱이나 모바일 웹사이트를 통해 소비자에게 접근하는 전략이 중요하며, 이러한 기술적 요소들은 소비자의 구매 결정에 큰 영향을 미친다.

기술적 환경은 또한 제품 개발에도 영향을 미친다. 예를 들어, 스마트폰 보급률이 높은 국가에서는 모바일 결제 시스템이나 앱 기반 서비스가 소비자에게 더 잘 받아들여질 수 있다. 반면, 기술 수용도가 낮은 시장에서는 첨단기술을 사용하는 제품이나 서비스가 소비자에게 낯설거나 불편하게 느껴질 수 있다. 따라서 기업은 목표 시장의 기술적 환경을 면밀히 분석하고, 이에 맞는 제품 개발과 마케팅 전략을 수립해야 한다. 이러한 환경적 요소들을 고려하여 기업은 다음과 같은 전략적 접근을 수행해야 한다.

(1) 깊은 소비자 연구

글로벌 시장은 각기 다른 문화, 언어, 경제 상황 등을 가지고 있어서 타깃 소비자의 특성을 깊이 이해하는 것이 핵심이다. 소비자의 구매 패턴, 선호도, 문화적 배경, 경제적 상황 등을 철저히 분석하여 제품의 특성, 패키징, 가격 정책, 마케팅 전략 등을 최적화해야 한다. 이러한 연구를 통해 시장 동향을 예측하고, 제품 라인을 조정하며, 새로운 시장 기회를 발견할 수 있다. 또한 소비자와의 지속적인 소통을 통해 피드백을 수용하고 제품을 지속적으로 개선해야 한다.

(2) 신뢰할 수 있는 공급망 구축

글로벌 사업에서 중요한 것은 제품을 안정적이고 효과적으로 공급하는 것이다. 따라서 공급 업체의 신뢰도, 생산 능력, 품질 관리 능력, 윤리적 · 환경적 책임 등을 검토하고 평가한다. 장기적인 관계를 맺기 위해 공급자와의 협상과 계약 관리, 그리고 지속적인 모니터링이 필요하다. 또한 다양한 공급망 옵션을 고려하여 위험을 분산하고, 생산 및 배송의 효율성을 최적화해야 한다.

(3) 다양한 제품 및 상품 전략

각 국가와 시장의 특성을 고려하여 제품 포트폴리오를 최적

제품 포트폴리오
(Product Portfolio)
한 기업이 보유하고 있는 모든 제품 또는 서비스의 집합.

화한다. 상품의 품질, 기능, 디자인, 가격 등을 세밀하게 조정하여 시장에 적합한 제품을 제공한다. 또한 지역별 규제, 관세, 특허, 문화적 특성 등을 고려하여 제품 전략을 수정하거나 조정해야 한다. 이를 통해 각 시장의 특성에 맞춘 제품 포트폴리오를 구축할 수 있으며, 이는 글로벌 시장에서의 경쟁력을 높이는 데 기여한다.

(4) 유통 전략

제품의 유통 경로와 판매 채널을 효과적으로 관리하기 위해 현지 시장의 소비자 구매 경향, 유통 채널의 선호도, 경쟁사 전략 등을 분석한다. 예를 들어, 특정 시장에서는 전통적인 오프라인 매장이 주요 유통 채널일 수 있으며, 다른 시장에서는 온라인 쇼핑이 더 선호될 수 있다. 이러한 시장별 유통 채널의 특성을 파악하여 각 지역에 최적화된 유통 전략을 개발하고 실행하는 것이 중요하다. 이를 통해 제품이 소비자에게 효율적으로 전달될 수 있도록 하고, 궁극적으로 시장 점유율을 확대할 수 있다.

(5) 서비스 및 판촉 전략

제품 판매 후의 서비스와 지원은 고객 만족도를 높이고, 장기적인 고객 관계를 구축하는 데 중요한 요소이다. 제품의 품질뿐만 아니라 유지보수, 고객 서비스, 보증 등의 요소들도 고객의 구매 결정에 큰 영향을 미친다. 예를 들어, 고가의 전자제품을 판매하는 경우, 판매 후의 서비스와 유지보수 지원이 고객의 만족도와 충성도를 크게 좌우할 수 있다.

마케팅 활동, 광고 캠페인, 이벤트, 할인 프로모션 등 다양한 판촉 전략을 통해 제품 인지도를 높이고 판매량을 증가시킬 수 있다. 특히 현지 시장의 문화적 특성과 소비자 선호를 고려한 맞춤형 판촉 전략이 필요하다. 예를 들어, 특정 국가에서는 전통 명절이나 연말연시에 대규모 할인 이벤트가 효과적일 수 있으며, 다른 시장에서는 새로운 제품 출시와 함께 체험 이벤트를 여는 것이 더 효과적일 수 있다. 이러한 맞춤형 판촉 전략을 통해 소비자와의 관계를 강화하고, 브랜드 인지도를 높일 수 있다.

(6) 주요 고려 요소

해외시장조사는 단순히 상품을 판매하는 것 이상의 광범위한 전략적 접근이 필요하다. 다양한 요소와 변수를 고려하며 지속적인 연구, 분석, 조정을 통해 글로벌 시장에서 성공적인 비즈니스 모델을 구축하고 유지하는 것이 중요하다.

① 수출입 상품에 대한 이해

해외시장 진출을 위해서는 제품 자체에 대한 철저한 조사가 필수적이다. 이는 최종 소비자의 기호도, 시장 대상 및 판매 가능성, 유통구조, A/S(애프터 서비스), 경쟁 제품 및 유사 제품의 가격 동향, 특허권 문제, 제품 수명 주기 등을 포함한다. 예를 들어, 소비자의 기호도를 조사함으로써 제품의 현지 적합성을 평가할 수 있으며, 경쟁 제품의 가격 동향을 분석하여 가격 전략을 수립할 수 있다. 또한 제품의 수명 주기를 고려하여 적절한 출시 시기와 업그레이드 계획을 수립하는 것도 중요하다. 이러한 요소들은 제품이 현지 시장에서 성공할 수 있는지를 평가하는 중요한 기준이 된다.

제품 수명 주기
(Product Life Cycle, PLC)
제품이 시장에 도입된 시점부터 시장에서 퇴출될 때까지의 기간에 겪는 일련의 단계.

② 시장 및 유통 구조의 이해

해외시장에 진출할 때, 해당 시장의 유통 구조를 이해하는 것이 매우 중요하다. 단순히 제품을 생산하는 것뿐만 아니라 어떻게 효과적으로 유통할 것인가를 고려해야 한다. 이를 위해 시장의 일반적인 특성 외에도 소비자 계층, 상관습(상거래에서 이루어지는 관행), 구매 시기 등을 조사해야 한다. 유통 구조가 어떻게 형성되어 있는지 파악하고, 주요 수입상의 리스트를 체크하여 적절한 유통 채널을 선정하는 것이 필요하다. 예를 들어, 특정 시장에서 대형 유통망을 활용하는 것이 유리할 수 있으며, 다른 시장에서는 전문 유통 채널을 통한 접근이 더 효과적일 수 있다.

③ 시장 접근 방법의 수립

시장 접근 방법을 결정하는 것도 중요한 고려 사항이다. 기업은 중개상을 통해 시장을 개척할 것인지, 전문 수입상을 통해 개척할 것인지, 또는 도매상과 직접 거래 관계를 맺을 것인지를 결정해야 한다. 각 접근 방법은 시장의 특성, 제품의 특성, 목표 고객군 등에 따라 다르게 적용될 수 있다. 예를 들어, 중개상을 통해 시장에 접근하는 경우 초기 투자 비용을 줄일 수 있으나, 수익 일부를 중개 수수료로 지불해야 할 수 있다. 반면, 도매상과 직접 거래하는 방식은 초기 비용이 높을 수 있지만, 시장에서의 통제력을 강화할 수 있다.

④ 일반 사항의 조사

목표 시장의 정치적 · 경제적 · 사회적 · 문화적 · 종교적 · 인구적 특성을 조사하는 것은 필수적이다. 이때 인구가 적다고 해서 시장이 작다고 단정할 수 없다. 지리적 여건으로 인해 제3국 수출이 활발한 국가들도 많기 때문이다. 예를 들어, 싱가포르는 인구는 적지만, 동남아시아 지역의 허브 역할을 하며 다른 국가로의 재수출이 활발하다. 이러한 일반 사항들은 시장 규모와 성장 가능성을 평가하는 데 중요한 요소가 된다.

⑤ 경제 동향 및 산업 동향 분석

해외시장조사를 위해서는 목표 시장의 경제 동향과 산업 동향을 면밀히 분석해야 한다. 여기에는 경제성장, 국민소득, 물가, 임금, 고용, 국제 수지 등의 경제지표를 포함한다. 특히 제조업과 유통업 등에 관한 조사는 필수적이다. 이를 통해 기업은 특정 산업에서의 경쟁 상황을 이해하고, 시장 진입 시 발생할 기회와 위협을 파악할 수 있다. 또한 이러한 분석 과정에서 평소에 발견하지 못했던 새로운 시장을 발굴할 수도 있다.

⑥ 무역 동향 및 무역 관리 제도

목표 시장의 대외무역 구조를 이해하고, 품목별 · 지역별 경쟁국의 진출 동향을 분석하는 것이 중요하다. 또한 상대국의 수출입 관리 제도, 수입 규제, 관세 제도, 통화 정책, 외환 관리 제도 등을 철저히 조사해야 한다. 예를 들어, 특정 국가가 수입 규제를 강화하는 경우, 해당 시장에 대한 접근 전략을 조정하거나 대체 시장을 탐색할 필요가 있다. 이러한 정보는 기업이 법적 규제를 준수하면서 무역 활동을 원활하게 진행할 수 있도록 돕는다.

⑦ 기타 사항

해당 국가의 항만 사정이나 통신 시설, 그리고 여행 시 유의할 점 등을 조사하는 것도 중요하다. 특히 해당 국가의 국민성 및 상관습 등을 세밀하게 조사하여 문화적 차이에 따른 리스크를 최소화해야 한다. 예를 들어, 특정 국가에서는 시간 개념이 다르거나 비즈니스 미팅에서의 예의가 중요한 역할을 할 수 있다. 이러한 사항들을 미리 파악하고 대비하는 것이 중요하다.

4. 해외시장조사의 방법

해외시장조사는 시간이 지나면서 점차 디지털화된 환경으로 변화해 왔다. 과거에는 주로 무역 유관기관의 출판물을 통해 정보를 수집하거나 직접 방문하여 담당자와 상담하는 방식으로 이루어졌으나, 현대에는 인터넷을 활용한 조사가 일반적이다. 디지털 기술의 발전으로 다양한 웹사이트와 플랫폼이 해외시장조사의 핵심 도구로 자리 잡았다. 이로 인해 신속하고 정확한 정보를 얻을 수 있어 글로벌 경쟁력을 확보하는 데 필수적인 도구로 사용되고 있다. 아래는 해외시장조사에서 사용할 수 있는 주요 방법들이다.

1) 무역 유관기관의 전문 사이트

한국무역협회(KITA)와 대한무역투자진흥공사(KOTRA) 등의 주요 무역 기관은 전문적인 무역 정보를 제공하는 웹사이트를 운영한다. 이들 웹사이트에서는 거래 알선부터 무역 속보, 수출입 통계, 무역 실무, 상품 및 업체 정보, 거래 중개 등 종합적인

거래 알선과 거래 중개 차이

거래 알선은 당사자들 간의 소개와 연결에 집중하며, 거래 중개는 더 깊이 개입하여 협상과 계약 조정을 주도한다. 또한 알선자는 거래의 성공 여부에 대한 책임이 비교적 적으며, 중개인은 더 큰 책임을 지고 이에 따른 보수를 받는다.

무역 정보를 획득할 수 있다. 예를 들어, 한국무역협회 웹사이트를 통해 기업은 국가별 무역통계를 분석할 수 있고, 실시간으로 시장 동향을 파악할 수 있다. 또한 실크로드 21과 KOBO 같은 플랫폼은 국내 주요 무역 관련 사이트를 통합하여 제공하며, 글로벌 시장의 동향을 실시간으로 파악할 수 있게 도와준다.

2) 무역통계 사이트의 활용

해외시장조사의 핵심은 다양한 무역통계를 분석하는 것이다. 관세청, 한국무역정보통신, 한국무역협회와 같은 기관에서 운영하는 무역통계 사이트를 통해 국가별·상품별 수출입 동향 등을 쉽게 파악할 수 있다. 예를 들어, 관세청의 통계 자료는 수출입 품목별 통계를 제공하며, 이를 통해 특정 상품의 글로벌 시장에서의 경쟁력을 평가할 수 있다. 특히 한국무역정보통신(KINET)의 eTradeinfo 서비스는 실시간으로 무역 및 통관 물류 자료를 제공하여 시장의 변동성을 신속하게 대응할 수 있게 지원한다.

3) 언론 데이터베이스: KINDS

KINDS(http://www.kinds.or.kr)는 한국언론재단이 제공하는 종합 데이터베이스로, 신문과 방송 등 다양한 매체의 속보를 실시간으로 검색할 수 있다. 이를 통해 기업은 특정 키워드를 입력하여 관련 뉴스와 기사를 쉽게 찾아볼 수 있으며, 시장 동향과 관련된 최신 정보를 신속하게 획득하는 데 유용하다. 예를 들어, KINDS를 통해 특정 국가의 정치적 변화나 경제적 이슈를 실시간으로 추적할 수 있으며, 시장 진입 전략 수립에 중요한 역할을 한다.

4) 위탁조사

해외시장의 특정 세부 정보나 품목에 대한 깊은 이해가 필요할 때, 국내외의 전문적인 시장조사 기관을 활용하는 '위탁조사' 방법이 널리 사용된다. 대한무역투자진흥공사(KOTRA)는 이러한 위탁조사 서비스를 제공하는 주요 기관 중 하나로, 세계적인 네트워크와 전문성을 바탕으로 신뢰성 높은 해외시장조사를 제공하고 있다. 특히 위탁조사는 특정 시장이나 품목에 대한 깊이 있는 정보가 필요할 때 유용하다. 기업은 KOTRA의 무역관 웹사이트를 통해 온라인으로 신청할 수 있으며, 수수료와 조사 기간을 협의한 후 필요한 정보를 획득할 수 있다.

위탁조사
기업이나 조직이 특정 조사나 연구를 수행할 수 있는 역량이나 자원이 부족할 때, 외부의 전문 조사기관이나 컨설팅 업체에 그 조사를 맡기는 방식.

5) 자체 현지조사

자체 현지조사는 해외시장에 대한 가장 높은 신뢰성을 확보할 수 있는 방법의 하나로, 기업이 직접 대상 지역을 방문하여 조사하는 방식이다. 이 방법은 수출업체가 개별적으로 현지 출장을 통해 진행하기도 하고, 수출입조합이나 경제 단체의 해외시장조사단에 참가하여 협력하는 방식으로도 이루어진다. 현지조사 시에는 우선적으로 현지 공관, KOTRA의 현지 무역관 또는 현지 상업회의소를 방문하여 일반적인 시장 현황을 청취하고 협조를 구하는 것이 중요하다. 이후, 현지에 이미 진출한 동업자를 만나 조언을 구하고 백화점, 도매상, 소매상 등을 직접 방문하여 해당 품목의 시황, 유통구조, 소비자 패턴, 가격, 특허, 상표 등을 철저히 조사해야 한다. 이러한 현지조사는 단순히 정보수집을 넘어서 현지 비즈니스 환경을 직접 체험하고 이해하는 데 중요한 역할을 한다.

6) 해외 홍보매체의 이용

해외 홍보매체는 국제시장에서의 브랜드 인지도 향상과 예상 거래처 확보에 중요한 역할을 한다. 수출업체는 해외 홍보용 카탈로그 제작과 배포, 국내외 홍보매체 활용, 인터넷 포털사이트를 통한 온라인 홍보 등 다양한 전략을 적용할 수 있다. 최근에는 디지털 환경의 발전으로 전자 카탈로그의 제작과 활용이 주목받고 있다. 카탈로그나 홈페이지 제작 시, 전문가의 도움을 받아 영문 또는 대상 지역의 언어로 세심하게 제작하는 것이 중요하며, 홍보물의 주요 내용은 회사나 대표자의 홍보보다는 취급 상품의 강점에 초점을 맞추어야 한다. 제품의 규격, 용도, 재질 등 상세한 정보를 통해 구매자의 관심을 끌고 구매 의사를 유도하는 것이 핵심이다. 홍보물의 배포는 경제적 효율성을 고려하여 전략적으로 이루어져야 하며, 적절한 배포처를 선정하기 위해 예정 거래처, 주한 외국 공관의 바이어 안내, KOTRA, 한국무역협회 등 무역 유관기관의 거래선 정보를 활용할 수 있다. 또한 특정 제품에 관심 있는 잠재 구매자를 대상으로 하는 전문 잡지의 배포처 명단을 활용하면 더욱 효과적인 홍보가 가능하다. 마지막으로, 온라인 홍보의 경우 가장 영향력 있는 포털사이트를 정확히 선정하여 홍보 전략을 수립하는 것이 필수적이다.

7) 정량조사와 정성조사 방법

해외시장조사를 수행할 때, 정량조사와 정성조사는 각각 독특한 장점과 활용성을 지닌다. 이 두 가지 방법을 적절히 결합하여 활용하면 시장에 대한 깊이 있는 이해를 얻을 수 있다.

정량조사
(Quantitative Research)
데이터를 수치화하여 분석하는 연구 방법으로, 특정 현상이나 문제에 대해 객관적이고 통계적인 이해를 도출하기 위해 사용된다.

(1) 정량조사 방법

정량조사(Quantitative Research)는 주로 설문조사, 갱서베이(Gang Survey), H-U-T(Home Usage Test) 등을 통해 이루어진다.

① 설문조사

정량조사의 대표적인 방법으로 응답자의 생각, 의도, 태도 등을 파악하기 위해 설계된 질문지를 통해 데이터를 수집하는 설문조사가 있다. 설문조사는 대규모 모집단을 대상으로 비교적 적은 비용으로 조사할 수 있는 장점이 있지만, 응답자의 심리 상태를 깊이 있게 파악하기는 어렵다는 단점이 있다. 설문조사는 고객 만족도 조사, 고객 요구 조사, 우선순위 결정 등 다양한 영역에서 활용된다.

② 갱서베이(Gang Survey)

조사 대상자를 집단으로 일정한 장소에 모아놓고 구조화된 설문지를 통해 동일한 방식으로 응답을 받는 방법이다. 철저한 통제가 가능하며, 보조 자료 등을 활용해 충분한 설명과 이해를 도울 수 있다는 장점이 있지만, 비용이 많이 든다는 단점이 있다. 주로 신제품에 대한 소비자 반응을 조사하거나 제품 관련 속성과 적정 가격을 선정할 때 사용된다.

③ H-U-T(Home Usage Test)

고객이 실제로 제품을 사용하게 한 후 개별 면접을 통해 반응을 조사하는 방법이다. 기존 제품과 신규 제품을 비교 평가하거나 제품의 문제점을 발견하여 개량할 수 있는 기회를 제공한다. 그러나 신제품의 정보 유출 등 보안 문제가 발생할 수 있는 단점이 있다.

(2) 정성조사 방법

정성조사(Qualitative Research)는 소비자의 심층적인 의견과 태도를 이해하기 위해 주로 사용되며, 정량조사에서 발견할 수 없는 소비자 행동의 복잡한 동기와 인식을 탐구하는 데 중점을 둔다. 정성조사는 개인의 생각, 경험, 감정, 동기 등을 깊이 있게 조사하여 소비자의 행동 패턴과 시장 트렌드를 더 잘 이해하는 데 도움을 준다. 주요 정성조사 방법에는 FGI(Focus Group

정성조사
(Qualitative Research)
연구 대상의 깊이 있는 이해를 위해 비수치적 데이터를 수집하고 분석하는 방법으로, 사람들이 느끼는 감정, 생각, 경험 등을 탐구하며, 특정 현상이나 문제에 대한 심층적인 이해를 목표로 한다.

Interview), 심층 인터뷰(Depth Interview) 그리고 현장 관찰 방법이 포함된다.

① FGI(Focus Group Interview)

FGI는 포커스 그룹 인터뷰로, 8~10명 정도의 소규모 그룹을 대상으로 조사원이 그룹 간담회를 진행하며 응답자들과 동시 면접을 진행하는 방법이다. 이 방법은 응답자들이 서로의 의견을 공유하고 토론할 수 있는 환경을 제공하여 다양한 관점과 깊이 있는 인사이트를 도출할 수 있다.

FGI의 주요 장점 중 하나는 그룹 내에서 시너지 효과를 얻을 수 있다는 점이다. 한 응답자가 다른 응답자의 발언에 자극받아 생각하지 못했던 관점을 제시하거나, 자신의 경험을 더 깊이 설명할 수 있다. 예를 들어, 새로운 제품에 대한 소비자의 첫인상, 디자인 선호도, 기능적 요구사항 등을 논의하는 FGI를 통해 기업은 다양한 소비자들의 의견을 체계적으로 수집하고, 이를 바탕으로 제품 개발이나 마케팅 전략을 개선할 수 있다.

그러나 FGI는 조사원이 응답자의 의견을 주관적으로 해석할 가능성이 있다는 단점이 있다. 조사원의 편향이 개입되면 결과의 객관성이 저하될 수 있으므로, FGI를 진행할 때는 중립적인 태도를 유지하며 다양한 의견을 균형 있게 반영해야 한다. 또한 그룹 내 특정 의견이 지배적일 경우, 다른 응답자들이 자신의 의견을 자유롭게 표현하지 못할 위험도 존재한다.

FGI는 보통 새로운 제품 개발 초기 단계, 브랜드 이미지 조사, 마케팅 메시지 테스트 등에서 사용되며, 복잡한 행동이나 소비 동기의 배경을 밝히는 데 유용하다. 또한 마케팅 팀이나 제품 개발 팀이 소비자들의 생생한 목소리를 직접 접할 수 있는 기회를 제공하여 제품 또는 서비스의 최종 사용자에 대한 깊은 이해를 돕는다.

② 심층 인터뷰(Depth Interview)

심층 인터뷰는 1대 1의 면접 형식으로, 응답자와 면접관이 직접 대화를 나누며 응답자의 깊은 의견과 태도를 체계적으로 파악하는 조사 방법이다. 이 방법은 응답자에게 충분한 시간을 제공하여 자기 생각을 깊이 있게 표현할 수 있게 하며, 일반적인 설문조사나 FGI(Focus Group Interview)로는 얻기 어려운 개인적인 정보를 얻는 데 매우 유용하다.

심층 인터뷰의 주요 장점은 응답자의 감정과 동기를 깊이 탐구할 수 있다는 점이다. 예를 들어, 특정 브랜드에 대한 충성도가 높은 고객을 대상으로 심층 인터뷰를 진행하면, 그들이 왜 그 브랜드를 선호하는지, 어떤 경험이 그들의 충성도를 형성했는지를 구체적으로 이해할 수 있다. 이러한 정보는 브랜드 관리 전략이나 고객 유지 프로그램을 개발하는 데 매우 유용하다. 또한 심층 인터뷰는 응답자가 솔직하게 자신의 의견을 표현할 수 있는 환경을 제공한다. 이는 응답자가 자신의 경험이나 감정을 바탕으로 자유롭게 답변할 수 있게 하여 제품 개발 또는 마케팅 전략에 직접 적용할 수 있는 유용한 정보를 제공한다.

그러나 심층 인터뷰에는 몇 가지 단점도 존재한다. 우선, 심층 인터뷰에서 얻어진 결과는 한 명의 응답자 의견에 크게 의존하므로 조사 결과의 일반화가 어렵다는 점이다. 즉, 응답자 한 명의 의견이 전체 소비자군의 의견을 대표하지 않을 수 있기 때문에, 심층 인터뷰의 결과는 다른 조사 방법과 결합하여 분석하는 것이 중요하다. 또한 심층 인터뷰의 성공 여부는 면접관의 기술과 경험에 따라 크게 달라질 수 있다. 면접관이 응답자의 반응에 따라 적절한 질문을 던지고, 필요한 정보를 효과적으로 이끌어낼 수 있어야 하며, 그렇지 못할 경우 인터뷰의 질이 저하될 수 있다.

심층 인터뷰는 크게 세 가지 방식으로 나눌 수 있는데, 각각 구조화 인터뷰, 비구조화 인터뷰, 반구조화 인터뷰로 구분된다. [표 9-1]은 이 세 가지 방식의 개념, 특징, 장점, 단점을 비교한 것이다.

[표 9-1] 심층 인터뷰의 3가지 방식 비교

구분	구조화 인터뷰	비구조화 인터뷰	반구조화 인터뷰
개념	미리 준비된 질문지에 따라 질문의 내용과 순서를 지켜 진행	면담자가 자유롭게 질문하며 응답자의 반응에 따라 대화를 이어가는 방식	기본적인 질문 틀을 유지하되, 상황에 따라 융통성 있게 진행하는 방식
특징	질문 내용과 순서가 고정되어 일관된 데이터 수집이 가능	질문이 사전에 고정되지 않으며, 유연한 대화 진행 가능	구조화된 질문과 개방형 질문이 혼합된 방식으로 진행
장점	데이터 일관성 유지, 비교 및 분석이 용이	응답자가 자기 생각을 자유롭게 표현 가능, 새로운 정보 발견 가능	사실 확인과 새로운 정보 발견이 모두 가능
단점	유연성이 부족하며, 개인적 상황에 맞춘 추가 질문이 어려움	면담자의 기술에 크게 의존, 결과의 체계적 분석이 어려움	면담자의 경험과 능력에 따라 인터뷰의 질이 달라질 수 있음

③ 현장 관찰(Field Observation)

현장 관찰은 소비자들이 제품을 구매하거나 사용하는 실제 상황을 관찰하여 그들의 행동 패턴과 의사결정 과정을 분석하는 방법이다. 이 방법은 조사 대상자가 일상생활에서 어떻게 행동하는지를 직접 이해할 수 있어 소비자 행동의 맥락적 요소를 파악하는 데 효과적이다.

현장 관찰은 특히 소비자가 제품을 선택하고 구매하는 과정에서 발생하는 무의식적인 행동을 이해하는 데 유용하다. 예를 들어, 슈퍼마켓에서 소비자가 어떤 경로로 이동하며 어떤 제품에 관심을 보이는지, 특정 제품을 선택할 때 어떤 요소를 고려하는지 등을 관찰할 수 있다. 이러한 정보를 통해 기업은 매장 내 제품 배치, 진열 전략, 판매 촉진 활동 등을 최적화할 수 있다.

현장 관찰의 주요 장점은 소비자들이 실제 환경에서 자연스럽게 행동하는 모습을 관찰할 수 있다는 점이다. 이를 통해 설문조사나 인터뷰에서는 드러나지 않는 행동 패턴이나 의사결정 과정을 파악할 수 있다. 예를 들어, 소비자가 특정 제품을 여러 번 만져보고도 구매하지 않는 경우, 그 이유가 제품의 무게, 질감 또는 패키지 디자인일 수 있음을 발견할 수 있다.

그러나 현장 관찰은 시간과 비용이 많이 들며, 관찰자가 상황에 개입하지 않고 객관성을 유지하는 것이 어려울 수 있다. 또한 소비자가 관찰되고 있다는 사실을 인지할 경우, 평소와 다른 행동을 보일 위험이 있다. 따라서 현장 관찰을 실시할 때는 가능한 한 소비자가 자연스럽게 행동할 수 있는 환경을 조성하는 것이 중요하다.

④ 정성조사의 활용 사례

정성조사는 특히 신제품 개발 초기 단계에서 매우 유용하다. 예를 들어, 기업이 새로운 전자제품을 개발하는 경우, FGI를 통해 소비자들이 어떤 기능을 가장 중요하게 생각하는지, 어떤 디자인 요소를 선호하는지를 파악할 수 있다. 이러한 정보는 제품 설계 과정에서 중요한 기준으로 사용될 수 있다. 또한 심층 인터뷰를 통해 브랜드 충성도가 높은 고객들의 경험과 기대를 구체적으로 이해하고, 이를 바탕으로 브랜드 전략을 세울 수 있다.

또한 정성조사는 마케팅 캠페인의 효과를 사전에 평가하거나 소비자 인식을 분석하는 데 사용될 수 있다. 예를 들어, 특정 광고 캠페인이 타깃 소비자에게 어떻게 받아들여지는

지, 그들이 광고 메시지를 어떻게 해석하는지를 이해하기 위해 정성조사를 실시할 수 있다. 이를 통해 캠페인의 효과를 극대화하고, 메시지를 더욱 명확하게 전달할 수 있는 전략을 수립할 수 있다.

결론적으로, 정성조사는 소비자의 심층적인 통찰을 얻고, 제품 개발과 마케팅 전략을 개선하는 데 중요한 도구로 작용한다. 정성조사 방법을 적절히 활용함으로써 기업은 시장에서의 경쟁력을 강화하고, 소비자와의 깊은 연결을 유지할 수 있다.

5. 거래제의서 작성

거래제의서(Circular Letter, C/L)는 국제무역에서 기업이 새로운 거래를 시작하거나 기존의 거래 관계를 확장하기 위해 상대방에게 보내는 중요한 제안 문서다. 이 문서는 거래조건을 명확히 전달하고, 상대방의 동의를 얻어 거래를 성사시키는 데 중대한 역할을 한다. 특히 국제 거래에서 상호 신뢰를 구축하고, 명확한 의사소통을 통해 오해나 분쟁을 방지하는 데 기여한다.

1) 거래제의서의 필요성

거래제의서는 거래를 시작하기 전에 필수적으로 작성되어야 하는 문서다. 국제 거래에서 각국의 법률, 문화, 상관습 등이 다르므로 거래조건을 명확히 하지 않으면 추후 발생할 수 있는 오해나 분쟁을 예방하기 어렵다. 따라서 거래제의서는 거래 당사자 간의 기대를 조율하고, 서로의 입장을 명확히 이해할 수 있도록 돕는다.

예를 들어, 특정 제품을 수출하는 기업이 새로운 시장에 진출하려 할 때 거래제의서를 통해 잠재적 파트너에게 제품의 상세한 사양, 가격, 결제 조건 등을 제시할 수 있다. 이 과정에서 양측이 명확한 이해를 기반으로 협상에 들어갈 수 있게 되며, 거래조건을 조정하거나 세부사항을 합의하는 과정에서 거래제의서가 중요한 역할을 하게 된다.

2) 거래제의서의 주요 구성 요소

(1) 서두 및 인사말

거래제의서는 일반적으로 예의 바른 인사말로 시작된다. 서두에서는 거래 상대방과의 기존 관계를 언급하거나, 이전에 논의된 내용에 대한 간략한 요약을 포함할 수 있으며, 상대방에게 신뢰감을 주고, 긍정적인 관계를 유지하는 데 도움이 된다.

(2) 거래의 목적 및 배경 설명

이 부분에서는 거래의 목적을 명확히 제시하고, 제안하는 거래의 배경을 설명한다. 예를 들어, 특정 시장의 수요 증가에 따라 새로운 제품을 제안하게 되었거나, 기존 제품의 품질 향상 및 새로운 기능 추가 등을 배경으로 거래를 제안하는 경우, 이를 상세히 설명한다. 이 거래가 성사될 경우 양측에 어떤 이익이 발생할 것인지에 대한 설명도 포함될 수 있다.

(3) 상품 및 서비스의 상세 설명

제안하는 상품이나 서비스의 종류, 사양, 품질 기준 등을 명확히 기술한다. 이 부분에서는 제품의 원산지, 제조 과정, 기술적 사양, 품질 인증서 등의 세부사항을 포함하여 상대방이 상품의 가치를 정확히 이해할 수 있도록 해야 한다. 또한 서비스의 경우 제공할 서비스의 범위, 기간, 서비스 수준 협약(SLA) 등 구체적인 내용을 명시하는 것이 중요하다. 예를 들어, 전자제품을 수출하는 경우 제품의 모델명, 기능, 크기, 무게, 소비 전력 등의 기술적 사양과 함께 해당 제품이 준수하는 국제표준(예: CE, UL, RoHS 등)을 명시하여 신뢰성을 높일 수 있다.

서비스 수준 협약
(SLA, Service Level Agreement)
서비스 제공자와 고객 간에 제공될 서비스의 품질, 성능, 또는 기타 속성에 대한 명확한 기대치를 규정하는 계약 또는 합의를 말한다.

(4) 가격 및 결제 조건

가격은 거래제의서에서 가장 중요한 요소 중 하나다. 여기서는 제품의 단가, 총액, 할인 조건 등을 명확히 제시해야 한다. 또한 결제 조건(예: 선불, 후불, 할부 등)과 함께 결제방식(예: 신용장, 전자 송금, 어음 등)도 구체적으로 명시해야 한다. 예를 들어, 수출기업이 신용장을 요구하는 경우, 신용장 개설 은행의 정보, 개설 기간, 결제 통화 등을 명확히 기술해야 한다. 또한 추가로 발생할 수 있는 수수료 부담이나 환율 변동에 따른 조정 조건도 포함하는 것이 바람직하다.

(5) 배송 및 인도 조건

배송 방식, 인도 장소, 배송 기간, 보험 조건 등을 명시한다. 이 부분에서 인코텀즈(Incoterms)와 같은 국제 표준 거래조건을 활용하여 오해를 방지할 수 있다. 예를 들어, FOB(Free on Board) 조건이라면 상품이 선적항에서 선박에 실릴 때까지의 모든 비용과 위험은 판매자가 부담하게 되며, 이후의 비용과 위험은 구매자가 부담한다는 점을 명확히 할 수 있다.

인코텀즈
(Incoterms; International Commercial Terms)
국제무역에서 매도인(수출자)과 매수인(수입자) 간의 책임, 비용, 그리고 위험의 분배에 대한 규칙을 규정하는 국제 상업 용어로, 국제상업회의소(ICC, International Chamber of Commerce)에 의해 제정되었으며, 전 세계적으로 통용되고 있다.

(6) 품질 보증 및 A/S 조건

거래제의서에는 상품의 품질 보증 조건과 사후 서비스(A/S) 조건도 포함되어야 한다. 이는 거래 상대방이 상품의 품질에 대해 신뢰할 수 있도록 하며, 문제가 발생할 경우 어떻게 해결할 것인지에 대한 구체적인 지침을 제공한다. 예를 들어, 전자제품의 경우, 보증 기간 동안 발생하는 모든 결함에 대해 무상 수리를 제공하며, 특정 부품의 경우 추가 비용 없이 교체해 준다는 내용을 명시할 수 있다.

(7) 제안 조건의 유효 기간

거래제의서에 포함된 조건이 언제까지 유효한지를 명시함으로써 상대방이 결정을 내리는 데 필요한 시간을 제공하면서도 불필요한 지연을 방지할 수 있다. 유효 기간이 명시되지 않으면 상대방은 이를 무기한으로 해석할 수 있으므로, 거래의 속도를 높이기 위해서는 이 부분을 명확히 하는 것이 중요하다.

3) 거래제의서의 실제 활용 사례

거래제의서는 다양한 상황에서 활용된다. 예를 들어, 한 기업이 새로운 시장에 진출할 때, 잠재적 파트너에게 제안서를 보내 협력을 요청할 수 있다. 이때 거래제의서는 그들의 신뢰를 얻고, 협상 테이블에 앉을 중요한 기회를 제공한다. 또 다른 예로, 기존의 거래 관계에서 새로운 제품을 추가로 공급하거나 기존 계약 조건을 변경하고자 할 때도 거래제의서를 활용할 수 있다.

이처럼 거래제의서는 국제 거래에서 단순한 제안 문서 이상의 역할을 한다. 이를 통해 기업은 상대방과의 관계를 강화하고, 성공적인 거래를 위한 기반을 마련할 수 있다. 신뢰를 기반으로 한 명확한 거래조건 설정은 장기적으로 성공적인 국제 거래를 이끄는 중요한 요소가 된다.

6. 해외거래선 신용조회

해외거래선과의 신뢰성 있는 거래를 위해서는 상대방의 신용 상태를 철저히 조사하는 것이 필수적이다. 국제 거래에서 상대방의 신용을 잘못 판단하면 큰 손실로 이어질 수 있으므로, 신용조사는 거래 성사 전에 반드시 수행해야 하는 중요한 절차다. 이를 통해 기업은 거래 상대방의 재무 상태, 거래조건, 법적 문제 등을 파악하여 거래 리스크를 최소화할 수 있다.

1) 신용조사의 중요성

국제 거래에서 신용조사는 매우 중요한 역할을 한다. 특히 낯선 해외시장에서 새로운 거래 파트너와 협력할 때는 그 파트너가 얼마나 신뢰할 수 있는지, 재무적으로 안정적인지, 그리고 과거 거래에서 문제가 없었는지를 사전에 확인하는 것이 필수적이다. 신용조사를 통해 기업은 상대방의 재정 상태를 파악하고, 그들이 장기적으로 거래를 이행할 수 있는 능력이 있는지 평가할 수 있다. 또한 과거 거래 이력과 신용 기록을 검토함으로써 해당 기업이 과거에 거래 의무를 성실히 이행했는지, 불이행 사례가 있었는지를 확인할 수 있다. 이러한 정보는 거래 상대방의 신뢰도를 평가하는 데 중요한 기준이 된다.

더 나아가 신용조사는 기업이 직면할 수 있는 여러 위험 요소를 사전에 식별하고 관리하는 데 중요한 역할을 한다. 예를 들어, 특정 국가에서 거래할 때 그 나라의 경제적 불안정성이나 법적 규제 변동 등을 미리 파악하고 이에 대한 대응 전략을 수립할 수 있다. 이를 통해 기업은 예기치 않은 리스크를 사전에 방지하고 더욱 안정적인 거래를 진행할 수 있다.

2) 신용조사 방법

해외거래선의 신용을 조사하는 방법은 크게 다섯 가지로 나눌 수 있다.

첫째, 거래은행을 통한 신용조사는 가장 일반적으로 사용되는 방법이다. 거래은행은 기업의 재무 상태와 거래 내역을 가장 잘 알고 있는 기관으로, 신뢰할 수 있는 정보를 제공할 수 있다. 예를 들어, 거래은행은 기업의 신용 기록, 대출 상환 이력, 현금흐름 상태 등을 파악하여 거래의 안전성을 평가할 수 있다. 이 방법은 비교적 빠르고 신뢰도가 높지만, 상대방의 동의 없이 정보를 얻기 어려울 수 있다.

둘째, 동업자 또는 업계 네트워크를 통한 신용조사도 효과적인 방법이다. 같은 산업에 종사하는 동업자나 상공회의소 등을 통해 거래 상대방의 신용 상태를 파악할 수 있다. 이러한 정보는 비공식적이지만, 업계 내부의 신뢰할 수 있는 네트워크를 통해 얻을 수 있으므로 매우 유용하다. 이 방법은 공식적인 자료를 얻기 어려운 경우나 상대방이 신생 기업인 경우 특히 유효하다.

셋째, 해외지사나 사무소를 통한 신용조사는 현지에서 직접 신용 상태를 파악하는 방법이다. 기업이 해외에 지사나 사무소를 두고 있다면, 해당 지사를 통해 현지에서 직접 정보를 수집할 수 있다. 예를 들어, 현지 지사에서 상대 기업의 영업 활동, 재무 상태, 거래 평판 등을 조사할 수 있다. 이 방법은 현지 정보를 가장 신뢰성 있게 얻는 방법의 하나지만, 시간과 비용이 많이 소요될 수 있다.

넷째, 세계적인 상업신용조사기관을 통한 신용조사는 전문적인 상업신용조사기관의 서비스를 이용하는 방법이다. 이러한 기관은 전 세계적으로 신용조사 네트워크를 구축하고 있으며, 객관적인 데이터를 기반으로 상대방의 신용 상태를 평가해준다. 대표적인 상업신용조사기관으로는 던앤브래드스트리트(Dun & Bradstreet), 엑스페리언(Experian) 등이 있으며, 이들 기관의 보고서는 거래 리스크를 평가하는 데 중요한 자료로 활용된다.

다섯째, 국내 신용조사 전문기관을 통한 신용조사는 국내에서 활동하는 신용조사 전문기관의 서비스를 활용하는 방법이다. 한국에는 대한무역투자진흥공사(KOTRA), NICE 신용평가정보, 한국무역보험공사(K-SURE) 등 여러 기관이 있으며, 이들 기관은 해외 거래선에 대한 신용조사 서비스도 제공한다. 국내 기관을 통해 얻은 정보는 한국 기업의 시각에서 분석된 자료이므로, 국내 기업이 참고하기에 유용하다.

3) 신용조사의 주요 항목

신용조사의 주요 항목은 거래 상대방의 신용도를 평가하는 데 중요한 기준이 된다. 이를 통해 기업은 상대방의 신뢰성을 종합적으로 평가할 수 있다. 신용조사의 주요 항목으로는 3C's와 5C's가 있다.

3C's는 Character(성실성, 평판, 영업태도), Capacity(연간 매출액, 영업능력), Capital(재무 상태, 지불능력과 직결되는 내용)을 이르는 말로, 거래 상대방의 기본적인 신뢰도와 재무 상태를 평가하는 데 중점을 둔다.

(1) Character(성실성, 평판, 영업태도)

상대방 기업의 성실성, 평판, 영업태도를 평가하는 것은 기업이 과거에 얼마나 신뢰할 수 있었는지를 보여주며, 향후 거래에서 예상되는 위험을 줄이는 데 도움이 된다.

(2) Capacity(연간 매출액, 영업능력)

기업의 연간 매출액과 영업능력을 평가하는 것은 기업이 얼마나 안정적인 수익을 창출하고 있는지를 보여주며, 장기적으로 거래를 지속할 수 있는지를 판단하는 데 중요한 요소다.

(3) Capital(재무 상태, 지불능력)

기업의 재무상태와 지불능력을 평가하는 이유는 재무적으로 안정된 기업일수록 거래에서의 리스크가 낮고, 신용이 높기 때문이다.

5C's는 3C's에다가 Condition(거래조건), Collateral(담보능력), Currency(거래통화), Country(소속국가) 중 두 가지를 추가적으로 고려해 넣은 것으로 거래의 세부 조건과 국가별 리스크 등을 함께 평가한다. 이러한 항목들은 상대방의 거래 신뢰성을 종합적으로 평가하는 데 필수적이다.

(4) Condition(거래조건)

거래조건을 평가하는 것은 거래 상대방이 제시하는 조건이 얼마나 합리적이고 실행 가능한지를 평가하는 항목이다.

(5) Collateral(담보능력)

담보능력을 평가하는 것은 거래에서 발생할 수 있는 리스크를 줄이기 위해 상대방이 제공할 수 있는 담보나 보증의 수준을 확인하는 것이다.

- Currency(거래통화): 거래 통화를 평가한다. 거래에서 사용될 통화의 안정성과 환율 변동 가능성을 평가하여 환율 리스크를 관리할 수 있다.
- Country(소속국가): 상대방 기업이 소속된 국가의 정치적 · 경제적 리스크를 평가한다. 국가 리스크는 해당 국가의 경제적 불안정, 정치적 불확실성, 법적 규제 변화 등을 포함하며, 이는 거래의 안정성에 큰 영향을 미칠 수 있다.

신용조사는 단순히 상대방의 재무 상태를 확인하는 것에 그치지 않고 거래조건, 법적 문제, 국가별 리스크 등을 종합적으로 고려하여 신중하게 진행해야 한다. 이를 통해 기업은 국제 거래에서의 리스크를 최소화하고 안정적인 거래 관계를 구축할 수 있다.

4) 신용조사 활용 사례

신용조사는 단순히 상대방의 재무 상태를 확인하는 것에 그치지 않는다. 신용조사는 거래조건, 법적 문제, 국가별 리스크 등을 종합적으로 고려하여 신중하게 진행되어야 한다. 이를 통해 기업은 거래의 안정성을 높이고, 장기적인 파트너십을 형성할 수 있다.

예시 1: 한국의 A기업은 미국의 B기업과 대규모 공급 계약을 체결하기 전, 신용조사를 통해 B기업의 재정 상태와 과거 거래 이력을 철저히 분석했다. 이 과정에서 B기업이 최근 몇 년간의 재무 상황에서 불안정한 흐름을 보였다는 사실을 발견했다. 이에 따라 A기업은 B기업과의 계약 조건을 조정하고, 추가적인 담보를 요구하여 거래의 안정성을 높일 수 있었다. 이 사례는 신용조사를 통해 상대방 기업의 약점을 사전에 파악하고, 이를 바탕으로 거래조건을 유리하게 협상할 수 있음을 보여준다.

예시 2: 한국의 C기업은 아프리카의 D기업과의 거래를 진행하기 전, 던앤브래드스트리트(Dun & Bradstreet)와 같은 상업신용조사기관의 보고서를 활용했다. 보고서를 통해 D기업이 현지에서 신뢰할 수 있는 파트너로 평가되고 있다는 사실을 확인한 C기업은 거래를 진행하기로 결정했다. 이후 C기업은 D기업과의 협력을 통해 아프리카 시장에 성공적으로 진출할 수 있었다. 이 사례는 특정 국가에서 정치적 불안정이 우려되는 상황에서도 신용조사를 통해 추가적인 담보 요구나 거래조건의 조정을 제안할 수 있음을 보여준다.

결론적으로, 신용조사는 국제 거래에서 발생할 수 있는 다양한 리스크를 관리하고, 안정적인 거래 관계를 구축하는 데 필수적인 도구다. 이를 통해 기업은 거래의 안정성을 높이고 장기적인 파트너십을 형성할 수 있다.

• 평가문제 •

진위형(O, X 문제)

1	해외시장조사는 기업이 새로운 시장에 진입할 때 발생할 수 있는 위험을 최소화하고, 진입 전략을 수립하는 데 중요한 역할을 한다.	
2	해외시장조사는 단순히 시장 규모와 경제지표를 수집하는 것으로 충분하다.	
3	해외시장조사는 정치적 · 경제적 · 사회적 · 문화적 요소를 포함한 다양한 환경적 요인들을 포괄적으로 분석해야 한다.	
4	정량조사는 주로 설문조사와 데이터 분석을 통해 소비자의 심층적인 의견과 태도를 이해하는 방법이다.	
5	해외시장조사의 첫 번째 단계는 시장 진입 후 마케팅 계획을 수립하는 것이다.	

단답식

6. 해외시장조사의 과정에서 기업이 직면한 문제를 정의하고, 조사 계획을 수립하는 첫 번째 단계는 무엇인가?

7. 해외시장조사에서 경제적 요소를 분석할 때 가장 중요한 지표는 무엇인가?

8. 소비자들이 제품을 선택하고 구매하는 실제 상황을 관찰하여 행동 패턴을 분석하는 방법은 무엇인가?

9. 해외시장조사를 통해 기업이 특정 국가의 법률, 규제, 무역 정책 등을 면밀히 검토하는 과정을 무엇이라고 하는가?

10. 해외시장조사에서 기업이 새로운 시장에 진입할 때 발생할 수 있는 위험 요소를 최소화하기 위해 수행하는 필수적인 과정은 무엇인가?

주관식

11. 해외시장조사에서 정량조사와 정성조사의 차이점에 대해 설명하고, 이 두 가지 방법이 함께 사용될 때 얻을 수 있는 장점에 대해 논의하시오.

12. 해외시장조사의 중요성을 무역벤처 창업에서의 실질적인 사례를 들어 설명하고, 철저한 시장조사가 어떻게 기업의 성공에 기여할 수 있는지 논의하시오.

정답

1. O **2.** X **3.** O **4.** X **5.** X **6.** 문제 제기(Problem Definition) **7.** 경제성장률
8. 현장 관찰(Field Observation) **9.** 정치적 환경 분석(Political Environment Analysis)
10. 리스크 관리(Risk Management)

• 참고문헌 •

김성남 & 이화준(2015). 『디자인 씽킹: 사용자 경험을 위한 창의적 사고 프로세스』. 디자인하우스.

김정원(2020). 『디자인 씽킹과 비즈니스 혁신』. 한경비즈니스.

이장희(2019). 『디자인 씽킹으로 창의적 문제 해결하기』. 한국경제신문.

Brown, T.(2009). Change by Design: How Design Thinking Transforms Organizations and Inspires Innovation. Harper Business.

Brown, T., & Katz, B.(2019). Design Thinking for Social Innovation. Stanford Social Innovation Review.

Kelley, T., & Littman, J.(2001). The Art of Innovation: Lessons in Creativity from IDEO, America's Leading Design Firm. Crown Business.

Liedtka, J., & Ogilvie, T.(2011). Designing for Growth: A Design Thinking Toolkit for Managers. Columbia University Press.

Lockwood, T. (Ed.)(2010). Design Thinking: Integrating Innovation, Customer Experience, and Brand Value. Allworth Press.

Martin, R.(2009). The Design of Business: Why Design Thinking is the Next Competitive Advantage. Harvard Business Press.

Plattner, H., Meinel, C., & Leifer, L.(Eds.)(2011). Design Thinking: Understand–Improve–Apply. Springer.

Rowe, P. G.(1987). Design Thinking. MIT Press.

제10장

FTA 원산지 관리

국경 간 전자상거래와 무역벤처 창업의 성장에 따라 자유무역협정(FTA)의 역할이 점점 더 중요해지고 있다. 디지털 경제의 확산과 세계화의 심화 속에서 FTA 원산지 규정의 이해와 관리는 국제무역에서 성공을 위한 핵심 요소로 부상하고 있다. FTA 원산지 규정은 기업이 무역에서 얻을 수 있는 혜택을 극대화할 수 있는 도구로, 이를 올바르게 이해하고 활용하는 것은 글로벌 시장에서의 경쟁력을 확보하는 데 필수적이다.

이 장에서는 FTA 원산지 관리의 중요성, 기본 원칙, 실무적 적용 방법, 그리고 국경 간 전자상거래와 무역벤처 창업에서 이를 효과적으로 활용하는 전략을 탐구하고자 한다. 이를 통해 독자들은 FTA 원산지 관리가 어떻게 글로벌 비즈니스 환경에서 기업의 성공에 기여할 수 있는지에 대해 깊이 이해할 수 있을 것이다.

FTA(Free Trade Agreement)
자유무역협정으로, 협정 체결국 간의 관세 및 비관세 장벽을 제거하여 상품, 서비스, 자본 등의 자유로운 이동을 촉진하는 무역협정.

1. FTA 배경과 개요

1) 세계화의 진전과 자유무역

세계는 1930년대 대공황과 1차 세계대전의 여파를 겪은 후, 국가 간의 협력과 연대를 통해 안정성과 성장을 추구하기 시작했다. 이러한 추세 속에서 세계화와 지역화라는 두 가지 주요 흐름이 동시에 발전해왔다. 세계화는 GATT와 같은 다자주의 기구를 통해 세계적인 자유무역지대를 추구하는 것을 의미하며, 이는 국경을 초월한 경제적 통합을 목표로 한다. 반면, 지역화는 EU, NAFTA, APEC와 같은 지역적 연합을 통해 일정 국가들 간의 무역과 협력을 강화하는 방향으로 발전했다. FTA와 같은 양자주의 형태도 지역화의 일환으로 볼 수 있다.

세계화의 핵심적인 목표는 국가 간 무역 및 경제 활동에 있던 장벽을 철폐하여 상품, 서비스, 자본, 노동, 지식 등 자원의 자유로운 이동을 촉진하는 것이다. 이로 인해 국가들의 경제활동이 국경을 넘어 확장되며 국제적인 상호의존성과 연결성이 증가했다.

20세기에 들어서면서 세계화는 교통 및 정보통신 기술의 혁신적인 발전과 함께 가속화되었다. 이러한 변화 속에서 하버드대학교 마이클 포터 교수는 세계화와 기업의 경쟁력 사이의 상관관계를 강조하며, 국가와 기업의 경쟁력을 중심으로 세계화의 개념을 재조명했다. 따라서 세계화는 단순히 경제적 통합을 넘어 국가와 기업, 그리고 개인의 경쟁력과 연계된 복잡한 구조와 관계망을 형성하게 되었다.

GATT(General Agreement on Tariffs and Trade)

관세 및 무역에 관한 일반협정으로, 1947년에 체결된 국제무역협정이다. GATT는 제2차 세계대전 이후 세계경제의 재건과 국제무역의 확대를 목표로 하여 설립되었으며, 관세 및 무역 장벽을 낮추고, 자유롭고 공정한 무역을 촉진하는 데 중점을 두었다.

세계화(Globalization)

국가 간 경계가 점차 흐려지면서 경제적·사회적·문화적 상호작용이 활발해지는 과정.

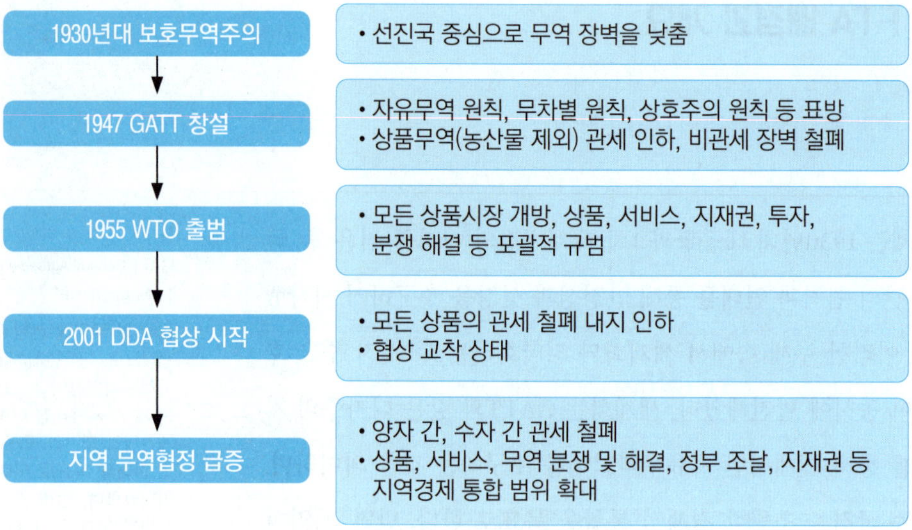

[그림 10-1] 국제 무역질서 패러다임의 변화

[그림 10-1]에서 볼 수 있듯이 세계화는 자유무역이 성장하며 진행되어왔다. 세계화의 역사는 19세기 영국의 산업혁명과 밀접하게 연결되어 있다. 영국은 산업화의 선두주자로서 무역, 공업화, 투자, 그리고 이민을 통해 글로벌 경제와의 연결성을 증가시켰다. 이러한 흐름은 세계 각국의 경제적 통합을 촉진하였다. 특히 1940년대 제2차 세계대전 이후에는 미국이 주도하는 GATT의 다자협상을 통해 세계무역의 규제와 방향이 형성되었다.

GATT는 수차례의 다자협상을 통해 세계무역의 장벽을 낮추기 위한 노력을 기울였다. 이 중요한 협상은 공산품의 관세 인하를 포함하여 다양한 분야에서의 자유무역을 확대하려는 노력이었다. 1986년 우루과이라운드에서는 15개 분야에 대한 협상이 진행되었으며, 이러한 노력은 GATT가 진화하면서 WTO로 이어졌다.

우루과이라운드
(Uruguay Round)
1986년부터 1994년까지 진행된 GATT의 주요 협상으로, 세계무역의 새로운 규칙을 마련하기 위해 진행된 역사적인 협상이다. 이 협상은 농업, 서비스, 지적재산권 등 다양한 무역 분야에서의 규제를 논의하며, 이후 WTO 설립의 토대를 마련했다.

그러나 모든 국가와 지역이 세계화의 혜택을 동일하게 누리지는 못했다. 1차와 2차 세계대전 이후에는 선진국들이 경제적 성장을 이루면서 국제무역의 주도권을 확보하였다. 이에 따라 영국과 미국 같은 선진국들은 무역 장벽을 줄이고, 자유무역을 촉진하여 경제적 발전을 이루었다. 그러나 아프리카와 일부 아시아 국가들은 성장을 경험하지 못했고, 이들 지역은 자원 공급지로서의 위치에 그쳤다.

세계화의 흐름 속에서 다국적기업은 중요한 역할을 담당하였다. 이들 기업은 글로벌 시장에서의 활동을 확장하면서 세계 총생산과 FDI의 비중을 점차 증가시켰다. IMF, 세계은행, WTO와 같은 국제기구는 사유재산권 보호, 정부 규제의 축소, 무역자유화 등의 정책을 통해 세계화를 촉진했다.

WTO(World Trade Organization)
세계무역기구로, 국제무역 규범을 수립하고 무역 분쟁을 해결하기 위해 설립된 국제기구.

결론적으로, 세계화는 19세기 영국의 산업혁명을 시작으로 다양한 역사적 이벤트와 국제적 노력을 통해 발전하게 되었다. GATT와 WTO의 노력, 다국적기업의 활동, 그리고 국제기구들의 지원을 통해 세계화는 현재의 형태와 방향을 얻게 되었다. [그림 10-2]는 WTO와 국제포럼 개최 현장의 모습이다.

[그림 10-2] WTO와 국제포럼 개최 현장

2) 지역주의의 확산 배경

FTA의 확산은 1989년 미국과 캐나다를 시작으로 1994년 NAFTA가 성립되면서 주목받기 시작했다. 이후 남미 지역에서도 1990년대 중반에 MERCOSUR, Andean Pact, CARICOM 등의 지역경제 협력체가 출범하며 FTA의 파도가 확장되었다. 그 후, 1990년대에는 아시아 지역을 중심으로 중국, 인도, ASEAN 등에서도 FTA 활동이 활발해지기 시작했고, 2000년대에는 그 규모가 더욱 커졌다. [그림 10-3]은 FTA 확산의 주요 원인을 도식화 했다.

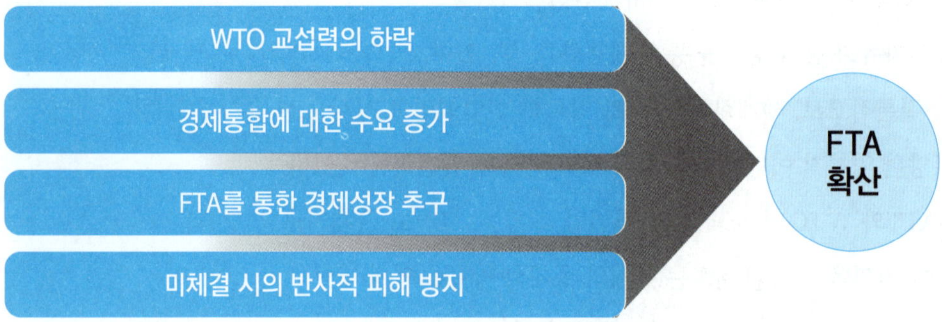

[그림 10-3] FTA 확산의 주요 원인

FTA의 첫째 확산 원인은 WTO의 다자간 협상에서 성과를 거두지 못하면서 국제협력의 효과가 제한적이라는 비판이 제기되었다. 특히 1999년 시애틀과 2003년 칸쿤에서의 각료회의에서는 협상의 결과물이 부족하게 나타나 국제무역 규제의 기능에 대한 의구심이 커졌다. 이에 따라 국가들은 지역 내 국가들끼리의 협력을 통한 통상 거래를 선호하는 지역무역주의로 기울게 되었다.

둘째, 기업들은 전통적인 다자간 협상보다는 FTA를 통한 국가 간의 경제통합에 더 큰 기회를 발견했다. 특정 국가와의 자유무역협정을 통해 자신들의 경제적 이익을 확대하고, 외국인 직접투자를 유치하여 국내 경제성장을 촉진하는 방안으로 FTA의 중요성이 부각되었다. 이런 추세는 특히 FTA 체결 후 외국 투자유치에 대한 성과가 확연히 나타나면서 긍정적인 효과를 가져왔다.

셋째, FTA는 경제적인 측면에서 시장개방을 통한 경쟁 활성화와 무역, 직접투자의 유입을 통한 경제성장 촉진이라는 중요한 역할을 수행한다. 이는 특히 지역주의와 경기침체와의 깊은 연관성 속에서 그 중요성이 부각된다. 1990년대의 지역주의 확산은 세계적 경기침체에 기인한 것으로, 그 당시에는 경기침체와 스태그플레이션, 오일쇼크와 같은 어려운 시기에 FTA가 자국 내 경기침체를 극복하기 위한 유용한 수단으로 인식되었다. 다양한 국가들은 다자간 자유무역 합의를 위배하지 않으면서도 역내 국가 간의 관세 인하 혜택과 상대적인 보호무역의 이익을 확보하는 방법으로 FTA를 채택했다. 이와 같은 전략은 경기 침체기 동안에도 무역을 촉진하고 경제 회복을 지원하는 중요한 요소로 작용했다.

또 다른 중요한 원인은 이러한 지역무역협정이 주변 국가들 사이에서 경쟁적으로 확대되는 상황에서, 비체결 국가로서 피해를 방지하기 위한 노력이 있었다는 점이다. FTA를 체결한 국가들은 서로 특혜관세를 통해 차별적인 혜택을 누리게 되면서 선점 효과가 발생한다. 이는 국제무역의 균형을 깨트리며, 가격 우위를 통한 차별적 무역 혜택을 가져온다. 이로 인해 미체결 국가들은 반사적인 피해를 방지하기 위해 지역무역협정에 참여함으로써 수준 높은 협상에 참여하게 된다. 이러한 FTA의 선점 효과는 역외 국가들이 모두 FTA를 체결하게 되면 자연스럽게 사라지게 되며, 경쟁적인 지역무역협정과 미체결 국가로서의 피해 방지가 FTA 등 지역주의가 확산되는 배경 중 하나가 되었다.

FTA와 같은 지역무역협정의 이익은 명확하고 직접적이지만, WTO의 다자적인 협상이 어려운 상황에서 지역주의는 계속해서 확산될 것으로 전망된다. 세계화와 지역주의 간의 관계에 대한 다양한 시각이 존재하는 가운데, 지역주의는 세계

지역주의

특정 지역 내 국가들 간의 경제적 협력과 무역을 강화하려는 경향을 의미한다. 이는 지역경제 블록을 형성하여 해당 지역 내에서의 무역을 촉진하고 외부로부터의 경쟁을 줄이기 위한 목적으로 추진된다. 예를 들면 유럽연합(EU)이나 북미자유무역협정(NAFTA) 등이다.

화의 중간적인 단계로 여겨지거나 양자가 동시에 병렬로 발생하는 별개의 현상으로도 간주된다.

한편, 지역화를 통한 세계적 통합의 전 단계로 세계화를 이해할 수도 있다. 이 관점은 지역주의를 세계주의의 부분집합으로 보며, WTO가 최혜국 원칙을 위배하지 않는 지역무역협정을 용인하는 이유로도 설명된다.

2. FTA 협정문의 일반적인 구성 및 주요 내용

1) FTA의 개념적 정의

자유무역협정(FTA)이란 해당국 간 교역을 저해하는 모든 무역 장벽을 제거하기 위하여 체결한 무역협정을 의미한다. 즉, 둘 이상의 나라가 관세 및 비관세 장벽과 같은 각종 무역 장벽을 완화하고 철폐함으로써 상품과 서비스 등이 체결국가 간에 자유로운 무역을 보장하는 특혜무역협정을 뜻한다. FTA가 특정 국가 간 무역을 촉진함으로써 경제성장을 지원하고, 무역 장벽을 낮춰 소비자와 기업 모두에게 혜택을 가져다줄 수 있다. FTA의 특징을 설명하면 첫째, FTA의 다양성, 둘째, FTA의 경제통합성, 셋째, 정치외교성, 넷째, 국제화 혁신성을 언급할 수 있다.

첫째, FTA의 다양성은 FTA가 다양한 내용을 포함하고 있다는 것을 의미한다. 과거 체결되었던 무역협정은 회원국 간의 무역자유화와 원산지 규정 및 통관 절차 등 관련 규범들이 주를 이루고 있었다. 그러나 1990년대 이후 그 범위가 점차 확대되면서 대부분의 FTA는 무역 장벽의 철폐 외에도 서비스, 투자 및 무역규범 등을 포괄적으로 포함하고 있다. 즉, FTA의 구체적 대상범위와 정도는 체결국가들 간의 경제 및 산업 상황 등을 고려하여 다양하게 결정된다. 이는 FTA의 다양성을 의미한다. 즉, FTA 협정의 범위와 깊이에 따라 국가 간 통상협상의 다양성을 보장할 수 있다는 점이다.

둘째, FTA의 경제통합성이란 FTA가 국가 간 무역 장벽을 없애고 자유무역을 실현하기 위한 경제통합의 행위적 특성을 내포하고 있다는 것을 의미한다. 즉, FTA를 단순한 무역협정을 넘어 대부분의 경제 분야를 포함하는 포괄적인 경제협력 및 통합행위로 간주할 수 있다는 점이다. 따라서 FTA는 경제통합 단계에서 발생하는 초기의 형태라는 의미도 존재한다. 즉, 관세동맹이나 공동시장의 출현에 앞서 양 국가 간에 자유무역협정을 체결함으로써 체결국가들끼리 미래의 경제협력을 강화하거나 경제통합을 고려하는 활동이라는 점이다.

만일 한 국가 내에서 자유무역지역이 형식을 갖추었다고 하더라도 실질적인 무역자유화가 이루어지기 위해서는 비관세조치의 철폐와 함께 대외무역정책 등을 포함한 경제정책의 조정이 필요하다. 더 나아가 관세동맹이나 공동시장에서는 공동관세 부과 및 생산요소의 자유로운 이동이 일어난다. 따라서 FTA는 국가 간에 경제통합 및 협력을 공고하게 구축하기 위한 정책수단으로 활용할 수 있는데, 이를 FTA가 지닌 경제통합성을 의미한다.

셋째, FTA의 정치외교성은 FTA가 경제적 특성 외에도 정치외교적 특성을 포함하고 있다는 점이다. FTA는 공동의 이익을 실현하기 위해 체결국과 협력하거나 공동의 노력을 필요로 한다. 따라서 경제적 이익 이외에도 정치적 협력과 우호를 증진하는 효과를 불러온다. 이에 따라 정치적인 긴장 완화 및 민주주의의 발전에도 기여하는 고도의 정치외교적 행위라고 의미할 수 있다. 즉, FTA는 협상 준비, 개시, 체결, 비준, 시행 등의 과정에서 국내외 정치외교적인 측면을 포함하고 있기 때문에 이를 FTA의 정치외교성이라고 말한다.

마지막으로 FTA의 국제화 혁신성은 FTA를 활용하는 과정에서 기업들의 해외 진출을 위한 혁신성이 높아진다는 것을 의미한다. FTA가 체결되면서 소비자들의 후생, 각 국가의 대외개방성 및 국제화 수준은 상승한다. 따라서 경쟁이 심화되고, 체결국가 내의 기업들은 이에 대처하기 위하여 과거의 방식이 아닌 새로운 방식으로 비즈니스를 추진하게 된다. 이러한 특징을 FTA의 국제화 혁신성이라고 칭한다.

실제로 FTA의 효과는 기업들뿐만 아니라 기업들에게도 그 영향력을 발휘한다. 수입국의 소비자들에게는 소비자 후생을 증진시켜주고, 개별 기업들에게는 해외 진출의 동기를 유발한다. 반면, 변화의 시기에 역량이 부족하여 그 기회를 살리지 못하는 집단이 발생한다.

2) 협정문 부분별 세부 구성

FTA 협정문은 일반적으로 전문(Preamble), 장(Chapter), 부속서(Annex), 부록(Appendix), 서한(Letter) 총 다섯 부분으로 구성된다. FTA 협정문은 각 국가의 법적 시스템과 이해관계를 조정하기 위한 방대한 정보를 포함하고 있으므로, 협정문을 여러 섹션으로 나누어 명확하게 규정하는 것이 중요하다. 이를 통해 협정 당사국 간의 분쟁을 최소화하고 협정의 실효성을 높일 수 있다.

전체적인 양을 보면 부속서가 가장 많은 분량을 차지하는데, 이는 부속서에 포함된 방대한 관세양허안 때문이다. 또한 부록에서는 협정문 본문에서 다루지 못하는 구체적인 사항에 대해서 기록하고 있고, 협정 내용 중에서 상호 이해가 다를 경우를 대비하기 위해서 양측의 공개서한을 담고 있다.

[표 10-1] FTA 협정문 구성

구성 요소	주요 내용	비고
전문(Preamble)	협정 체결의 일반적인 목적을 선언적으로 규정	
장(Chapter)	분야별로 장을 분류하여 양측 간 합의 내용을 협정 본문에 규정	
부속서(Annex)	관세양허안 또는 서비스 유보안처럼 분량이 방대하거나, 협정문 본문에 두는 것이 적절치 않은 특정 분야의 합의 내용을 규정	
부록(Appendix)	부속서에 부가된 부록은 부속서 내용 중에서도 더욱 구체적이고 기술적인 세부 내용을 규정	
서한(Letter)	협정 내용 중 해석상 이해가 다를 경우를 대비하여 협상 과정에서 합의한 해석 내용 또는 협상 과정의 논의 내용을 확인하는 서한 형태의 문서	

출처: 대한민국 정부(2007), 「한 · 미 FTA 상세 설명 자료」

(1) 전문(Preamble)

FTA 협정문의 전문은 협정의 본문에 포함되지 않은 서문에 해당하며, 협정 체결의 의의와 목적을 명시한다. FTA 협정문마다 약간의 차이가 있지만, 모든 전문은 공통으로 양국 간의 우호와 협력 강화를 강조하며, FTA가 세계무역의 확대와 발전에 기여한다는 점을 천명한다. 예를 들어, 한 · 칠레 FTA 협정문의 전문에서는 "한 · 칠레 FTA를 통해 양국 간의 특별한 우호와 협력의 유대가 강화되고, FTA가 양국 모두에게 상호 이익을 제공하며, 세계무역의 확대와 발전에 기여할 것"이라고 밝히고 있다. 또한 FTA가 세계무역기구(WTO)의 다자무역체계와 일치하여 세계무역의 조화로운 발전을 도모한다는 점도 명시하고 있다.

FTA 협정문 대부분의 전문에서는 협정의 목적을 상품, 서비스, 설립 및 관련 규칙에 관한 자유무역지대의 창출로 규정하고 있다. 한 · 칠레 FTA의 전문에서는 다음과 같은 8가지 구체적인 목적을 기술하고 있다.

① 1994년도 관세 및 무역에 관한 일반협정(GATT) 제24조에 부합하여 당사국 간 상품 무역을 자유화하고 촉진하는 것
② 서비스 무역에 관한 일반협정(GATS) 제5조에 부합하여 양 당사자 간의 서비스 무역 및 투자를 자유화하는 것
③ 당사자 간 경제 관계에서 경쟁을 증진하는 것
④ 정부조달시장을 상호적으로 자유화하는 것
⑤ 지적재산권을 충분하고 효과적으로 보호하는 것
⑥ 무역 장벽을 제거하고 투자 흐름을 증가시켜 세계무역의 조화로운 발전과 확장을 촉진하는 것
⑦ 국제무역의 발전에 대한 약속을 강화하는 것
⑧ 외국인 직접투자를 증진하는 것

이처럼 FTA 협정문 전문은 협정이 지향하는 바를 명확히 하며, 이를 통해 양국의 경제적 · 정치적 협력을 강화하는 기반을 마련하고 있다.

(2) 장(Chapter)

FTA 협정문의 핵심 내용은 두 번째 구성 요소인 장(Chapter) 부분이 담고 있다. FTA 협정문의 장은 크게 총칙, 상품 무역, 투자 및 서비스, 정부 조달, 지적재산권, 행정 및 조직규정 그리고 그 밖의 규정으로 구성된다. 협정문이 일반적으로 이러한 순서를 따르지만, 별도로 합의한 내용이 있는 경우 해당 장을 별도로 기술하면서 내용이 길어지기도 한다.

예를 들면, 한·칠레 FTA는 21개 장으로 구성되면서 총칙, 상품 무역, 투자 및 서비스 등의 체계를 따르고 있다. 한·미 FTA는 총 24개 장으로 구성되어 비교적 많은 장이 있는 데 비해, 한·EU FTA 협정문은 총 15개 장으로 비교적 적게 구성되어 있다. 한·미 FTA는 상품 무역 중에서 농업, 섬유 및 의류, 의약품 및 의료기기를 별도의 장으로 구분해서 명시하고 있고, 투자 및 서비스 무역에서도 금융 서비스와 전자상거래를 별도의 장으로 다루고

있기 때문이다. 반면 한·EU FTA는 주로 상품 분야에 대한 시장 접근 관련 내용이 협상 대부분을 차지하고 있고, 서비스와 투자에 대한 양허 범위는 작다.

[표 10-2] FTA 협정문 장(Chapter)의 구성

구성 요소	장별 내용	비고
제1부 총칙	제1장 최초 규정 제2장 일반적 정의	
제2부 상품 무역	제3장 상품에 대한 내국민 대우 및 시장 접근 제4장 원산지 규정 제5장 통관 절차 제6장 긴급수입제한조치 제7장 반덤핑 및 상계관세 사항 제8장 위생 및 식물위생조치 제9장 표준 관련 조치	한 · 미 FTA의 경우 농업, 섬유 및 의류, 의약품 및 의료기기를 별도 장으로 설명
제3부 투자 서비스 및 관련 사항	제10장 투자 제11장 국경 간 서비스 무역 제12장 전기통신 제13장 기업인의 일시 입국 제14장 경쟁	한 · 미 FTA의 경우 금융 서비스, 전자상거래 별도 장으로 설명
제4부 정부 조달	제15장 정부 조달	
제5부 지적재산권	제16장 지적재산권	
제6부 행정 및 조직 규정	제17장 투명성 제18장 협정의 운영 제19장 분쟁 해결	한 · 미 FTA의 경우 환경을 별도 장으로 설명
제7부 그 밖의 규정	제20장 예외 제21장 최종 조항	

총칙

협정의 기본 원칙과 정의를 규정한다.

상품 무역

상품에 대한 내국민 대우 및 시장 접근, 원산지 규정, 통관 절차, 긴급 수입제한 조치, 반덤핑 및 상계관세 사항, 위생 및 식물위생 조치, 표준 관련 조치 등을 다룬다.

투자 및 서비스

투자, 국경 간 서비스 무역, 전기통신, 기업인의 일시 입국, 경쟁 정책 등을 포함한다.

정부 조달

정부 조달 절차와 관련된 규정을 규명한다.

지적재산권

지적재산권의 보호와 관련된 내용을 다룬다.

행정 및 조직 규정

협정의 운영, 투명성, 분쟁 해결 절차 등을 포함한다.

(3) 부속서(Annex)

부속서는 FTA 협정문의 부속 문서로, 주로 관세양허안이나 서비스 유보안과 같은 분량이 방대하거나 협정문 본문에 포함하기 적절하지 않은 세부 내용을 다룬다. 부속서는 협정의 효율적 이행을 위해 필수적인 세부사항을 규정하며, 협정문의 각 장

관세양허안
(Tariff Concessions)

FTA 협정에서 합의된 관세 인하 또는 철폐 계획을 명시한 문서로, 주로 부속서에 포함된다.

에서 다루는 내용에 대한 구체적인 합의를 포함한다.

일반적으로 부속서는 전체 협정문에서 차지하는 분량이 매우 방대하다. 예를 들어, 한 · 미 FTA의 경우 관세 철폐, 내국민 대우, 수출입 제한과 관련된 구체적인 세부사항들이 부속서 형태로 추가되어 있다. 이러한 부속서는 각 조문의 뒤에 기록되어 본문의 내용이 협정 당사국 간 명확히 합의된 사항으로 이행될 수 있도록 보완하는 역할을 한다.

특히 부속서는 본문의 구조상 독립적인 성격을 띠는 경우가 많다. 예를 들어, 한 · 미 FTA의 부속서에는 자동차 및 부품, 의약품, 화학물품, 농업 세이프가드 등 특정 산업이나 분야와 관련된 상세한 합의가 포함되어 있다. 이는 본문에서 다루기에는 너무 세부적이거나 특수한 내용을 담고 있어서 별도로 명시된다. 이러한 부속서의 예로는 부속서 2-가 "내국민 대우 및 수출입 제한", 부속서 2-나 "관세 철폐", 부속서 3-가 "농업에 대한 특별 조치", 부속서 4-가(1) 및 4-가(2) "섬유", 부속서 4-나 등이 있다.

부속서는 협정문의 본문과 결합하여 FTA의 전반적인 틀을 완성하는 중요한 역할을 하며, 이를 통해 협정의 실효성을 보장하고, 당사국 간의 상호 이해를 명확히 하는 데 기여한다.

(4) 부록(Appendix)

부록은 FTA 협정문에서 부속서의 세부 내용을 더욱 구체적으로 다루는 문서로, 보통 목록이나 숫자와 같은 기술적인 세부사항을 포함하고 있다. 부속서와 마찬가지로, 부록 역시 협정문 전체에서 독립된 항목으로 구성되며, 내용이 방대하거나 전문적인 경우에 별도로 구분된다.

부록은 특정 조항을 실행하거나 해석할 때 필요한 구체적인 지침을 제공하며, 이를 통해 협정의 실효성을 높이는 역할을 한다. 예를 들어, 한 · 미 FTA에서는 부록 2-나-1 "대한민국 TRQ", 부록 2-나-2 "미합중국 TRQ"와 같은 구체적인 무역 쿼터 관련 내용이 포함되어 있다. 이러한 부록은 협정 당사국이 합의한 바를 상세히 기록하고 있으며, 협정의 이행 과정에서 발생할 수 있는 분쟁이나 오해를 최소화하는 역할을 한다.

또한 부록은 주로 기술적이고 세부적인 내용을 다루기 때문에 협정문 본문의 이해를 돕기 위해 필수적인 자료로 활용된다. 협정문에서 다루는 큰 틀의 합의 내용이 부속서와 부록을 통해 구체화되고, 그 이행 과정에서 필요한 세부사항이 명확히 규정됨으로써 FTA의 실효성을 높이는 데 기여한다.

(5) 서한(Letter)

서한은 FTA 협정문에 포함된 양자 간의 공식 서신으로, 협정 내용의 해석과 양허 범위에 대해 협정 당사국 간에 합의한 내용을 명시하는 중요한 문서이다. 서한은 협정문 자체의 법적 효력과는 별도로, 협정 당사자 간의 이해를 명확히 하고, 협정 이행 과정에서 발생할 수 있는 이견을 해소하기 위해 사용된다.

예를 들어, 한 · 미 FTA에서는 섬유, 의약품과 관련된 용어의 정의나 협상 과정에서 논란이 되었던 부분에 대한 양국 협상대표들의 의견이 서한 형태로 기록되어 있다. 이러한 서한들은 협정문의 일부분으로 간주되며, 협정 이행 과정에서 법적 효력을 갖는다. 특히 서한은 비교적 새로운 분야나 기술적 내용에 대한 협정 당사국 간의 합의를 명확히 하고, 이를 통해 협정의 안정성과 이행력을 확보하는 데 중요한 역할을 한다.

서한은 국경 간 서비스, 지적재산권, 환경 등과 같이 복잡하고 논쟁의 여지가 있는 주제에 대해 당사국 간의 구체적인 합의 내용을 담고 있으며, 협정문 본문과 부속서에서 명시되지 않은 세부사항을 보완하는 역할을 한다. 이를 통해 협정 당사국 간의 이해관계를 조정하고, 협정 이행에서 발생할 수 있는 법적 해석의 차이를 줄이는 데 기여한다.

3. 품목분류(HS코드)와 관세율

1) 품목분류의 개요

(1) 개요

품목분류는 국제무역에서 매우 중요한 절차로, 수출입 되는 모든 품목을 HS 협약 부속서에 따라 적절한 HS 코드로 분류하는 것을 의미한다. HS 코드는 “Harmonized System”의 약자로, 세계관세기구(WCO)에서 개발한 품목분류 체계이다. 이 코드는 국제적으로 통일된 상품명과 부호체계를 제공하여 전 세계 모든 국가가 동일한 기준으로 품목을 분류할 수 있도록 돕는다. HS 코드를 통해 각 국가의 관세율을 결정하고, 무역통계를 작성하며, 규제 및 규정 준수를 평가하는 데 사용된다.

HS 코드
(Harmonized System Code)
통일 상품명 및 부호체계로, 세계관세기구(WCO)에서 개발한 국제적으로 통일된 상품 분류체계.

(2) HS 협약과 품목분류표

HS 협약의 정식 명칭은 "The International Convention on the Harmonized Commodity Description and Coding System and its Annex"로, 이는 "통일 상품명 및 부호체계에 관한 국제협약과 그 부속서"로 해석된다. 이 협약은 1988년 1월 1일에 발효되었으며, CCC(관세협력이사회)의 주관하에 WCO(World Customs Organization: 세계관세기구)에서 제정되었다. HS 협약에 따라 각국은 수출입 상품을 HS 코드에 따라 분류하며, 이는 국제무역의 원활한 운영을 지원하는 중요한 도구로 기능한다.

품목분류표는 HS 협약의 부속서로 구성되어 있으며, 각 품목에 대한 부(Section), 류(Chapter, 2단위), 호(Heading, 4단위) 및 소호(Sub-heading, 6단위)로 구성된다. 전 세계 모든 국가가 HS 코드를 6단위까지 동일하게 사용하며, 이 코드를 초과하는 세부 분류는 각 나라의 필요에 따라 다를 수 있다. 예를 들어, 한국은 HS 코드 10단위까지 세분류하고 있으며, 일본은 9단위, 미국은 10단위, EU와 중국은 8단위까지 세분류하고 있다.

(3) 품목분류표의 구성

품목분류표는 품목분류의 기본 원칙인 이른바 '통칙(GRI, General Rules of Interpretation)'과 각 류 및 호의 분류 범위, 용어 정의와 서로 상이한 HS 코드로 분류될 수 있는 물품인 경합물품의 분류 한계를 설명하는 '주규정(Legal Note)' 그리고 '호(Heading)의 용어'로 구성되어 있다.

[표 10-3] 품목분류표 구성

1. 통칙(GRI)	• 통칙 1~통칙 6까지 구성된다. • 법적 구속력이 있다.
2. 주(Legal Note)	• 부, 류, 소호에 설정되며, HS 협약주와 국내주로 구성된다. • 법적 구속력이 있다. • 부, 류, 호의 분류 범위 및 용어 정의와 경합물품을 표시한다.
3-1. 부(Section)	• 대분류로 제1부~21부로 구성된다. • 부의 표제는 법적 구속력이 없다.
3-2. 류(Chapter)	• 중분류이며 제1류~97류로 구성된다. • 류의 표제는 법적 구속력이 없다.
3-3. 절(Sub-Chapter)	• 한정된 류에만 있고 단지 이해를 돕기 위한 것이다. • 표제는 법적 구속력이 없다.
4-1. 호(Heading)	• 류를 세분화한 4단위이다. • 호의 용어는 법적 구속력이 있다.
4-2. 소호(Sub-Heading)	• 호를 세분류한 5, 6단위이다. • 소호까지 국제 공통을 사용한다. • 소호의 용어는 법적 구속력이 있다.

2) HS 코드 분류체계와 품목분류의 원칙

(1) HS 코드 분류체계의 이해

HS 협약의 부속서인 품목분류표는 부(Section), 류(Chapter, 2단위), 호(Heading, 4단위) 및 소호(Sub-heading, 6단위)로 구성된다. 이 구조는 동종 · 유사 상품들을 체계적으로 배열한 품목 리스트를 통해 국제무역에서 일관된 분류를 가능하게 한다. 예를 들어, 가죽 드레스화로서 발목을 덮지 않는 제품은 제6403.59-1000호에 분류된다.

HS코드의 구조: 6403.59-1000(10단위 HSK)

1. 64: 류(Chapter) → 신발이 분류되는 류로서 앞 2자리
2. 6403: 호(Heading) → 제64류의 3번째 호로, 바깥 바닥과 갑피를 가죽으로 만든 신발을 분류(앞 4자리)
3. 6403.59: 소호(Sub-Heading) → 발목을 덮지 않는 신발을 분류하는 소호(앞 6자리)
4. 6403.59-1000: 드레스화를 분류하는 10자리 코드

항목	류(2단위)	호(4단위)	소호(6단위)	HSK(10단위)
가죽 드리스화 (발목 덮지 않는 것)	64	03	59	1000

[그림 10-4] HS 코드의 구조와 사례

(2) 품목분류의 일반 원칙

HS 코드의 분류는 국제무역에서 매우 중요한 과정으로, 정확한 품목분류는 관세율 적용, 통관 절차, 무역 규제 준수 등을 위해 필수적이다. HS 코드의 분류는 우선 통칙을 가장 우선적으로 검토하는 것이 중요하다. 통칙은 총 6개의 규칙으로 구성되어 있으며, 각 규칙은 품목분류의 기본 원칙을 제시하고 있다. 이들 통칙은 국제적으로 통일된 규칙으로 모든 국가에서 일관되게 적용된다. 국내 통칙은 추가적인 규칙으로 각국의 특정 상황에 맞게 보완적인 지침을 제공한다. 예를 들어, 대한민국에서는 관세법 별표 관세율표의 해석에 관한 통칙 제7호가 추가되어 있다. 이 규칙은 "이 표에 규정되지 아니한 품목분류에 관한 사항은 HS 협약에 따른다"는 내용을 담고 있다.

통칙 제1호에서 제4호까지는 품목분류의 기본 원칙을 순차적으로 적용하도록 규정하고 있으며, 통칙 제5호와 제6호는 보충적 분류 규정으로서 특정 상황에서 독립적으로 적용된다. 대부분은 통칙 제1호 규정에 따라 분류를 진행하며, 각 주규정에서 해당 부, 류, 호에서 제외될 물품들을 명확히 규정하고 있어 이를 주의해야 한다.

- **통칙(GRI)**
  - 품목분류표 전반에 걸쳐 HS 해석에 관한 일반 원칙으로 법적 구속력을 가짐
  - 6개의 항목으로 구성되어 있으며, HS 협약 내에서 국내 통칙 추가 사용 가능(+1)

순차 적용함	통칙	내용
	통칙 제1호 (최우선 분류 규정)	• 호의 용어, 관련 부 및 류의 주에 의한 분류
	통칙 제2호 (종속적 분류 규정)	• 제2호 가: 완전, 완성된 물품에는 불완전, 미완성 또는 미조립 분해물품도 포함 • 제2호 나: 다른 재료나 물질이 혼합, 결합된 것도 포함
	통칙 제3호 (종속적 분류 규정)	• 제3호 가: 가장 협의로 표현된 호에 우선 분류 • 제3호 나: 본질적인 특성에 따라 분류 • 제3호 다: 최종 호에 분류
	통칙 제4호 (보충적 분류 규정)	• 가장 유사한 물품으로 분류
	통칙 제5호 (보충적 분류 규정)	• 제5호 가: 케이스 및 포장용기도 내용물과 함께 분류 • 제5호 나: 포장 재료 및 포장용기도 내용물과 함께 분류
	통칙 제6호 (보충적 분류 규정)	• 소호의 분류 - 소호의 용어 및 관련 소호의 주에 따라 분류

[그림 10-5] 관세율표의 해석에 관한 통칙

① 통칙 1: 호의 용어와 관련 부 및 류의 주규정에 의한 분류

이 통칙은 품목분류의 가장 기본적인 원칙으로, 품목분류는 호(號)의 용어와 관련 부, 류의 주(註)에 따라 결정된다. 부(部), 류(類), 절(節)의 표제는 참조하기 위한 것이며, 법적인 목적상 분류는 각 호의 용어와 주에 따라 이루어진다. 만약 호나 주에서 따로 규정하지 않은 경우, 다음 통칙의 규정에 따르게 된다.

② 통칙 2: 미완성 물품 등의 분류

이 통칙은 미완성 또는 불완전한 상태의 물품이 해당 호에 포함될 수 있는지를 규정한다.

- 각 호에 열거된 물품에는 불완전한 물품이나 미완성된 물품이 제시된 상태에서 완전한 물품이나 완성된 물품의 본질적인 특성을 지니고 있으면 그 불완전한 물품이나 미완성된 물품이 포함되는 것으로 본다. 또한 각 호에 열거된 제품에는 조립되지 않거

나 분해된 상태로 제시된 물품도 완전한 물품이나 완성된 물품(이 통칙에 따라 완전한 물품이나 완성된 물품으로 분류되는 것을 포함한다)에 포함되는 것으로 본다.

- 각 호에 열거된 재료나 물질은 다른 재료와 혼합된 경우에도 해당 호에 포함될 수 있다. 예를 들어, 금속과 플라스틱이 혼합된 제품이 있을 경우, 그 제품은 해당 호의 금속 제품으로 분류될 수 있다. 이러한 경우, 두 가지 이상의 재료나 물질로 구성된 물품은 통칙 제3호에 따라 분류된다.

③ 통칙 3: 둘 이상의 호에 분류가 경합되는 물품의 분류

이 통칙은 동일한 물품이 둘 이상의 호로 분류될 수 있는 경우 적용된다. 이 경우, 다음의 규칙에 따라 분류가 결정된다.

- 가장 구체적으로 표현된 호가 일반적으로 표현된 호에 우선한다. 예를 들어, 혼합물이나 복합물의 경우, 그 물품을 더 구체적으로 설명하는 호가 우선한다. 만약 두 개 이상의 호가 동일한 재료나 물질 일부에 관해서만 규정하고 있을 경우, 각 호는 그 물품에 대해 동일하게 구체적으로 표현된 것으로 간주한다.
- 혼합물, 서로 다른 재료로 구성되거나 서로 다른 구성요소로 이루어진 복합물과 소매용 세트 물품의 경우, 물품의 본질적인 특성을 부여하는 재료나 구성요소에 따라 분류한다. 예를 들어, 여러 재료로 이루어진 가구는 그 가구의 주요 재료에 따라 분류된다.

소매용으로 하기 위하여 세트로 된 물품의 조건

다음의 요건을 갖춘 물품을 의미한다.

가. 일견 서로 다른 호에 분류될 수 있을 것으로 보이는, 최소한 둘 이상의 서로 다른 물품으로 구성되어야 한다. 예를 들면 6개의 퐁듀포크는 이 통칙에서 의미하는 세트로 간주할 수 없다.

나. 어떤 요구를 충족시키기 위해서나 또는 어떤 특정 활동을 행하기 위해 함께 조합한 제품이나 물품으로 구성되어야 한다.

다. 재포장 없이 소비자에게 직접 판매하는 데 적합한 방법으로 조합한 것(예: 상자 또는 케이스 속 또는 판 위에 등)

따라서 '세트'로 된 물품의 예로 어떤 즉석요리를 준비할 때 함께 사용하기로 예정된 여러 종류의 식료품을 조합시킨 것을 들 수 있다.

• 만약 첫 번째와 두 번째 규칙에 따라 분류할 수 없는 물품이 있을 경우, 해당 물품은 그 순서상 가장 마지막에 위치한 호로 분류된다.

④ 통칙 4: 유사한 물품으로의 분류

이 통칙은 앞의 통칙들에 따라 분류할 수 없는 물품에 적용된다. 해당 물품이 어떤 호에도 분류되지 않을 경우, 그 물품과 가장 유사한 물품이 해당되는 호로 분류된다. 예를 들어, 새로운 기술로 만들어진 제품이 기존 HS 코드에 명시되어 있지 않을 경우, 그 제품과 가장 유사한 기존의 제품에 해당하는 호로 분류될 수 있다.

⑤ 통칙 5: 포장용기 등의 분류

이 통칙은 포장용기 및 재료의 분류에 대한 규칙을 제시한다.

• 사진기 케이스 · 악기 케이스 · 총 케이스 · 제도기 케이스 · 목걸이 케이스 등 이와 유사한 용기는 특정한 물품이나 물품의 세트를 담을 수 있도록 특별한 모양으로 되어 있거나 알맞게 제조되어 있고, 장기간 사용하기에 적합하며, 그 내용물과 함께 정상적으로 판매되는 종류의 물품일 때는 그 내용물과 함께 분류한다. 단, 그 포장용기가 전체 물품에 본질적인 특성을 부여하는 경우에는 별도로 분류된다.
• 내용물과 함께 제시되는 포장재료와 포장용기는 정상적으로 사용되는 경우에 한해 내용물과 함께 분류한다. 단, 반복적으로 사용하기에 적합한 포장재료나 포장용기는 별도로 분류된다.

⑥ 통칙 6: 소호의 분류기준

법적인 목적상 어느 호(號) 중 소호(小號)의 품목분류는 같은 수준의 소호(小號)들만을 서로 비교할 수 있다는 점을 조건으로 해당 소호(小號)의 용어와 관련 소호(小號)의 주(註)에 따라 결정하며, 위의 모든 통칙을 준용한다. 또한 이 통칙의 목적상 문맥에서 달리 해석되지 않는 한 관련 부(部)나 류(類)의 주(註)도 적용한다.

4. FTA 원산지 판정

1) FTA 활용 수출입 절차

FTA 활용 수출입이란 FTA 협정의 상품 관세 인하(철폐) 혜택을 활용하여 FTA 원산지 증명서를 발급받거나 발행하여 수입 관세를 줄이는 것을 의미한다. 이를 위해 원재료 조달 국가를 변경하거나 공장을 이전하는 등의 방법으로 해당 관세 인하 혜택을 받을 수 있으며, 우리나라가 체결한 FTA 협정뿐만 아니라 상대국이 체결한 FTA 협정도 종합적으로 활용하는 방법이 있다. 이를 FTA 활용 비즈니스 모델이라 부른다.

FTA를 활용한 상품 무역을 'FTA 무역'이라 부르며, FTA를 활용하지 않은 상품 무역은 'WTO 무역'이라고 한다. FTA 활용은 수출자의 입장에서 해외 세일즈를 늘리는 중요한 요소가 될 수 있고, 수입자의 입장에서는 수입 원가를 줄이는 데 중요한 역할을 한다. 'FTA 무역' 국가가 많아질수록 FTA 활용을 위한 수출자(수출기업의 임원 및 담당자)의 업무량이 증가하게 되며, 이에 대한 관리도 더욱 중요해진다. 일반적인 제품들은 구매자 시장(Buyer Market)에서 거래되기 때문에 바이어의 수입 원가 절감을 위한 FTA 원산지 증명 활용 방법은 기본적이고 중요한 부분이다.

(1) FTA 활용 수출입 절차

FTA 활용 수출입 절차는 'FTA 무역'에서 중요한 과정으로, 일반적인 수출 절차와 달리 FTA 원산지 증명서 발행과 이를 통한 FTA 협정세율(관세) 적용이 핵심이다. 원산지 증명서는 보통 선적 전에 발급받을 수 있지만, 필요한 경우 선적 후에도 발급이 가능하다. 또한 증명서에 오류가 있을 경우 정정 발급이나 분실 시 재발급이 가능하다.

수입자는 FTA 협정국으로부터 FTA 원산지 증명서를 수령하고 이를 수입신고 수리 전에 수취할 수 있다. 원산지 증명서는 일반적으로 선적 전후에 발급받아 수입자에게 물품이 도착하기 전에 전달되지만, 필요한 경우 물품 도착 이후에도 발급받을 수 있다. 이 경우 수입 신고 수리 후 1년 이내에는 소급 적용이 가능하다(단, 일부 수입국에서는 적용되지 않을 수 있다. 이는 현지 관세 행정상의 문제로 볼 수 있다).

2) 원산지의 개념과 원산지 판정

(1) 원산지의 개념

원산지란 "어떤 물품이 성장했거나 생산, 제조 또는 가공된 지역"을 의미하며, 이는 물품의 국적을 나타낸다. 그러나 FTA 상품 무역에서의 원산지 개념은 이와 약간 다르기 때문에 명확히 구분할 필요가 있다.

일반적으로 원산지라고 하면 "Made in Korea"와 같은 물품에 부여되는 원산지를 떠올리기 쉽다. 또한 원산지 증명서라고 하면 상공회의소에서 발급받는 일반 원산지 증명서를 떠올릴 수 있다. 하지만 이러한 원산지는 물품에 부여되는 원산지로, 관세 특혜와는 무관한 일반 원산지이다. FTA에서는 관세 혜택을 받기 위해 사용되는 특별한 원산지 증명서가 있으며, 이는 관세 혜택(FTA)을 받는 원산지를 증명하는 데 사용된다.

원산지 증명서
(Certificate of Origin)
제품이 특정 국가에서 생산되었음을 증명하는 문서로, FTA 혜택을 받기 위해 필수적인 서류.

(2) 원산지 판정

원산지 판정은 물품의 원산지를 결정하는 과정을 말한다. 특히 FTA에서는 어느 국가를 해당 물품의 특혜 원산지로 인정할 것인지 결정하는 절차를 의미한다. FTA는 무역 증대를 목적으로 하므로 협정을 체결한 국가를 원산지로 하는 제품에만 관세 혜택을 부여한다. 원산지 결정 기준을 적용한 결과, 해당 제품이 원산지로 인정될 경우, 예를 들어 한국에서 생산된 제품이 한국산으로 인정되는 경우에는 FTA 원산지증명서를 발급할 수 있다. 따라서 각 원산지 결정 기준을 확인하고 적용하는 것이 중요하다.

3) 원산지 결정 기준의 구성

원산지 결정 기준은 모든 물품에 적용되는 기본 원칙과 완전 생산품 및 불완전 생산품에 대한 각각의 기준으로 구분된다. 여기에 더해 다른 기준을 보완하는 보충 기준도 존재한다. 기본 원칙은 여러 품목에 공통으로 적용되는 규정으로, 협정 체계에서 원산지 결정 기준을 정의한다. 물품별로 적용되는 원산지 기준은 해당 품목에 한정하여 별도로 규정된다.

원산지 결정 기준은 여러 가지로 나뉘는데, 이를 이해하는 것은 FTA 원산지 판정에 있어 매우 중요하다. 원산지 결정 기준은 완전히 생산된 물품에 적용되는 완전 생산 기준과 두 개국 이상에서 생산된 불완전한 생산품에 적용되는 실질적 변형 기준으로 크게 구분된다.

완전 생산 기준은 해당 제품이 전적으로 한 국가 내에서 생산된 경우 적용된다. 예를 들어, 농산물이 한 국가의 토양에서 자라난 경우나 천연자원이 한 국가에서 채취된 경우, 이들은 완전 생산 기준에 따라 해당 국가의 원산지로 인정된다.

반면, 실질적 변형 기준은 두 개국 이상에서 생산된 물품에 적용되며, 이 경우 물품이 실질적으로 변형된 국가를 원산지로 인정한다. 실질적 변형 기준에는 세 번 변경 기준, 부가가치 기준, 특정(가공) 공정 기준이 포함된다.

세 번 변경 기준은 제품의 분류 코드가 생산 과정에서 세 번 이상 변경되었을 경우 그 국가를 원산지로 인정하는 기준이다. 예를 들어, 원재료가 가공되어 다른 형태의 상품으로 변화할 때마다 새로운 HS 코드가 부여되며, 이 과정이 세 번 이상 반복되면 해당 국가는 원산지로 인정된다.

부가가치 기준은 생산 과정에서 해당 국가에서 부가된 가치가 전체 생산 비용의 일정 비율을 초과하는 경우 그 국가를 원

HS 코드

국제적으로 통용되는 상품 분류체계로, 상품을 분류하여 세금을 부과하는 기준이 된다.

집적법

생산 과정에서 원자재의 원가를 기준으로 부가가치를 계산하는 방법.

공제법

판매가격에서 원자재 비용을 공제한 후 부가가치를 계산하는 방법.

순원가법
원자재의 순수한 가치를 기준으로 부가가치를 계산하는 방법.

MC법
주된 원자재가 사용된 국가에서 원산지로 인정받는 방법.

산지로 인정하는 기준이다. 부가가치 기준은 집적법, 공제법, 순원가법, MC법 등으로 세분화할 수 있다.

특정(가공) 공정 기준은 제품이 특정한 가공 과정을 거친 경우 해당 국가를 원산지로 인정하는 기준이다. 이 기준은 주로 복잡한 제조 공정이 요구되는 산업에서 사용된다.

이런 원산지 결정 기준은 단독 기준, 선택 기준, 조합(결합) 기준으로 구분될 수 있다. 단독 기준은 특정 한 가지 기준만 충족하면 되는 경우, 선택 기준은 여러 기준 중 하나를 선택하여 충족하면 되는 경우, 조합 기준은 두 개 이상의 기준을 결합하여 적용하는 경우를 의미한다.

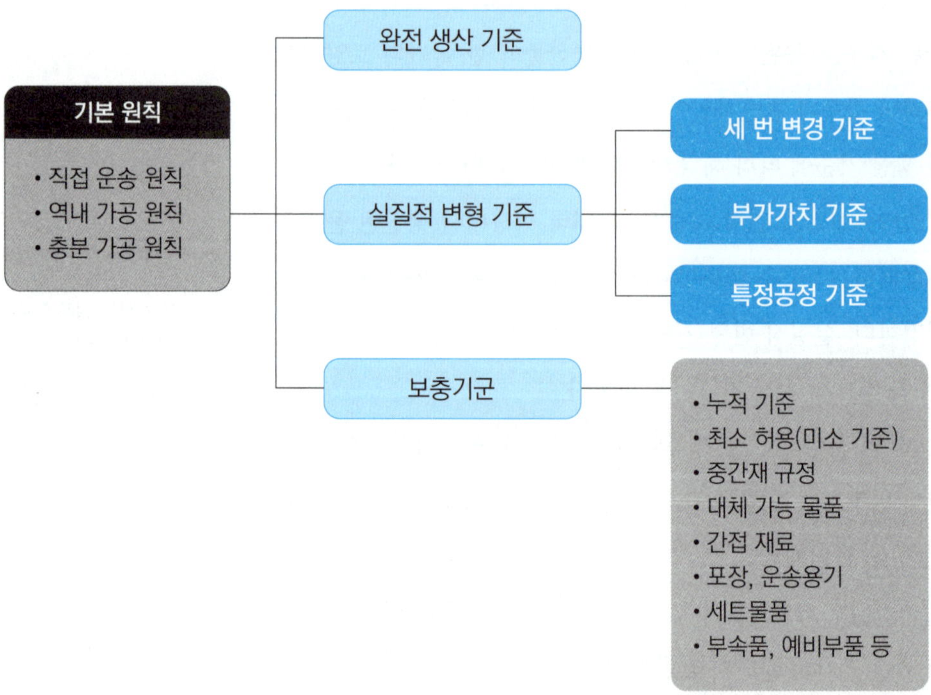

[그림 10-6] 원산지 결정 기본 원칙

원산지 결정의 기본 원칙에는 운송 요건, 역내 가공 원칙, 충분 가공 원칙 등이 포함된다. 운송 요건은 제품이 원산지 국가에서 직접 수출국으로 운송되어야 한다는 원칙이며, 역내 가공 원칙은 제품이 원산지 국가에서 충분한 가공을 거쳐야 한다는 원칙이다. 충분 가공 원칙은 가공 과정이 제품의 본질적인 특성을 바꿀 정도로 충분해야 한다는 것을 의미한다.

이 모든 기준은 원산지를 판단할 때 여러 기준을 모두 충족시켜야 하는 것이 아니라, 해당 제품에 해당하는 특정 기준 중 하나만 충족하면 된다.

4) 원산지 판정 절차

원산지 판정 절차는 특정 제품이 자유무역협정(FTA)에서 요구하는 원산지 규정을 충족하는지 판단하기 위한 중요한 과정이다. 이 절차는 여러 기준을 통합적으로 고려하여 제품의 원산지를 확인한다.

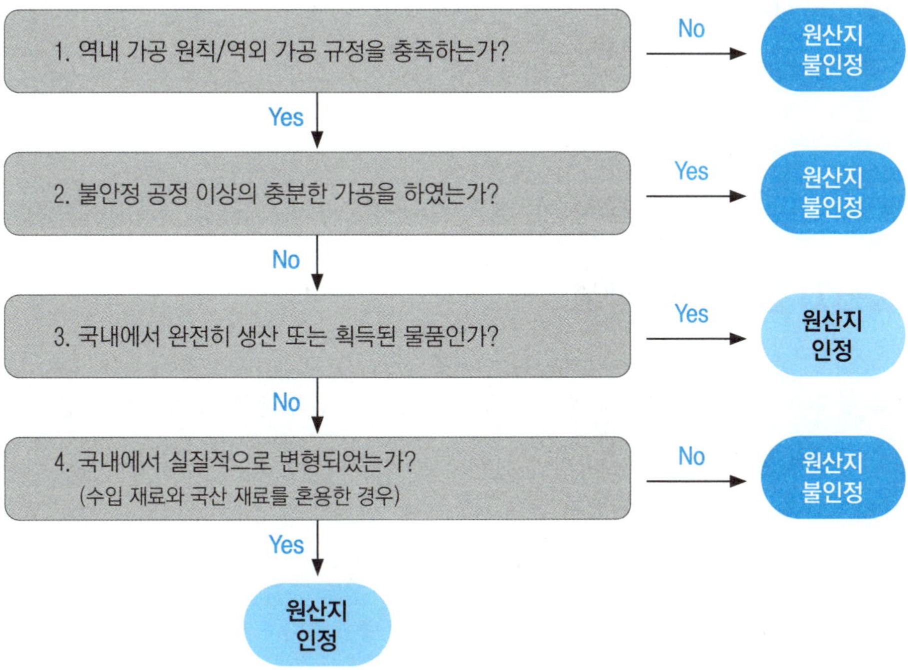

[그림 10-7] 원산지 판정 절차

우선, 제품이 FTA의 역내 가공 원칙 또는 지역 가공 규정에 부합하는지 검토해야 한다. 이는 제품이 해당 FTA 지역 내에서 충분한 가공이나 생산이 이루어졌는지를 확인하는 단계다. 만약 이 기준에 부합하지 않는다면 해당 제품은 원산지로 인정되지 않는다.

다음으로, 제품이 단순히 불완전한 공정을 거친 것이 아니라 충분한 가공이 이루어졌는지를 살펴본다. 이는 원산지로 인정받는 데 필요한 가공 수준을 판단하는 중요한 부분이다. 만약 제품이 불완전한 공정만을 거쳤다면 원산지로 인정되지 않지만, 충분한 가공이 이루어졌다면 다음 단계로 넘어간다.

또한 해당 제품이 국내에서 완전히 생산되었거나 획득된 물품인지 확인해야 한다. 이 기준은 제품이 완전히 국내에서 생산되었는지, 또는 국내에서 완전히 획득된 자재를 사용했는지를 판단하는 것이다. 국내에서 생산 또는 획득이 이루어졌다면 그 제품은 원산지로 인정된다.

마지막으로, 제품이 국내에서 실질적으로 변형되었는지 확인하는 절차가 필요하다. 여기서는 수입된 원자재와 국내 자재를 혼합하여 가공한 제품이 실질적인 변형을 거쳤는지를 평가한다. 만약 실질적인 변형이 이루어졌다면, 그 제품은 원산지로 인정된다.

이와 같이 원산지 판정 절차는 제품이 FTA에서 요구하는 모든 규정을 충족하는지 단계별로 검토하여 최종적으로 원산지로 인정될 수 있는지를 결정하는 중요한 과정이다.

5. 원산지 입증 서류 작성

FTA를 활용한 무역에서 원산지 증명은 매우 중요한 요소다. 원산지 증명은 해당 상품이 특정 국가에서 생산되었음을 증명하는 서류로, FTA의 혜택을 받기 위해 필수적으로 요구된다. 원산지 증명은 수출자의 책임 아래 발급되며, 이 증명을 통해 수입자는 관세 혜택을 누릴 수 있다. 원산지 증명서의 정확성과 신뢰성은 FTA를 통한 무역거래에서 성공을 좌우하므로 관련 서류를 꼼꼼히 준비하고 관리하는 것이 중요하다.

1) 원산지 입증 서류

(1) BOM(Bill of Materials, 자재명세서)

BOM은 제품을 구성하는 모든 원재료와 부품의 목록을 포함하며, 각 원재료의 출처와 비용 등을 상세히 기록한다. 이는 원산지 판정 과정에서 해당 제품의 구성요소들이 FTA 규정을 충족하는지를 판단하는 데 필수적인 자료다.

(2) 제조공정도

제조공정도는 제품이 어떻게 제조되었는지를 단계별로 보여주는 도면이다. 제품의 원재료가 어떤 과정을 거쳐 완성품이 되는지를 설명하며, 원산지 판정 기준 중 '실질적 변형' 여부를 판단하는 데 사용된다.

(3) 원산지 소명서

수출자는 자신이 생산한 상품이 특정 국가에서 생산되었음을 증명하기 위해 원산지 소명서를 작성해야 한다. 이 문서는 수출자와 수입자 모두에게 중요한 서류로, FTA 혜택을 받기 위해 필수적으로 요구된다.

(4) 원산지포괄 확인서

원산지포괄확인서는 다수의 거래에서 반복적으로 사용될 수 있는 서류로, 동일한 제품에 대해 동일한 조건이 지속적으로 유지될 때 작성한다. 이를 통해 여러 번의 거래에서 일일이 원산지 증명을 제출하는 불편함을 줄일 수 있다.

(5) 서명카드

원산지증명서에 있는 수출자의 서명을 확인하기 위해 필요한 서류다. 서명카드는 서류의 진위성을 보장하고, 서류가 발급된 이후에도 법적 책임을 명확히 하기 위해 사용된다.

이외에도 FTA에 따라 추가적인 서류가 요구될 수 있으며, 모든 서류는 정확하게 작성되고 최신 상태로 유지되어야 한다. 원산지 증명서가 잘못 작성되거나 오류가 있을 경우,

FTA 혜택을 받지 못할 뿐만 아니라 법적 문제로 이어질 수 있다.

2) 신청 실무

원산지 증명서의 발급에는 두 가지 주요 방법, 즉 자율발급과 기관발급이 있다. 각 방법은 상황에 따라 선택적으로 사용되며, 발급 절차와 필요 서류가 다르다. 또한 인증수출자 제도를 통해 자율발급의 절차를 간소화할 수 있다.

(1) 자율발급

수출자가 직접 원산지 증명서를 발급하는 방식이다. 이 방법은 기업이 일정한 요건을 충족할 경우, 자체적으로 원산지 증명서를 발행할 수 있도록 허용된다. 자율발급은 시간과 비용을 절감할 수 있는 장점이 있지만, 증명의 신뢰성과 정확성을 유지하기 위해 철저한 내부 관리가 필요하다. 자율발급의 경우, 기업의 원산지 관리 시스템을 신뢰할 수 있어야 한다. 이를 위해서는 정확한 데이터 관리와 정기적인 내부 감사가 필요하다.

(2) 기관발급

원산지 증명서를 수출국의 공인된 기관에서 발급받는 방식이다. 이는 원산지 증명의 신뢰성을 높이기 위해 사용하는 방법으로, 특히 거래 상대국이 공신력 있는 원산지 증명을 요구하는 경우에 많이 사용된다. 기관발급은 발급 절차가 다소 복잡하고 시간이 걸릴 수 있지만, 신뢰성이 높아 국제무역에서 널리 인정받는다.

(3) 인증수출자 제도

일정한 요건을 갖춘 수출자가 자율적으로 원산지 증명서를 발급할 수 있도록 인증받는 제도다. 인증수출자로 지정되면, 기관발급에 비해 절차가 간소화되고, 원산지 증명서를 자율적으로 발급할 수 있는 권한이 부여된다. 이는 특히 대규모 수출 기업에서 많이 활용되며, 시간과 비용을 절감하는 효과를 가져온다.

이 과정에서 중요한 것은 각 서류의 신뢰성과 정확성을 확보하는 것이다. 잘못된 원산지 증명은 무역 거래에서 큰 문제를 일으킬 수 있으며, 경우에 따라 법적 분쟁으로 이어질 수 있다. 따라서 FTA 원산지 관리 담당자는 관련 법규와 절차를 철저히 숙지하고, 필요한 모든 서류를 정확히 준비해야 한다. 또한 각 FTA 협정마다 원산지 증명에 대한 요건이 다를 수 있으므로, 해당 협정의 규정을 정확히 파악하고 준수하는 것이 중요하다. 디지털화가 진행됨에 따라 원산지 증명서 발급 및 관리에서도 전자 시스템을 활용하는 사례가 증가하고 있다. 전자 증명서는 발급 절차를 간소화하고, 무역의 투명성과 효율성을 높이는 데 기여할 수 있다.

6. FTA 원산지 관리 전략

FTA 원산지 관리 전략은 단순히 규정을 준수하는 것 이상의 복잡한 과정이다. 이 전략을 효과적으로 수행하기 위해서는 여러 요소를 종합적으로 고려해야 하며, 체계적인 접근이 필요하다. FTA의 혜택을 극대화하기 위해 기업은 국가별 원산지 규정을 정확히 이해하고 준수해야 한다. 이는 단순한 절차 준수가 아니라 기업의 경쟁력과 직결되는 문제다. 예를 들어, FTA 혜택을 받지 못하면 예상치 못한 관세 부과로 인해 가격 경쟁력에 심각한 타격을 받을 수 있다. 또한 규정을 위반하면 벌금이나 추가 세금이 부과될 수 있으며, 심각한 경우 무역거래가 중단될 위험도 존재한다. 따라서 원산지 관리는 기업의 전반적인 무역 전략에서 중요한 부분을 차지하며, 이를 효과적으로 관리하기 위한 체계적인 시스템과 절차가 필요하다.

1) 원산지 관리 시스템의 구축

원산지 관리 시스템은 원산지 관련 데이터를 통합 관리하고, 효율적인 서류 작업을 지원하는 데 필수적이다. 이러한 시스템은 다음과 같은 기능을 포함해야 한다.

(1) 데이터 수집 및 관리

원재료와 완제품의 원산지 정보를 체계적으로 수집하고 관리한다. 이를 위해 ERP 시스템과 연동하거나 별도의 원산지 관리 소프트웨어를 도입할 수 있다.

(2) 문서화 및 보관

모든 원산지 관련 서류를 디지털화하여 보관하고, 필요한 경우 쉽게 접근할 수 있도록 한다. 이 과정에서는 보관 기간 준수 및 규정에 따른 문서 형식 유지가 중요하다.

(3) 자동화 및 보고

원산지 규정 준수를 위해 필요한 계산이나 비교 작업을 자동화하고, 정기적인 보고서를 생성하여 관리자의 의사결정을 지원한다. 예를 들어, 특정 제품이 여러 국가에서 생산된 경우, 해당 제품의 원산지 결정에 필요한 데이터를 자동으로 분석하고 규정에 부합하는지를 평가할 수 있다.

2) 교육과 훈련

FTA 원산지 관리 담당자와 관련 부서 직원들은 지속해서 변화하는 국제무역 규정에 대한 깊은 이해가 있어야 한다. 이를 위해 기업은 다음과 같은 교육 및 훈련 프로그램을 운영할 수 있다.

(1) 기본 교육

FTA의 기초 개념, 각국의 원산지 규정, 그리고 관련 법규에 대한 기본 교육을 제공하여 모든 관련 직원들이 FTA 관리의 중요성을 이해하도록 한다.

(2) 심화 교육

원산지 결정 기준, 증빙 서류 작성 및 관리, 시스템 사용법 등 실무적인 측면을 다루는 심화 교육을 통해 실무 능력을 강화한다. 예를 들어, 복잡한 원산지 결정 기준에 대한 사례 연구를 통해 실제 상황에서의 대응 능력을 향상시킬 수 있다.

(3) 지속적인 업데이트

무역 환경은 빠르게 변하므로, 관련 규정이나 법률이 변경될 때마다 교육을 업데이트하고, 직원들에게 최신 정보를 제공한다. 이를 통해 규정 위반의 위험을 최소화한다.

3) 공급망 관리와 협력사 연계

FTA 원산지 관리는 기업의 공급망 전반에 걸쳐 영향을 미친다. 원재료의 출처부터 최종 제품에 이르기까지 모든 단계에서 원산지 규정 준수가 이루어져야 한다. 이를 위해 다음과 같은 전략을 고려해야 한다.

(1) 협력사 관리

협력사와의 긴밀한 협력을 통해 원산지 정보의 정확성을 확보하고, 규정 준수를 위한 공동의 노력을 기울인다. 예를 들어, 협력사가 제공하는 원재료의 원산지 증명을 정기적으로 확인하고, 문제가 발생할 경우 즉각적인 조치를 취할 수 있도록 계약서에 명시한다.

(2) 공급망 분석

원재료의 출처와 이동 경로를 분석하여 원산지 규정 준수를 평가한다. 이는 원산지 규정 위반의 가능성을 사전에 파악하고 문제를 예방하는 데 도움이 된다.

(3) 지속적인 모니터링

공급망 전반에 걸쳐 원산지 규정 준수 여부를 지속적으로 모니터링하고, 문제 발생 시 빠르게 대응할 수 있는 시스템을 구축한다. 이를 통해 예상치 못한 규정 위반을 방지하고 무역 리스크를 최소화한다.

4) 내부 감사 및 모니터링

원산지 관리의 신뢰성을 확보하기 위해서는 정기적인 내부 감사와 모니터링이 필수적이다. 이는 다음과 같은 방법으로 수행할 수 있다.

(1) 정기 감사

원산지 관리 절차의 적절성을 평가하고, 원산지 증빙 서류의 정확성을 확인하기 위해 정기적인 내부 감사를 실시한다. 감사 결과를 바탕으로 필요한 경우 절차를 개선하고 문제가 발생한 부분을 신속하게 수정한다.

(2) 실시간 모니터링

원산지 정보의 정확성을 실시간으로 확인할 수 있는 모니터링 시스템을 도입하여 문제가 발생할 경우 즉각적인 조치를 취한다. 이를 통해 원산지 관리의 신뢰성을 높이고 무역에서의 리스크를 줄일 수 있다.

(3) 보고 체계 구축

모니터링 결과와 감사 결과를 정기적으로 보고하여 경영진이 원산지 관리 상황을 명확히 파악하고 전략적 결정을 내릴 수 있도록 지원한다.

5) FTA 활용 전략과 리스크 관리

FTA를 효과적으로 활용하기 위해서는 체계적인 전략 수립과 리스크 관리가 중요하다. 이를 위해 다음과 같은 요소를 고려해야 한다.

(1) FTA 활용 계획 수립

기업의 전체 무역 전략에 따라 FTA 활용 계획을 수립하고, 이를 효과적으로 실행한다. 예를 들어, 특정 시장에 진출할 때 해당 시장과의 FTA 혜택을 최대한 활용하기 위한 전략을 마련한다.

(2) 리스크 분석 및 대응

원산지 규정 위반으로 인한 리스크를 사전에 분석하고, 이를 관리하기 위한 대응 방안을 마련한다. 이는 불필요한 관세 부담을 줄이고 무역거래에서 발생할 수 있는 분쟁을 예방하는 데 도움이 된다.

(3) 법적 자문

원산지 규정 및 FTA 활용과 관련된 법적 자문을 받아 법적 리스크를 최소화하고, 규정 준수를 보장한다. 이를 통해 무역거래의 안정성을 높이고 기업의 신뢰도를 유지할 수 있다.

이와 같은 종합적인 FTA 원산지 관리 전략을 통해 기업은 국제무역에서의 경쟁력을 강화하고, 무역 리스크를 효과적으로 관리할 수 있다. 이러한 전략은 단기적인 관세 혜택뿐만 아니라 장기적인 무역 안정성과 지속 가능성을 보장하는 데 중요한 역할을 한다.

• 평가문제 •

진위형(O, X 문제)

1	FTA 원산지 규정의 이해와 관리는 국제무역에서 기업이 무역 혜택을 극대화하기 위해 중요한 요소이다.	
2	FTA 원산지 규정은 단일 기준으로 모든 상품에 동일하게 적용된다.	
3	GATT는 1947년에 설립된 국제무역협정으로, 세계경제의 재건과 자유무역 촉진을 목표로 한다.	
4	FTA의 확산은 WTO의 다자간 협상 성과 부족에 대한 대안으로 시작되었다.	
5	FTA 원산지 결정 기준은 상품의 생산지와 상관없이 동일하게 적용된다.	

단답식

6. FTA 원산지증명서 발급 시 자율발급 방식이 아닌 경우, 증명서를 발급하는 방식을 무엇이라고 하는가?

7. FTA 협정문에서 협정의 목적을 선언적으로 규정하는 부분을 무엇이라고 하는가?

8. FTA 활용 무역에서, 여러 국가에서 생산된 제품이 실질적으로 변형된 국가를 원산지로 인정하는 기준은 무엇인가?

9. FTA 원산지증명서 발급 과정에서 수출자가 직접 증명서를 발급할 수 있도록 허용되는 제도는 무엇인가?

10. 국제무역에서 FTA 원산지 규정을 통해 관세 혜택을 받기 위해 필수적으로 수행해야 하는 과정은 무엇인가?

주관식

11. FTA 원산지 결정 기준의 종류와 각각의 특징에 대해 설명하고, 기업이 FTA 혜택을 최대화하기 위해 이를 어떻게 활용할 수 있는지 논의하시오.

12. FTA 원산지 관리의 중요성을 국경 간 전자상거래와 무역벤처 창업에서의 사례를 들어 설명하고, 효과적인 원산지 관리를 위한 전략적 접근법을 제시하시오.

정답

1. O **2.** X **3.** O **4.** O **5.** X **6.** 기관 발급 **7.** 전문(Preamble) **8.** 실질적 변형 기준 (Substantial Transformation Criterion) **9.** 인증수출자 제도(Authorized Exporter System) **10.** 원산지 증명(Proof of Origin)

• 참고문헌 •

김태준(2015). 『국제 무역에서의 FTA 원산지 관리 전략』. 서울: 서울대학교 출판부.

관세청(2021). 『FTA 원산지 증명 및 관리 실무 매뉴얼』. 서울: 관세청.

대한민국 정부(2007). 『한 · 미 FTA 상세 설명 자료』. 서울: 대한민국 정부.

무역협회(2010). 『FTA 활용 가이드북』. 서울: 한국무역협회 출판부.

세계관세기구(WCO)(1988). The International Convention on the Harmonized Commodity Description and Coding System and its Annex. 벨기에: WCO.

세계무역기구(WTO)(1994). General Agreement on Tariffs and Trade (GATT) & the Uruguay Round. 제네바: WTO.

유럽연합(EU)(2020). EU Trade Policy and FTAs: Recent Developments and Impacts. 브뤼셀: 유럽연합 출판부.

APEC(2002). Regional Economic Integration in the Asia-Pacific. 싱가포르: APEC 사무국.

IMF(2018). The Impact of Free Trade Agreements on Emerging Economies. 워싱턴 D.C.: IMF Working Papers.

Harvard University(1998). Globalization and the Competitiveness of Nations. 하버드 비즈니스 리뷰, 76(2), pp. 85~103.

MERCOSUR(1995). MERCOSUR: Trade and Integration in South America. 브라질: MERCOSUR 사무국.

Michael Porter(1990). The Competitive Advantage of Nations. 뉴욕: 프리프레스.

OECD(2016). Regional Trade Agreements: Effects on Trade, FDI, and Growth. 파리: OECD 출판사.

제11장

인코텀즈 2020

국제무역에서 성공적인 거래를 위해서는 무역계약의 조건을 명확히 설정하는 것이 필수적이다. 현 사회에서는 글로벌 공급망이 점점 복잡해지고, 각국의 경제와 정책 변화가 무역에 직접적인 영향을 미치고 있으므로 이러한 환경에서 무역 계약의 조건을 명확히 하고, 불확실성을 줄이는 것은 그 어느 때보다 중요하다. 이 중에서도 특히 인코텀즈(Incoterms)는 국제거래에서 판매자와 구매자 간의 책임, 비용, 그리고 위험의 분배를 명확히 하기 위해 국제상업회의소(ICC)에서 제정한 표준 조건으로, 무역 계약에서 중요한 역할을 한다. 인코텀즈 2020은 이러한 변화하는 무역 환경에 맞추어 개정되었으며, 이를 정확히 이해하고 활용하는 것은 무역 당사자들이 복잡한 거래 상황에서 효율성과 투명성을 높이는 데 큰 도움이 된다.

본 장에서는 2020년에 개정된 인코텀즈 2020의 주요 내용과 변화, 각 조건의 세부 사항을 살펴보고, 국제무역 결제방식에서 인코텀즈를 어떻게 선택하고 활용할 수 있는지에 대해 논의하고자 한다. 이를 통해 인코텀즈 2020이 무역 거래에서 가지는 의미와 중요성을 깊이 이해할 수 있을 뿐만 아니라 글로벌 시장에서 경쟁력을 강화하고 리스크를 효과적으로 관리하는 방법을 익힐 수 있다.

1. 인코텀즈 개요

국제상업회의소
(ICC, International Chamber of Commerce)
세계 상공업을 대표하는 기구로, 국제무역의 표준화를 위해 다양한 규칙과 기준을 제정하는 기관.

인코텀즈(Incoterms)는 'International Commercial Terms'의 약어로, 국제 상거래에서 사용하는 표준 무역 조건이다. 이 규칙은 국제상업회의소(ICC)가 제정했으며, 국가 간 무역 거래에서 발생할 수 있는 분쟁을 최소화하기 위해 만들어졌다. 인코텀즈는 1936년에 처음 도입되었으며, 2020년에는 최신 버전인 제8차 개정이 이루어졌다.

국제무역은 다양한 법률, 관습, 언어 장벽 등이 얽혀 있어 거래 당사자 간의 오해나 분쟁이 발생할 수 있다. 인코텀즈는 이러한 문제를 최소화하고 글로벌 무역 거래를 표준화하기 위해 도입되었다. 특히 2020년 개정판은 급변하는 무역 환경, 디지털화, 물류 변화 등을 반영하여 더욱 현대적인 무역 조건을 제시하고 있다. 인코텀즈 2020은 각국에서 사용되는 다양한 무역 조건을 통일하여 국제무역 거래에서 발생할 수 있는 불확실성을 최소화하는 데 기여한다.

인코텀즈는 11개의 규칙으로 구성되어 있으며, 각 규칙은 매도인과 매수인이 특정 거래조건에서 수행해야 할 의무를 정의한다. 주요 개념으로는 매도인과 매수인의 의무, 위험 이전 시점, 비용 분담 등이 있다. 인코텀즈는 매도인이 물품을 인도할 때까지의 책임과 위험을 규정하며, 물품이 매수인에게 인도되는 시점에 따라 위험과 비용이 이전된다.

예를 들어, 마트에서 물건을 구매할 때는 물건을 받으면 거래가 끝나지만, 국제무역에서는 여러 단계가 필요하다. 국경을 넘는 거래에서는 운송, 통관, 보험 등 많은 요소가 관련되기 때문에, 이러한 책임을 매도인과 매수인 중 누가 부담할 것인지 명확히 정할 필요가 있다. 인코텀즈는 이 과정에서 발생하는 비용과 위험을 매도인과 매수인 간에 어떻게 나눌지 정하는 규칙이다.

인코텀즈 2020은 이전 버전과 몇 가지 중요한 차이점을 갖고 있다. 대표적인 변화로는 DPU(Delivered at Place Unloaded) 조건의 도입, FCA(Free Carrier) 조건의 개선, 그리고 보험 적용 범위의 명확화가 있다. 이러한 변경 사항은 현대 무역 환경에 더 잘 맞도록 조정되었으며, 글로벌 시장에서의 적용성을 높였다.

결론적으로, 인코텀즈 2020은 국제무역에서 매도인과 매수인 간의 책임과 의무를 명확히 규정하여 거래 당사자 간의 분쟁을 예방하고 무역거래를 원활하게 진행할 수 있도록 돕는 중요한 도구이다. 국제무역을 처음 접하는 이들에게는 이러한 표준화된 규칙이 무역 과정에서 발생할 수 있는 복잡한 문제를 이해하고 해결하는 데 큰 도움이 될 것이다.

2. 인코텀즈 2020 세부 조건

1) 인코텀즈 세부 조건

(1) EXW(Ex Works): 공장 인도 규칙

EXW 조건은 매도인이 자신의 구내 또는 지정된 장소(예: 공장, 창고 등)에서 물품을 인도하는 규칙이다. 이 조건에서는 매도인이 물품을 매수인에게 인도하기 전까지의 모든 작업을 완료해야 하지만, 물품을 운송할 책임은 매수인에게 있다. 이는 매도인이 물품을 수출 통관할 의무가 없으며, 물품을 수취할 차량에 적재할 필요도 없다는 것을 의미한다. 따라서 매수인은 물품을 인도받은 후부터 모든 비용과 위험을 부담하게 된다. 수출입 통관 절차와 관련된 모든 책임도 매수인이 부담하게 되며, 매수

EXW(Ex Works)

공장 인도 규칙으로, 매도인이 자신의 구내 또는 지정된 장소에서 물품을 인도하는 조건이며, 매수인이 모든 운송 및 비용을 부담한다.

인이 수출 통관을 진행하지 않는 한, 매도인은 그 어떤 도움도 제공할 필요가 없다.

(2) FCA(Free Carrier): 운송인 인도

FCA 조건은 매도인이 물품을 지정된 장소에서 매수인이 지정한 운송인 또는 기타의 자에게 인도하는 것을 의미한다. 만약 인도 장소가 매도인의 구내라면 매도인은 물품을 매수인이 제공한 운송수단에 적재해야 한다. 지정된 장소가 매도인의 구내가 아닌 경우, 매도인은 물품이 자신의 운송수단에서 내려진 상태로 매수인 측 운송인에게 인도해야 한다. FCA 조건에서는 수출 통관 의무가 매도인에게 있으며, 인도 시점 이후 발생하는 모든 위험과 비용은 매수인이 부담하게 된다. 이 조건은 다양한 운송 방식을 사용할 때 적합하며, 매도인은 지정된 장소에서 운송인에게 물품을 인도함으로써 자신의 의무를 다하게 된다.

FCA(Free Carrier)

운송인 인도 조건으로, 매도인이 지정된 장소에서 물품을 운송인에게 인도하는 조건이다. 운송비와 수출 통관은 매도인이 부담하고, 그 이후의 비용과 위험은 매수인이 부담한다.

(3) FAS(Free Alongside Ship): 선측 인도

FAS 조건에서는 매도인이 지정된 선적항의 부두 위나 본선 옆에서 물품을 인도하는 것을 의미한다. 매도인은 물품을 선적할 수 있는 상태로 부두나 선측에 놓는 것으로 자신의 책임을 다하게 된다. 여기서부터 물품의 손실이나 손상의 위험은 매수인에게 이전된다. FAS 조건에서는 매도인이 수출 통관을 진행해야 하며, 선적할 선박 옆까지 물품을 운반하는 데 드는 모든 비용을 부담한다. 그러나 본선으로 물품을 적재하는 데 필요한 비용과 위험은 매수인이 부담하게 된다. 따라서 매도인의 의무는 물품이 부두 또는 본선 옆에 인도되는 순간 종료된다.

FAS(Free Alongside Ship)

선측 인도 조건으로, 매도인이 지정된 선적항의 부두나 본선 옆에 물품을 인도하는 조건이며, 수출 통관과 부두까지의 운송비는 매도인이 부담하고, 물품이 부두나 본선 옆에 놓이는 순간부터 위험과 비용은 매수인에게 이전된다.

(4) FOB(Free on Board): 본선 인도

FOB 조건에서는 매도인이 지정된 선적항에서 매수인이 지정한 본선 상에 물품을 인도하는 것을 의미한다. 매도인은 물품을 본선에 적재할 때까지의 모든 비용과 위험을 부담하며, 물품이 본선에 적재된 순간부터 위험이 매수인에게 이전된다. 매수인은 이 시점부터 물품의 손실이나 손상에 대한 모든 책임을 지게 된다. FOB 조건에서는 매도인이 수출 통관을 완료하고, 물품을 본선에 적재할 때까지의 모든 과정을 관리해야 한다. 이 조건은 주로 해상 운송에서 사용되며, 매도인은 물품이 본선에 적재된 이후에는 더 이상 책임을 지지 않는다.

FOB(Free on Board)

본선 인도 조건으로, 매도인이 지정된 선적항에서 물품을 본선에 적재할 때까지의 모든 비용과 위험을 부담하는 조건이다. 물품이 본선에 적재된 후부터 위험과 비용이 매수인에게 이전된다.

(5) CFR(Cost and Freight): 운임 포함 인도

CFR 조건에서는 매도인이 지정된 선적항에서 물품을 본선에 인도한 후, 지정된 목적항까지의 해상 운송 비용과 운임을 부담하는 것을 의미한다. 물품의 손실이나 손상의 위험은 물품이 본선에 적재된 순간 매수인에게 이전되지만, 매도인은 지정된 목적항까지의 운송 비용을 부담해야 한다. CFR 조건에서 매도인은 수출 통관을 진행하고, 물품을 본선에 적재한 후 목적항까지의 운송 계약을 체결해야 한다. 그러나 물품이 본선에 적재된 이후 발생하는 모든 위험은 매수인이 부담하게 된다.

CFR(Cost and Freight)

운임 포함 인도 조건으로, 매도인이 지정된 목적항까지의 해상 운송 비용을 부담하는 조건이다. 위험은 물품이 본선에 적재된 순간 매수인에게 이전된다.

(6) CIF(Cost, Insurance, and Freight): 운임 및 보험료 포함 인도

CIF 조건은 CFR 조건과 유사하나, 매도인이 물품의 손실이나 손상에 대한 최소한의 보험을 계약하고 보험료를 부담해야 한다는 점에서 차이가 있다. 매도인은 지정된 선적항에서 물품을 본선에 적재한 후, 지정된 목적항까지의 해상 운송 비용과 보험료를 부담한다. 물품의 위험은 물품이 본선에 적재된 순간 매수인에게 이전되지만, 매도인은 매수인을 위해 최소 담보 조건의 보험을 체결해야 한다. CIF 조건은 해상 운송에 자주 사용되며, 매수인은 지정된 목적항에서 물품을 인도받은 후부터 모

CIF
(Cost, Insurance, and Freight)

운임 및 보험료 포함 인도 조건으로, CFR 조건과 유사하나, 매도인이 추가로 최소한의 보험을 계약하여 보험료를 부담해야 하는 조건이다.

든 추가적인 위험과 비용을 부담하게 된다.

(7) CPT(Carriage Paid To): 운송비 지급 인도

CPT 조건은 매도인이 지정된 목적지까지의 운송 계약을 체결하고 운송 비용을 부담하는 것을 의미한다. 매도인은 지정된 장소에서 물품을 운송인에게 인도한 후, 지정된 목적지까지의 운송 비용을 부담해야 한다. 그러나 물품이 운송인에게 인도된 시점부터 손실이나 손상의 위험은 매수인에게 이전된다. 이 조건에서는 매도인이 수출 통관을 진행하고, 물품을 운송인에게 인도한 후에도 지정된 목적지까지의 운송 비용을 부담해야 한다는 점이 특징이다. 보험은 필수가 아니지만, 실무에서는 매도인이 운송 중의 위험을 대비하여 보험을 체결하는 경우가 많다.

CPT(Carriage Paid To)

운송비 지급 인도 조건으로, 매도인이 지정된 목적지까지의 운송 계약과 비용을 부담하는 조건이다. 물품이 운송인에게 인도된 시점부터 위험은 매수인에게 이전된다.

(8) CIP(Carriage and Insurance Paid To): 운송비 및 보험료 지급 인도

CIP 조건은 CPT 조건과 유사하나, 매도인이 운송 중 발생할 수 있는 물품의 손실이나 손상에 대한 최소한의 보험을 체결해야 한다는 점에서 차이가 있다. 매도인은 지정된 장소에서 물품을 운송인에게 인도하고, 지정된 목적지까지의 운송 비용과 보험료를 부담해야 한다. 위험은 물품이 운송인에게 인도된 순간부터 매수인에게 이전되며, 매도인은 매수인을 위해 최소 담보 조건의 보험을 체결해야 한다. CIP 조건은 다양한 운송 방식을 사용할 때 적합하며, 매도인은 물품이 운송인에게 인도된 이후에도 지정된 목적지까지의 운송 비용을 부담하게 된다.

CIP(Carriage and Insurance Paid To)

운송비 및 보험료 지급 인도 조건으로 CPT 조건과 유사하나, 매도인이 최소한의 보험을 체결하여 보험료를 부담해야 한다.

(9) DAP(Delivered at Place): 목적지 인도

DAP 조건은 매도인이 지정된 목적지까지의 운송 계약을 체결하고, 물품을 양륙하지 않은 상태로 매수인의 임의처분 상태

DAP(Delivered at Place)

목적지 인도 조건. 매도인이 지정된 목적지까지의 모든 비용과 위험을 부담하고, 매수인은 물품이 도착한 후의 비용과 위험을 부담하는 조건이다.

에 두는 것을 의미한다. 매도인은 지정된 목적지까지의 운송 중 발생하는 모든 비용과 위험을 부담해야 하며, 매수인은 물품이 도착한 후의 비용과 위험을 부담한다. 이 조건에서는 수입 통관 절차가 매수인의 책임이며, 매도인은 지정된 목적지에서 물품을 인도하는 순간까지 모든 의무를 이행하게 된다. DAP 조건은 다양한 운송 방식에 적용될 수 있으며, 매도인이 지정된 목적지까지의 운송 책임을 진다.

(10) DPU(Delivered at Place Unloaded): 목적지 양하 인도

DPU 조건은 인코텀즈 2020에서 새롭게 추가된 규칙으로, 매도인이 지정된 목적지에서 물품을 양하한 후 매수인에게 인도하는 것을 의미한다. 매도인은 지정된 목적지까지의 운송 계약을 체결하고, 물품을 양하하는 데 드는 모든 비용과 위험을 부담해야 한다. DPU 조건에서는 매도인이 물품을 양하한 후, 매수인의 임의처분 상태에 두는 것으로 인도 절차가 완료된다. 이 조건은 매도인이 물품을 지정된 장소에서 양하해야 하는 의무가 있음을 강조하며, 다양한 운송 방식에 적용될 수 있다.

DPU(Delivered at Place Unloaded)

목적지 양하 인도 조건으로, 매도인이 물품을 지정된 목적지에서 양하한 후 매수인에게 인도하는 조건. 인코텀즈 2020에서 새롭게 추가된 규칙이다.

(11) DDP(Delivered Duty Paid): 관세 지급 인도

DDP 조건에서는 매도인이 수출 및 수입 통관 절차를 모두 완료하고, 물품이 지정된 목적지에 도착할 때까지 발생하는 모든 비용과 위험을 부담한다. 매도인은 수입 국가에서 요구하는 모든 세금과 관세를 포함하여 물품을 매수인에게 인도할 때까지의 모든 절차를 책임진다. 이는 매수인에게 가장 부담이 적은 조건으로, 매수인은 물품이 지정된 장소에 도착한 후부터 추가적인 비용이나 위험을 부담하게 된다. DDP 조건은 매도인이 수출뿐만 아니라 수입 절차까지 관리할 수 있는 역량이 있을 때 주로 사용된다.

DDP(Delivered Duty Paid)

관세 지급 인도 조건으로, 매도인이 수출 및 수입 통관 절차와 관세를 포함한 모든 비용과 위험을 부담하는 조건.

3. 국제무역 결제방식의 선택과 활용

국제무역에서 결제방식은 거래의 성공 여부를 결정짓는 중요한 요소다. 결제방식의 선택은 수출자와 수입자 간의 신뢰 수준, 각국의 금융 시스템, 그리고 거래의 특성에 따라 달라질 수 있다. 올바른 결제방식을 선택하지 않으면 대금 미수, 무역 분쟁 등의 문제가 발생할 수 있으므로, 각 결제방식의 특성과 리스크를 정확히 이해하는 것이 필수적이다. 이 장에서는 국제무역에서 널리 사용되는 주요 결제방식과 그 특징, 리스크 관리 방안에 대해 구체적으로 살펴본다.

1) 송금 방식(Remittance)

송금 방식(Remittance)

수출입 대금 지급 방법으로, 수입자가 대금을 직접 수출자에게 송금하는 방식. 현금 선불과 전신환 방식이 있다.

(1) 현금 선불(Cash in Advance)

현금 선불은 수입자가 상품을 수령하기 전에 대금을 전액 지급하는 방식이다. 이 방식은 수출자에게 가장 안전한 결제방식으로, 대금 미수의 위험이 전혀 없다는 장점이 있다. 수출자는 선불금을 받음으로써 재정적인 안정을 확보할 수 있지만, 수입자는 물품을 받기 전까지 물품의 품질이나 인도 상황을 직접 확인할 수 없으므로 일정한 리스크를 감수해야 한다. 이 방식은 수출자와 수입자 간의 신뢰가 확립된 관계에서 자주 사용되며, 주로 소규모 거래나 수출자가 강한 협상력을 가진 경우에 적용된다.

(2) 전신환(T/T, Telegraphic Transfer)

전신환은 수입자가 상품을 수령한 후 은행을 통해 수출자에게 대금을 송금하는 방식이다. 이 방식은 거래가 신속하게 이루어질 수 있다는 장점이 있으며, 수출자는 송금이 완료되면 곧바로 대금을 회수할 수 있다. 그러나 수출자는 대금 미지급의 위험을 감수해야 하므로, 신뢰할 수 있는 수입자와 거래할 때 주로 사용된다.

2) 추심 방식(Collection)

(1) 지급 인도 방식(D/P, Documents against Payment)

지급 인도 방식은 수출자가 은행을 통해 수입자에게 상품의 서류를 보내고, 수입자는 대금을 지급한 후 서류를 인도받는 방식이다. 이 방식에서 수출자는 대금을 받을 때까지 서류를 통제할 수 있으므로, 대금 미수의 위험을 어느 정도 방지할 수 있다. 그러나 수입자가 대금을 지급하지 않을 경우, 수출자는 물품을 다시 회수해야 하는 부담이 있다. D/P 방식은 수입자가 상품의 품질에 대해 확신할 수 있고, 수출자와의 신뢰가 어느 정도 있는 경우에 사용된다.

(2) 인수 인도 방식(D/A, Documents against Acceptance)

인수 인도 방식은 수입자가 서류를 인도받기 전에 환어음을 인수하고, 일정 기간 후에 대금을 지급하는 방식이다. 이 방식은 수입자가 일정 기간 후에 대금을 지급할 수 있으므로 수입자에게 유리하다. 그러나 수출자에게는 대금 미수의 위험이 존재하므로 수출자는 수입자의 신용 상태를 철저히 검토해야 한다. D/A 방식은 신뢰할 수 있는 장기 거래 관계에서 주로 사용된다.

3) 신용장 방식(Letter of Credit, L/C)

(1) 신용장 방식(L/C)

신용장은 은행이 수출자에게 대금을 지급할 것을 보증하는 결제방식이다. 수입자가 개설한 신용장을 통해 수출자는 대금 지급을 보장받을 수 있으며, 서류가 은행의 요구사항을 충족하는 한 대금이 지급된다. 신용장 방식은 대금 미수의 위험을 크게 줄일 수 있지만, 개설 및 처리 과정에서 발생하는 비용과 시간이 소요된다. 이 방식은 대규모 거래나 신뢰 관계가 확립되지 않은 초기 거래에서 자주 사용된다.

(2) 취소불능신용장(Irrevocable L/C)

취소불능신용장은 발행된 이후에는 수입자나 은행의 동의 없이 취소할 수 없는 신용장이다. 이 방식은 수출자에게 대금 지급의 안전성을 더욱 강화해주며, 신용장에 명시된 조건을 충족하기만 하면 대금 지급이 보장된다. 취소불능신용장은 신뢰할 수 없는 거래 상대방과의 거래에서 사용된다.

4) 결제방식 선택 시 고려 사항

국제무역에서 결제방식을 선택할 때는 거래의 규모, 상대방의 신용도, 법적 환경, 그리고 각 결제방식의 장단점을 종합적으로 고려해야 한다. 신용장 방식은 수출자에게 안전하지만, 비용이 많이 들며 절차가 복잡하다. 송금 방식은 신속하지만, 수출자는 대금 미수의 위험을 감수해야 한다. 반면, 추심 방식은 대금 지급 보장이 상대적으로 낮아 위험 관리가 중요하다.

적절한 결제방식을 선택함으로써 수출자와 수입자는 무역 거래의 안정성과 효율성을 높일 수 있으며, 무역 거래에서 발생할 수 있는 다양한 리스크를 효과적으로 관리할 수 있다.

• 평가문제 •

진위형(O, X 문제)

1	인코텀즈 2020은 매도인과 매수인 간의 거래조건을 명확히 정의하여, 국제무역에서 발생할 수 있는 분쟁을 예방하는 데 중요한 역할을 한다.	
2	FCA 조건에서는 매도인이 지정된 장소에서 운송인에게 물품을 인도한 후 모든 비용과 위험을 매수인이 부담한다.	
3	CIF 조건에서 매도인은 물품의 손실에 대비해 최소한의 보험을 계약해야 한다.	
4	EXW 조건에서는 매도인이 수출 통관과 관련된 모든 책임을 부담한다.	
5	현금 선불(Cash in Advance) 방식은 수입자가 상품을 수령한 후에 대금을 지급하는 방식이다.	

단답식

6. 인코텀즈 2020에서 매도인이 물품을 본선에 적재할 때까지 모든 비용과 위험을 부담하고, 물품이 본선에 적재된 순간부터 매수인이 책임을 지는 조건은 무엇인가?

---

7. DPU 조건에서 매도인이 물품을 지정된 목적지에서 양하한 후 매수인에게 인도하는 조건을 무엇이라고 하는가?

---

8. 수출자가 대금을 받기 전에 상품의 운송 서류를 은행을 통해 수입자에게 보내고, 수입자가 대금을 지급한 후 서류를 인도받는 결제방식은 무엇인가?

---

9. 신용장에서 수출자가 은행에 서류를 제출하고, 서류가 신용장 조건을 충족할 경우 은행이 대금을 지급하는 방식은 무엇인가?

____

10. 전신환(T/T) 방식에서 수출자가 대금을 회수하기 전에 감수해야 하는 주요 위험은 무엇인가?

____

주관식

11. 인코텀즈 2020에서 CIF 조건과 FOB 조건의 차이점에 대해 설명하고, 이 두 가지 조건이 각각 어떤 상황에서 적합한지 논의하시오.

____

____

____

12. 국제무역에서 신용장 방식이 수출자와 수입자에게 제공하는 주요 이점과 단점에 대해 설명하고, 이 방식이 어떤 상황에서 가장 유용한지 사례를 들어 논의하시오.

____

____

____

정답

1. O **2.** O **3.** O **4.** X **5.** X **6.** FOB(Free on Board, 본선 인도) **7.** 목적지 양하 인도(Delivered at Place Unloaded, DPU) **8.** 지급 인도 방식(Documents against Payment, D/P) **9.** 신용장 방식(Letter of Credit, L/C) **10.** 대금 미지급의 위험(Non-payment Risk)

• 참고문헌 •

국제상업회의소(ICC)(2020). Incoterms® 2020: ICC rules for the use of domestic and international trade terms. 파리: 국제상업회의소 출판부.

김정훈(2019). 『국제무역 결제방식의 이해와 사례 연구』. 부산: 동아대학교 출판부.

대한상공회의소(2020). 『2020년 개정 Incoterms®와 국제무역 결제방식』. 서울: 대한상공회의소 출판부.

신동국(2020). 『국제상거래법 개론』. 서울: 박영사.

이태희(2021). 『국제무역의 이해와 실무』. 서울: 한국경제신문사.

한국무역협회(2020). 『2020년 개정 Incoterms®의 주요 변화 및 실무 활용 방안』. 서울: 한국무역협회.

한국은행(2020). 『국제무역 결제의 이해』. 서울: 한국은행 경제연구소.

해커스(2020). 『무역영어와 국제무역 결제방식』. 서울: 해커스출판사.

Kogan, L.(2017). Modern Trade: Incoterms and Beyond. New York, NY: Routledge.

Schmitthoff, C. M.(2018). Export Trade: The Law and Practice of International Trade. London, England: Sweet & Maxwell.

PART 4

국경 간 전자상거래 창업 실무

PART 4에서는 무역벤처 창업의 실무 전반에 대하여 학습하는 것을 목적으로 한다. 무역벤처 창업을 통한 해외시장 진출에 필요한 제반 요소를 살펴보고, 이를 세부적으로 구현하는 데 필요한 준비, 제품 및 고객의 이해, 마케팅, 재무관리, 그리고 인적자원 관리 및 협력과 연관된 무역벤처 창업 실무 분야에 대해 학습하도록 한다.

제12장

무역벤처 창업 실무 (I): 준비, 제품, 고객의 이해

성공적인 무역벤처 창업을 전개하기 위해서는 우리가 제공하고자 하는 제품(혹은 서비스, 혹은 콘텐츠)과 거점시장의 고객에 대한 이해가 필수적이다. 이때 창업기업의 입장에서는 시장의 규모와 목표고객이 누구인지를 파악하는 것이 중요한데, 대표적인 기법이 페르소나 분석이다. 창업을 준비할 때 우리가 해야 할 과업을 학습하는 장이다.

1. 무역벤처 창업의 준비

창업에 관한 세 가지 오해가 존재한다. 첫째, 창업은 용감하게 혼자서 해야 한다. 둘째, 기업가는 모두 카리스마가 넘치며 그것이 곧 성공의 열쇠다. 셋째, 기업가 유전자가 존재하고, 특정

창업에 대한 오해

'용감하게 혼자 해야 한다', '카리스마와 기업가 유전자를 보유하고 있다', '기업자 유전자를 가진 특정 부류의 사람들이 성공한다'는 생각들을 말한다.

무역벤처 창업

무역벤처 창업은 혼자 하는 개인 경기가 아니라 팀과의 협력이 중요한 단체 경기이다.

부류의 사람들만 창업에 성공한다는 점이다. 과연 그러한가? "기업가란 타고난 것일까? 양성될 수 있을까?"라는 질문을 하게 된다. 결론적으로 "기업가는 훈련을 통해서 양성된다"라고 답할 수 있다.

무역벤처 창업은 팀 빌딩으로 이루어진 단체 경기이다. MIT의 경우, 학생들은 팀 빌딩을 통해 진화라는 중요한 과정을 진행한다고 한다. 따라서 파트너 선택은 중요한 문제인데, 공동창업이 단독창업보다 성공률이 높다는 연구결과가 존재한다.[2)]결국 개인의 역할도 중요함과 동시에 팀워크를 잘 발휘할 수 있는 문화가 중요하다.

무역벤처 창업의 경우 파트너십은 성공의 중요한 열쇠이다. 훌륭한 파트너십을 연구한 자료로 폴 그레이엄(Paul Graham)의 "우리가 창업가에서 찾고자 하는 것(What We Look for in Founders)", 마가렛 헤퍼넌(Margaret Heffernan)의 "창업을 원하는가? 먼저 파트너부터 구하라(So You Want to Be an Entrepreneur? First, Find a Partner)", 페이만 포어(Peyman Pour)의 "어떻게 당신의 공동 창업자를 찾을 것인가?(How to Find Your Co-founder)", 그리고 헬게 제첸(Helge Seetzen)의 "공동창업자 천국을 위한 다섯 가지 원칙(Five Rules for Co-Founder Heaven)" 등을 고려할 수 있다.

무역벤처 창업을 준비할 때 우리는 창업의 특성을 고려해야 하는데, 이는 중소기업 창업과 혁신기업 창업으로 구분하여 생각할 필요가 있다.

결론은 무역벤처 창업기업의 핵심요소는 혁신성이고, 그 기업의 형태는 혁신기업 창업으로 추진해야 한다는 점이다. 혁신의 가치는 발명과 상업화가 어우러져 발생한다.

2) Edward R. Roberts(1991). Entrepreneurship in High Technology: Lessons from MIT and Beyond. New York: Oxford University Press. p.258.

[표 12-1] 창업의 개인적 혁신 동기

가치	기술	열정
• 최빈국 사람들의 삶을 개선시킬 지속 가능한 비즈니스 방법은 없을까? • 자선단체보다는 지속 가능한 비즈니스의 도출이 중요하고, 구체적인 사업 모델의 정의가 필요하지만, 시장 세분화를 통하여 사업을 진행하기에는 충분하다.	• 3차원 3D 기술 개발에 성공했다. • 기술잠재력에 대한 표현이 명확한 문장이다. 기술사업화를 위한 구체화 작업이 필요하다.	• 나는 공학 석사학위 소지자로서 필요한 장치는 무엇이든 만들 수 있다. 내 기회를 최대한 발휘하여 사회에 기여하고자 한다. • 기계를 손쉽게 설계하는 자신의 잠재력이 제품 양산 테스트 과정을 단축하는 데 결정적인 역할을 담당한다.

출처: 빌 올렛, 『디시플린드 엔트리프레너십(Disciplined Entrepreneurship)』.

창업의 개인적 혁신 동기
가치, 기술, 열정이 창업의 동기를 유발한다.

창업은 자신의 가치관, 관심사와 일치하고, 최대한 전문성을 발휘할 수 있는 분야를 찾는 것부터 시작해야 한다. 시장의 기회, 즉 불편 해소에 돈을 지불하고자 하는 고객과, 고객 문제를 정의하는 단계는 그다음 단계이다. 기업가정신에 관심이 있다면 다음 질문에서 창업가의 질문에 대한 답을 찾아보는 것이 바람직하다. 오랜 기간 지치지 않고 즐기면서 잘할 수 있는 일은 무엇일까? 그 이유를 찾았다면 이제 고객 불만을 발견하는 단계로 나아갈 준비가 되어 있는 것이다.

기업가정신
기업가정신은 외부 환경의 변화에 민감하게 반응하여 잠재적인 기회를 추구하고, 그 기회를 잡기 위해 혁신적인 사고와 행동을 하여, 그로 인해 시장에 새로운 가치를 창조하고자 하는 생각을 말한다.

한편으로 아직 아이디어나 기술을 찾지 못했다고 해서 걱정할 필요 없다. 자신의 관심사, 강점, 기량을 천천히 들여다보면 기회를 발견할 수 있다. 혼자도 좋고 파트너와 함께여도 상관없다. 가령 다음의 질문을 생각해보자. 빌 올렛(Bill Aulet)은 다음의 질문들에 답변하면서 창업의 기회를 발견할 수 있다고 밝히고 있다.

- 지식: 무엇을 전공했고, 어떤 분야에서 경력을 쌓았는가?
- 역량: 내가 잘하는 일은 무엇인가?
- 네트워크: 다른 영역의 전문가를 잘 알고 있는가? 지인 중

에 창업에 성공한 사람이 있는가?

- 재원: 자금 조달 방법에는 어떤 것이 있는가? 통장 하나만을 믿고 사업을 시작할 수 있을까?
- 인지도: 나는 전문가로서 인정받고 있는가? 사람들은 나를 어떤 사람으로 인지하고 있는가?
- 경험: 이전에 일했던 분야에서 고객의 불편함이나 비효율성을 발견한 적이 있는가?
- 특정 산업 혹은 시장에 대한 관심: 의료 서비스 개선에 관한 아이디어가 떠오르면 신이 나는 이유는 무엇인가? 내가 열정을 보이는 곳은 어디인가?
- 사명감: 나는 지금 새로운 도전에 시간과 노력을 투자할 각오가 되어 있는가?

사용자 창업

사용자의 입장에서 이용 편의성을 높이기 위하여 창업하는 경우를 말한다.

결론적으로 기술에 의한 무역벤처 창업도 존재하지만, 개인적인 관심이나 문제 해결을 위해 애쓰다가 찾아낸 아이디어나 기술이 다른 사람에게도 도움이 된다는 사실을 깨닫고 창업하는 경우도 있다. 이를 사용자 창업(user entrepreneurship)이라 부른다. 카우프만 재단에 따르면 적어도 5년 이상 살아남은 혁신기업은 절반 정도가 사용자 편의성을 높이기 위한 아이템으로 창업했다고 밝히고 있다. 결국 창업의 기회는 창업자와 시장의 니즈에 의하여 결정된다.

2. 무역벤처 창업의 단계

많은 경우 우리는 혁신의 기회를 고객과의 불편함에서 찾는 경우가 있다. "고객의 불편을 이해하는 것이 창업의 시작이다"라는 명제에 대하여 어떻게 반응해야 할까? 이에 따르면 창업자의 의지가 고객의 불편함을 해소하는 데 초점을 두고 있지만 반드시 일치하지는 않는다. 우리는 혁신의 기회를 창업자의 기술 개발, 경험, 지식으로부터 발견할 수 있다. 이는 창업 의지가 현실에서 구현된다는 측면에서 '밀어내는 전략(push 전략)'으로 해석할 수 있다. 또 한 가지는 시장에서 존재하는 고객의 니즈를 해결하기 위한 전략, 즉 '끌어당기는 전략(pull 전략)'을 생각할 수 있다. 즉, 고객 불편→문제 해결→창업의 선택(pull)으로 연결되는 현상을 생각할 수 있다.

push 전략
창업자의 창업 의지를 시장에 구현하고자 밀어내는 전략을 말한다. 국내시장의 제품을 해외시장에서 판매 기회를 찾고자 하는 경우를 예로 들 수 있다.

pull 전략
해외시장에서 존재하는 사업 기회를 끌어당겨 창업의 기회로 삼는 전략을 말한다. 한류 콘텐츠의 기회를 충분히 활용하는 경우를 예로 들 수 있다.

그렇다면 무역벤처 창업에 적합한 유형은 무엇일까? 해외시장에 존재하는 기회를 발견하기 위해서는 아마도 시작 시점에는 pull 전략이 유용할지 모른다. 국경 간 전자상거래에서 고객이 구매하는 이유 중 하나가 자국에 존재하는 상품이 없다거나(즉, 고유한 해외 제품 선호), 가격의 우위성이 존재한다거나, 혹은 품질이 우수한 경우이다. 문제는 언제나 방향이라는 점이다. 혁신기업을 창업하기 위한 아이디어와 기술을 준비했다면 본격적으로 창업의 단계를 밟아 나가는 것이다. 또한 창업 과정은 곧 사업 계획을 치밀하게 검증하고 구체화하는 과정이다.

첫 번째 목표는 잠재고객 수요 예측이다. 목표고객으로 제품시장 적합성(product-market fit)을 판단하는 것으로써 특정 시장에서 고객이 구매의사를 보이는 제품을 발견하는 과정이다. 이때 한정된 시간과 자원으로 최대한의 성과를 달성해야 하므로 초점이라는 점이 중요하다. 초점을 맞추어 집중하는 전략은 시장 세분화로 페르소나(persona, 거점시장의 주요 고객을 대표하는 특정 인물, 혹은 잠재고객)를 정의하는 것으로써 성패를 좌우한다.

제품시장 적합성
'제품시장 적합성(product-market fit)'은 제품 성장과 수익성을 유지할 규모로 제품이 타깃 고객에게 판매되어 소비되고 제품 구매자들이 다른 소비자들에게 소개할 정도로 제품이 시장 요구에 맞춰져 있는 상태를 일컫는 말이다.

페르소나(persona)
사회 역할이나 배우에 의해 연기되는 등장인물. 이 단어는 원래 연극 탈을 뜻하는 라틴어에서 유래된 것이다.

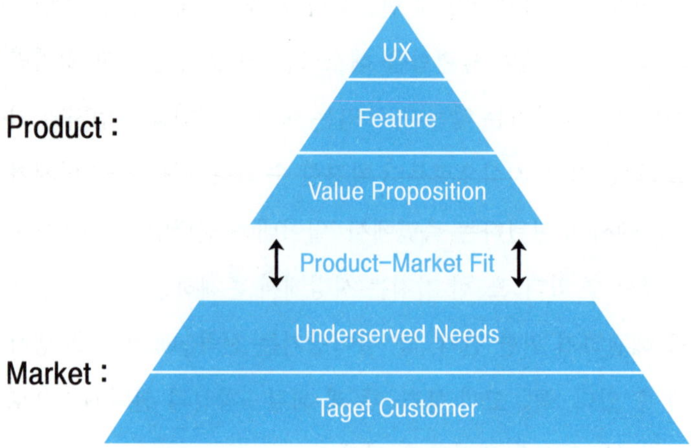

[그림 12-1] 제품시장 적합성의 이해

결국 [그림 12-1]에서 보는 바와 같이 페르소나 분석은 제품시장의 적합성을 찾아가는 과정이다. 시장과 제품의 간격에서 발생하는 미스매치 문제를 해결하기 위하여 그 격차를 줄여가는 과정이다. 이를 세분화하면 거점시장을 선택하고, 그 안의 사용자 프로파일을 페르소나 분석으로 작성하여 이를 바탕으로 목표고객을 구체적으로 정의하고 이해하도록 한다.

3. 페르소나 분석

페르소나 분석

거점시장의 주요 고객을 자세하게 묘사하는 과정을 말한다. 구매의 우선순위, 품질 결정요소, 가격우위성 등 고객의 관점에서 분석하는 행위이다.

페르소나란 거점시장의 주요 고객을 자세히 묘사하는 과정이다. 많은 경우 프로파일을 대상으로 목표전략을 수립하지만, 최종적으로 판매가 이루어져야 할 대상은 개인이다. 이때 창업 멤버들이 모두 참여하여 페르소나를 정확히 이해한다면 고객에게 초점을 맞출 수 있다. 특히 고객 구매의 우선순위에 대한 이해가 중요하다. 페르소나 고객은 무엇을 우선으로 하는지? 품질, 가격 등의 이상적인 요인들 외에도 감성적 · 사회적 차원에서도 동기 분석이 필요하다. 이와 연관하여 제3편에서 논의했던 디자인 씽킹은 유효한 방법을 제공한다. 고객의 관점에서 제품과 소비자의 니즈를 분석하여 벤처 창업의 실패를 줄여가는 과정이다.

더 나아가 페르소나 고객의 욕구, 행동, 정서, 동기에 대한 이해가 높을수록 제품 개발과 창업의 성공이 높아진다. 구체적인 방법을 살펴보면 팩트 시트를 다듬고 여기에 살을 붙여 페르소나를 완성하는 단계를 거치게 된다.

1) 페르소나의 효용지도

효용지도(Utility Map)란 페르소나가 제품의 발견부터 구매, 사용, 가치 획득, 지불, 재구매에 이르기까지 어떻게 행동하는지를 자세하게 기술하는 표현방식을 말한다. 그 표현방식으로 플로우 차트, 표, XY 그래프 등 다양한 방법을 사용할 수 있다. 효용지도는 문제를 적시에 해결하고 비용을 효과적으로 다루려면 시나리오를 왜 확대해야 하는지를 이해하는 것이 중요하기 때문이다.

효용지도(Utility Map)
페르소나가 제품의 발견부터 구매 사용, 가치 획득, 지불, 재구매에 이르기까지 어떻게 행동하는지를 자세하게 기술하는 표현방식.

또 다른 접근방법은 페르소나의 생애주기 사용 시나리오에 다양한 모습을 상세하게 기술하여 창업 멤버들이 명확히 이해하고 몰입하도록 유도하는 것이 바람직하다. 전체 생애주기 사용 시나리오의 범위를 추정할 때 아키텍처 기반의 접근방법이 유용하다. 아키텍처란 다양하고 복잡한 현상구조를 단순화하기 위하여 육하원칙에 입각하여 질문과 내용을 작성하는 체계를 말한다. 소프트웨어 분야에서 전사적으로 시스템의 구성체계를 육하원칙을 이용하여 동질한 요소들을 도출함으로써 그 활용성을 높이는 행위를 말한다.

[표 12-2] 사용자 중심의 효용지도 5W1H 아키텍처

What (무엇을)	Why (왜)	Who (누가)	When (언제)	Where (어디에서)	How (어떻게)
① 제품에 대한 브로슈어나 실체가 있는가? ② 제품이 제공하는 가치와 기능은 무엇이고, 이들에 대한 후기들이 존재하는가? ③ 새로운 제품과 유사 제품이 존재하는가?	① 사용자는 왜 우리 제품을 구매하여야 할까? ② 최종 사용자는 어떤 경우에 욕구가 생길까? ③ 우리는 언제 어떻게 새로운 기회를 포착할 수 있을까?	① 누가 우리의 페르소나인가? ② 누가 우리의 제품가치를 쉽게 인식할 수 있을까? ③ 페르소나와 거점시장의 선정이 가능한가?	① 언제 우리 제품을 구매할까? ② 그들이 재구매하거나 입소문을 내고 추천할 가능성이 있을까? ③ 사후관리, 유지 및 보수를 얼마나 빈번히 요구할까?	① 그들은 어떤 경로로 제품 정보를 찾을까? ② 그들은 어떻게 제품을 비교하고 분석할까? ③ 그들은 어떤 과정을 거쳐 구매를 결정하는가?	① 이용자들은 제품을 어떻게 설치, 적용하는가? ② 그들이 제품을 어떻게 사용하는가? ③ 그들이 지불하는 방식은 어떠한가?

만일 여러분이 이에 대한 답변을 작성하면서 전체적인 동의가 이루어진다면, 표현을 해야 한다. 그 표현 방법은 앞에서 제기한 효용지도 아키텍처의 질문을 생각하면서 묘사한다. ① 시각화, ② 다이어그램, ③ 플로차트, ④ 그 외에도 절차와 흐름을 보여주어야 한다.

예를 들면 국경 간 전자상거래 상품의 경우에는 '플랫폼 방문 → 고객의 댓글 분석 → 구매 의사결정 → 국경 간 딜리버리 → 사용 → 보관 혹은 반품 → 재구매'에 이르는 일련의 과정을 보여준다. B2C 국경 간 전자상거래의 경우에는 낯설고 혁신적인 제품일수록 그 파급성이 큰 만큼 초기의 진입장벽이 매우 높다. 따라서 경쟁 제품이나 유사 제품과의 비교와 대안을 고객 관점에서 제시하는 것이 바람직하다.

진입장벽

공급자, 생산자, 수요자, 판매자가 시장에 진입하려고 할 때 존재하고 있어서 뚫기 어려운 장벽이 되는 것을 의미한다. 예를 들어 기술, 특허 등이 있다.

2) 창업기업 제품의 표현

제품 혹은 서비스를 표현할 때 중요한 점은 시각적으로 표현하라는 것이다. 이때 제품의 기능보다는 그 기능이 고객들로 하여금 창출하고 인식하는 가치에 초점을 맞추는 것이 중요하다. 그 이유는 페르소나 고객과 제품의 동화작용, 혹은 일치성이 높을수록 그 효과가 크기 때문이다. 반대로 제품의 상세 이미지가 흐릿한 상태에서 고객에게 몰두해 그들의 욕구와 행동을 분석하는 것은 어려운 일일 것이다.

이때 고객과 창업기업의 제품(서비스) 가치에 대한 인식의 격차를 줄이는 것이 중요한데, 반복적인 과정을 통해 페르소나의 욕구와 제품의 상세 이미지가 격차를 보이지 않고, 그 간격을 좁히는 현상이 나타나게 된다. 앞서 살펴본 디자인 씽킹도 바로 창업기업과 시장의 고객 간에 발생하는 격차를 줄이기 위한 노력으로 해석할 수 있다.

창업 초기에 발생하는 오류를 살펴보면 다음과 같다.

① 고객에 대한 이해 없이 제품부터 정의한다. 이럴 경우, 고객의 요구사항과 관련이 없는 제품이 탄생할 가능성이 크다.

② 시장에 무작정 진입하려다 망망대해에서 길을 잃고 표류하는 신세가 될 수 있다. 점유 가능한 거점시장에 초점을 맞추어야 한다.

창업기업

중소기업을 창업하여 사업을 개시한 날부터 7년이 지나지 아니한 기업을 의미한다.

3) 창업기업 제품의 브로슈어 제작

제품의 상위개념을 표현하는 핵심은 그림일 것이다. 즉, 제품의 시각화가 모호할 경우, 혼란과 혼선이 창업팀 내에서 발생한다. 국경 간 전자상거래 무역벤처 창업의 제품이 신제품일 경우에는 더더욱 페르소나의 입장에서 브로슈어를 제작하는 것이 바람직하다.

최종 산출물에 대한 합의와 정의 없이 회사부터 세우고 뒤

제품의 시각화

제품의 시각화가 적절하게 이루어지지 않을 경우 혼란과 혼선이 창업팀 내에서 일어날 수 있으므로 브로슈어 제작을 통하여 페르소나에게 보여준다.

이어 이슈 해결을 한다면 큰 시간과 비용을 감당해야 한다. 시각화된 제품은 고객과의 소통에도 도움을 주고, 판매하기 이전에도 고객으로부터 피드백을 받아 제품의 강점 및 약점을 파악하는 데 도움을 줄 것이다.

페르소나 프로파일과 전체 생애주기 시나리오를 바탕으로 제품 브로슈어를 페르소나에게 보내는 것을 목표로 하여 추진하는 것이 바람직하다. 결국 제품 브로슈어를 작성하는 것은 고객의 관점에서 제품을 판단할 수 있고, 다소 엉성한 가상의 제품을 고객과 함께 시험하는 과정이기 때문이다.

결론적으로 무역벤처 창업팀은 고객의 눈과 입을 통해 제품을 돌아봐야 한다. 더불어 아이디어의 타당성을 검증하고 올바른 방향으로 나아가고 있는지 판단해야 한다. 제품 사양을 정의할 때, 종종 창업가는 자기만의 세계에 빠져들어 주위를 돌아보지 않는 경향이 있는데, 든든한 안전장치 역할을 해주는 것이 바로 제품 브로슈어이다.

어디서부터 어떻게 시작해야 할지 모르겠다면 마케팅 브로슈어 제작을 출발점으로 시작하는 것이 바람직하다. 제품의 혁신적인 나선형 구조는 제품의 브로슈어를 제작하면서 가속도가 붙는다. 그러나 너무 집착하지는 말아야 한다. 브로슈어는 단지 정보 획득에 집중하도록 도와주는 도구일 뿐이다.

4. 무역벤처 창업의 환경 분석 및 전략 수립

무역벤처 창업은 복잡한 환경과 경쟁적인 시장에서 성공하기 위해 체계적이고 혁신적인 전략이 필요하다. 이 책 각각의 장에서 설명하겠지만, 무역벤처 창업을 준비할 때 활용할 수 있는

SWOT 분석

SWOT 분석은 기업이나 프로젝트의 성공을 위한 전략 도구이다. Strengths(강점), Weaknesses(약점), Opportunities(기회), Threats(위협)의 머리글자를 모아 만든 단어로 SWOT 분석이라 하며 기업의 강점과 약점, 환경적 기회와 위기를 열거하여 기업의 효과적인 경영 전략을 수립하기 위한 분석 도구이다.

주요 기법들을 다루고자 한다.

1) SWOT 분석

SWOT 분석은 마케팅 환경을 철저히 분석한 뒤, 그 결과를 바탕으로 강점(Strength), 약점(Weakness), 기회(Opportunity), 위협(Threat)의 네 가지 주요 요소를 규정하고 이를 기반으로 마케팅 전략을 수립하는 방법이다. 이 방법은 내부적으로는 기업의 강점과 약점을, 외부적으로는 시장의 기회와 위협 요소를 분석함으로써 경쟁 시장에서 우위를 점하기 위한 전략을 개발하는 데 도움을 준다.

SWOT 분석은 간결하고 실용적인 접근법으로, 기업이 처한 상황을 명확하고 빠르게 파악하는 데 유용하다. S-O(강점-기회) 전략은 기업의 강점을 활용하여 시장기회를 적극적으로 활용하는 방식이고, W-O(약점-기회) 전략은 기업의 약점을 극복하고 시장기회를 이용하기 위한 방안을 모색하는 방식이다. S-T(강점-위협) 전략은 기업의 강점을 활용하여 시장 위협을 피하거나 줄이는 데 초점을 맞춘다. W-T(약점-위협) 전략은 기업의 약점을 최소화하고 시장의 위협 요소를 피하는 데 집중한다.

[표 12-3] SWOT 분석 예시(국경 간 전자상거래 플랫폼 입점 기업)

S (Strength)	W (Weakness)
• 최근 시장 특성을 반영하여 경쟁 기업과 차별화된 우수한 품질의 제품 • 최신 유행을 반영한 트렌디한 패키지 디자인 보유 • 뛰어난 고객 서비스로 고객 만족도와 국내 고객 충성도가 높음	• 플랫폼 신규 입점으로 인한 초기 운영 능력 부족 • 입점 초기 브랜드로 인지도 부족 • 대규모 판매 채널에 적합한 재고 관리 능력 부족
O (Opportunity)	**T (Threat)**
• 글로벌 플랫폼 입점으로 인한 해외시장 접근 가능성 향상 • 플랫폼 내 마케팅 도구와 풀필먼트 서비스를 활용한 판매 촉진 활동과 원활한 물류 서비스 제공 가능 • 플랫폼 입점만으로도 소셜 미디어와 연계하여 마케팅 활성화 가능	• 플랫폼 내 많은 기존 입점 기업들로 인한 높은 경쟁률 • 다문화를 가진 글로벌 플랫폼에 대해 고객과의 문화적 차이 발생 • 물류비 및 재고 보관을 위한 추가 비용 발생 • 플랫폼의 정책 혹은 수수료 규정에 따라 판매 전략 혹은 매출액에 영향을 미칠 수 있음

2) STP 전략과 수립 도구

시장 세분화
(market segmentation)

시장 세분화는 소비자 수요를 종합적인 것으로 취급하는 것이 아니라, 시장은 상호 유사한 몇 개의 세분(segment)으로 구성되어 있다고 생각하여 각각의 세분시장에 가장 적합한 제품을 제공하려는 것을 말한다.

세분시장

큰 시장을 보다 구체적이고 명확한 특성을 가진 작은 그룹으로 나누는 것을 의미한다.

STP 전략은 시장 세분화(Segmentation), 표적 시장 선정(Targeting), 위상 정립(Positioning)의 첫 글자를 따서 명명된 마케팅 전략이다. 이 전략은 기업이 개별 고객의 선호에 맞춘 제품이나 서비스를 제공함으로써 타사와의 차별성과 경쟁력을 확보하는 데 사용된다.

(1) 시장 세분화(Segmentation)

다양한 소비자들로 구성된 큰 시장을 특정 기준에 의해 몇 개의 작은 시장으로 나누는 과정이다. 세분시장은 측정가능성, 실질성, 접근가능성의 요건을 충족해야 한다. 측정가능성은 세분시장의 크기와 구매력을 측정할 수 있는 능력을 의미한다. 나이, 소득수준, 성별과 같은 인구통계학적 요인은 비교적 측정하기 쉽지만 성격, 개성, 문화, 라이프스타일과 같은 심리적 요인은 주관적인 측면이 있어 측정하기 어렵다.

실질성은 소요되는 비용을 상쇄할 만큼 충분한 가치가 있으며 수익성이 존재해야 한다는 것을 의미한다. 적절한 수준의 이익을 보장하는 일정 규모 이상의 시장이어야 한다. 접근가능성은 자사의 마케팅 자원과 노력으로 커버할 수 있는 시장을 의미한다. 시장 세분화는 인구통계적, 지리적, 심리적, 행동적 기준 등에 따라 분류될 수 있다.

(2) 표적 시장 선정(Targeting)

자사의 마케팅 활동에 집중할 시장을 선정하는 과정으로, 고객과 자사 모두에게 만족스러운 성과를 제공할 수 있는 시장이어야 한다. 표적으로 선택된 세분시장의 수에 따라 비차별화 마케팅, 차별화 마케팅, 집중화 마케팅으로 구분된다. 비차별화 마케팅은 전체 시장을 대상으로 일관된 마케팅 믹스를 설정하는 방식이다. 이는 모든 시장을 동질적으로 간주하고, 하나의 표준화된 마케팅 믹스를 적용한다.

대량생산으로 인한 원가절감과 일관된 이미지 유지가 가능하지만, 모든 고객의 만족을 이끌어내기는 어렵다. 차별화 마케팅은 각 세분시장에 맞춰 다양한 마케팅 믹스를 개발하고 적용하는 방식이다. 각 세분시장의 구체적인 요구를 충족시킬 수 있으며, 한 세분시장이 위축되더라도 다른 세분시장이 존재하여 위험을 분산시킬 수 있다. 그러나 제품 개발 및 관리비용이 높은 것이 단점이다.

집중화 마케팅은 시장을 세분화한 후 가장 매력적인 시장에 집중하여 최적의 마케팅 믹스를 개발하고 집중적으로 공략하는 방식이다. 특정 세분시장의 정확한 요구를 충족시킬 수 있으며, 자원이 적은 기업에게 유리하다. 하지만 표적 세분시장이 위축되거나 경쟁사의 진입으로 인해 심각한 영향을 받을 수 있다.

대량생산
대량생산은 조립 라인 등을 통하여 표준화된 제품을 대량으로 생산하는 방식을 말한다.

(3) 포지셔닝

위상 정립(positioning)은 제품이 소비자들의 인식 속에 자리 잡도록 하는 것으로, 소비자의 마음속에서 형성되는 자사 제품의 독특한 인식 상태를 의미한다. 경쟁 제품에 비해 유리한 위치를 차지하기 위한 활동을 포함한다. 포지셔닝은 제품 속성, 제품 사용자, 경쟁 제품에 의한 방식으로 구분될 수 있다.

제품 속성에 의한 포지셔닝
제품의 고유한 특징이나 이점을 강조하여 소비자에게 인식시키는 방식.

제품 사용자에 의한 포지셔닝
특정 소비자 그룹이나 라이프스타일을 반영하여 제품을 포지셔닝하는 방식.

경쟁 제품에 의한 포지셔닝
경쟁 제품과의 비교를 통해 제품의 우위를 부각시키는 방식.

3) 4P

4P는 제품(Product), 가격(Price), 유통(Place), 촉진(Promotion) 4가지 요소를 고려한 마케팅 전략이다. 제품이란 시장에 제공되는

모든 것으로 물리적 상품, 서비스, 경험, 사건, 인물, 장소, 재산, 조직, 정보 및 아이디어를 포함한다. 제품 전략은 제품 디자인, 품질, 특징, 브랜드 이름, 포장, 서비스 등을 고려하여 수립된다. 가격은 제품이나 서비스에 대해 소비자가 지불하는 금액이다. 가격 결정에는 비용, 수요, 공급, 경쟁자 가격, 가격 심리학 등 다양한 요소가 포함된다. 가격 전략은 할인, 할부 판매, 심리적 가격 책정 등 다양한 방법을 포함할 수 있다.

유통은 제품이 소비자에게 어떻게 도달하는지와 관련된 것으로, 유통 전략은 제품을 시장에 배치하는 방법, 유통 채널 선택, 재고 관리, 물류, 유통 경로의 길이 등을 포함한다. 유통의 목표는 제품을 적절한 시간과 장소에서 소비자에게 적절한 상태로 제공하는 것이다. 촉진은 제품이나 브랜드에 대한 인지도를 높이고, 구매를 유도하는 활동을 말한다. 촉진 전략에는 광고, 판매 촉진, 공공 관계, 개인 판매, 소셜 미디어 마케팅 등이 포함된다. 이는 소비자, 잠재고객 및 기타 관련자들에게 제품에 대한 정보를 전달하고, 제품에 대한 관심을 유도하며, 구매 결정을 촉진하는 데 중점을 둔다.

4P의 조합은 마케팅 목표를 달성하기 위한 전략적 접근법을 제공하며, 각 요소는 상호 연관되어 있어 서로 영향을 주고받는다. 마케팅 믹스의 성공적인 구현은 제품이나 서비스의 시장 내 위치를 강화하고, 기업의 수익성과 시장 점유율을 증가시키는 데 기여한다.

BCG 매트릭스

BCG 매트릭스(BCG Matrix)는 미국의 보스턴 컨설팅 그룹(BCG)이 개발한 전략 평가 기법이다. BCG는 기업이 사업에 대한 전략을 결정할 때 '시장 점유율(Market Share)'과 '산업의 성장률(Growth)'을 고려한다고 가정한다. BCG 매트릭스는 이 두 가지 요소를 기준으로 기업의 사업을 '스타(Star) 사업', '현금 젖소(Cash Cow) 사업', '물음표(Question Marks) 사업', '개(Dog) 사업'으로 나누었다.

4) BCG 매트릭스(Matrix)

BCG 매트릭스(Matrix)는 보스턴 컨설팅 그룹(Boston Consulting Group)에 의해 개발된 도구로, 기업의 사업부나 제품 포트폴리오를 분석하는 데 사용된다. 이 매트릭스는 산업 성장률과 시장 점유율을 기준으로 네 가지 카테고리로 구분한다. 이는 어떠한 기준에 따라 어떤 사업을 지속해 나갈 것인지, 철수할 것인지 평가함으로써 각 사업을 분석해서 최적의 사업 포트폴리오를 구성하는 것이다.

기업의 각 사업은 시장 규모와 제품 수명에 따라 성장, 쇠퇴하기 때문에 정확한 미래 예측이 불가능하므로 기업이 가진 자산을 여러 곳에 투자해야 한다. 이때 BCG 매트릭스로 사업의 지속 여부, 투자 규모 등을 구성할 수 있다. BCG 매트릭스는 산업 성장률과 시장 점유율을 기반으로 평가하여 4가지 사업으로 분류할 수 있다.

산업 성장률은 산업, 전체 시장 성장률을 바탕으로 얼마나 투자가 필요한지 설명해주기에, 현금 유출과 관련 있다. 시장 점유율은 현재 사업의 상태가 유망한지 전망이 어두운지 설명해주며 매출, 현금 유입과 관련이 있다. 이 두 가지 기준을 바탕으로 (1) Star 사업, (2) Cash cow 사업, (3) Question Marks 사업, (4) Dog 사업으로 분류된다.

산업 성장률
전체 시장 성장률을 바탕으로 얼마나 투자가 필요한지를 설명해주는 지표로, 현금 유출과 관련이 있다.

시장 점유율
현재 사업의 상태가 유망한지 전망이 어두운지 설명해주며 매출, 현금 유입과 관련이 있다.

(1) Star 사업

산업 성장률과 시장 점유율이 모두 높은 유망사업으로 향후 수익성이 높을 것으로 예상되지만, 경쟁이 치열하기 때문에 시장 지위를 유지하기 위해선 지속적인 투자가 필요하다.

(2) Cash cow 사업

시장 점유율은 높지만 산업 성장률이 낮아 성장하기 어려운 현재의 주력 사업으로, 현금 보유성이 많고 유동성이 좋아져 타 사업 투자가 가능하다. 안정적인 현금흐름을 제공하므로 시장 점유율을 유지하는 데 필요한 최소한의 투자만을 진행하고, 얻은 수익은 다른 분야에 투자하는 데 사용한다.

(3) Question Marks 사업

산업 성장률은 높지만 시장 점유율이 낮은 사업이다. 잠재적으로 큰 수익을 가져다줄 수 있지만, 성공을 보장할 수는 없으므로 리스크가 높으며, 많은 투자와 관리가 필요하다.

(4) Dog 사업

산업 성장률도 낮고 시장 점유율도 낮은 사업이어서 경쟁기업에 비해 불리하다. 일반적으로 낮은 수익성을 가지며, 종종 사업 포트폴리오에서 철수하거나 재구조화하는 것을 고려한다.

BCG 매트릭스는 기업이 자원 배분을 최적화하고 장기적인 전략적 방향을 설정하는 데 유용한 도구다. 그러나 시장 변화, 경쟁 환경, 내부 역량과 같은 다양한 요소를 고려해야 하며, 매트릭스에만 의존하지 않고 다각적인 분석을 병행해야 한다.

5. 인력(조직관리)

무역벤처 창업은 빠르게 변화하는 국제시장 환경과 기술의 진보 속에서 경쟁한다. 이러한 동적인 환경에서는 특히 인력 관리가 중요한 역할을 한다. 무역벤처 기업은 다양한 국가와 문화를 이해하고, 국제무역 규정과 시장 동향에 민감하게 반응할 수 있는 인재가 필요하다. 따라서 인력 관리는 단순히 적합한 인재를 채용하는 것을 넘어서 그들의 지속적인 개발과 유지에 초점을 맞추며 진행된다. 이는 기업이 글로벌 시장에서의 도전과 기회에 효과적으로 대응할 수 있게 만들며, 결국 무역벤처 창업의

경쟁 우위

한 기업이 경쟁사보다 우위를 점하는 특정한 요소나 조건을 의미. 기업이 시장에서 성공적으로 활동하고 지속 가능한 성장을 달성하는 데 핵심적인 역할을 한다. 예를 들어 산업 평균에 비해 높은 이익을 얻고 있을 때 이 기업은 경쟁사보다 경쟁 우위(Competitive Advantage)를 유지하고 있다고 한다. 기업에서 지속 가능한 경쟁 우위를 달성하는 것은 기업의 최종 목표이다.

성공을 좌우한다. 우수한 인재를 확보하고 유지하는 것은 경쟁 우위를 확보하고 지속 가능한 성장을 이루는 데 필수적이다. 무역벤처 기업의 경우, 특히 글로벌 시장과 다양한 문화권에 대한 이해가 필요하다. 따라서 이러한 환경에서 능동적으로 활동할 수 있는 인재들을 적절히 관리하는 것은 기업의 국제적 성공에 직접적인 영향을 미친다.

1) 교육 및 개발

(1) 지속적 교육의 필요성

무역벤처 창업에서 지속적인 교육의 필요성은 두 가지 주요 요인에 의해 강조된다. 첫째, 글로벌 무역 환경은 끊임없이 변화하며, 이에 대응하기 위해서는 최신 지식과 동향에 대한 꾸준한 학습이 필수적이다. 둘째, 기술의 발전은 무역 절차와 방법을 계속 혁신하고 있으며, 이러한 변화에 적응하기 위해 직원들의 기술 역량을 지속적으로 강화할 필요가 있다.

(2) 교육 프로그램의 설계

효과적인 교육 프로그램은 직원들의 역량 개발뿐만 아니라 조직의 전반적인 성과 향상에 기여한다. 이를 위해 교육 프로그램은 다음과 같은 요소를 고려하여 설계되어야 한다. 첫째, 교육 내용은 현재 시장의 요구와 미래의 산업 동향을 반영해야 한다. 둘째, 다양한 학습 스타일과 요구를 충족시키기 위해 온라인과 오프라인 형식을 결합한 하이브리드 교육 방식을 채택할 수 있다. 셋째, 교육의 효과를 정기적으로 평가하고, 이를 바탕으로 프로그램을 지속적으로 개선해야 한다.

하이브리드 교육 방식
온라인과 오프라인 형식을 결합하여 더 효율적인 방식으로 직원의 역량 개발을 돕고, 조직의 전반적인 성과 향상에 기여하는 방식.

(3) 기술 및 무역 지식의 강화

기술 및 무역 지식의 강화는 무역벤처 창업의 성공에 핵심적인 역할을 한다. 이를 위해 직원들은 국제무역 규정, 시장 동향, 글로벌 경제, 그리고 관련 기술 도구에 대한 깊은 이해를 갖추어야 한다. 또한 디지털 통신, 데이터 분석, 자동화된 무역 시스템 등의 최신 기술 트렌드에 대한 지식을 지속해서 업데이트하는 것이 중요하다. 이를 통해 직원들은 더 효율적이고 효과적인 무역 전략을 수립하고 실행할 수 있으며, 이는 전체적인 조직 성과에 긍정적인 영향을 미친다.

2) 성과 관리 및 보상 체계

(1) 성과 기반 보상의 중요성

성과 기반 보상 체계는 조직 내에서 높은 성과를 이끌어내는 핵심 요소로 작용한다. 이는 직원들이 회사 목표에 기여한 정도에 따라 보상을 받음으로써 개인의 업무 성과를 최대화하고 조직 전체의 목표 달성을 촉진한다. 이러한 보상 체계는 직원들의 동기 부여를 강화하고, 경쟁력 있는 업무 환경을 조성하여 우수한 인재를 유치하고 유지하는 데 중요한 역할을 한다.

(2) 성과 평가 기준 설정

성과 평가는 객관적이고 공정한 기준에 기초하여 이루어져야 한다. 이를 위해 조직은 명확한 성과 지표를 설정하고, 이러한 지표가 조직의 전략적 목표와 일치하도록 해야 한다. 성과 평가 기준은 개인의 업무 능력, 팀 내 협업, 고객 만족도, 그리고 기타 핵심 성과 지표(KPIs)를 포함할 수 있다. 정기적인 피드백과 평가를 통해 직원들은 자신의 업무에 대해 명확한 인식을 갖게 되며, 지속적인 개선을 추구하게 된다.

성과 지표

성과 지표(Performance Indicator) 또는 핵심 성과 지표(Key Performance Indicator, KPI)는 성과 측정의 일종이다. KPI는 단체 또는 해당 단체에 참여한 특정 활동(프로젝트, 프로그램, 제품, 기타 이니셔티브)의 성공도를 측정한다.

(3) 동기 부여와 인센티브 제도

인센티브(Incentive) 제도는 직원들의 업무 성과와 동기 부여를 높이는 데 중요한 역할을 한다. 금전적 보상뿐만 아니라 승진 기회, 교육 및 개발 기회, 유연한 근무 조건 등 다양한 인센티브가 직원들의 만족도와 충성도를 높일 수 있다. 인센티브는 개인의 성취를 인정하고, 긍정적인 업무 환경을 조성함으로써 조직의 전반적인 성과를 향상시킨다.

(4) 매슬로의 욕구위계이론

1943년, 아브라함 매슬로(Abraham Maslow)는 인간의 욕구를 설명하는 '인간 동기의 이론'을 발표했다. 이 이론은 인간이 태어날 때부터 다섯 가지 기본적인 욕구가 있다고 가정한다. 첫째, 생리적 욕구는 음식, 수면 등 생존에 필수적인 요소들을 의미한다. 둘째, 안전의 욕구는 신체적 · 정서적 안전과 안정성을 추구하는 것이다. 셋째, 소속감과 사랑의 욕구는 사회적 소속감과 인간관계의 중요성을 강조한다. 넷째, 존경의 욕구는 자신감, 성취감, 그리고 타인으로부터의 인정을 추구하는 욕구이다. 마지막으로, 자아실현의 욕구는 개인의 잠재력을 실현하고자 하는 욕구를 말한다.

매슬로 욕구위계이론의 핵심은 인간의 욕구가 위계적으로 구성되어 있으며, 하위 욕구가 충족되어야만 상위 욕구를 추구하게 된다는 것이다. 이러한 이론은 개인의 행동을 이해하는 데 중요한 틀을 제공하며, 이를 조직 관리와 같은 다양한 분야에 적용할 수 있다.

매슬로의 이론은 특히 벤처기업과 같은 조직에서 중요한 의미가 있다. 벤처기업은 혁신적인 아이디어와 첨단기술을 바탕으로 도전적인 사업을 운영하는 중소기업을 의미하며, 이들 기업에서 매슬로의 이론은 직원들의 동기 부여와 보상 체계를 설

매슬로의 욕구위계이론

매슬로(Maslow)의 욕구위계이론은 인간의 욕구가 위계적으로 구성되어 있으며, 하위 욕구가 충족되어야만 상위 욕구를 추구하게 된다는 이론이다. 이는 벤처기업과 같은 조직의 인적자원 관리에서 유용한 도구로 활용될 수 있다.

계하는 데 중요한 이론적 기반이 된다. 조직은 직원들의 다양한 욕구 수준을 이해하고, 이를 반영한 다양한 유형의 보상을 제공함으로써 직원들의 동기를 효과적으로 부여할 수 있다.

예를 들어, 매슬로의 욕구 단계에 따라 벤처기업의 직원들을 동기 부여할 수 있는 방법을 구체적으로 살펴보자. 첫째, 생리적 욕구는 기본적인 생존 욕구를 충족하는 것으로, 적절한 급여와 안전한 작업환경을 제공함으로써 충족할 수 있다. 둘째, 안전의 욕구는 고용 안정성, 건강보험 등을 통해 보장될 수 있다. 셋째, 소속감과 사랑의 욕구는 팀워크 증진 및 사회적 활동 지원을 통해 충족될 수 있다. 넷째, 존경의 욕구는 성과 인정과 승진 기회를 제공함으로써 이루어질 수 있다. 마지막으로, 자아실현의 욕구는 개인 성장의 기회와 창의적 업무 배정을 통해 충족될 수 있다.

벤처기업에서는 특히 자아실현의 욕구가 중요한 역할을 한다. 창업기업의 협력은 궁극적으로 자아실현을 위한 여정으로 이해될 수 있으며, 이를 통해 개인들의 창의성과 적극성, 주도성이 발휘될 수 있다. 또한 벤처기업의 임직원들이 과연 어느 단계의 욕구를 지향하고 있으며, 시간이 지남에 따라 그 욕구가 어떻게 변하는지를 검토하는 것은 매우 중요하다. 각 직원에게 다양한 배경과 동기가 있으므로, 모든 구성원이 동일한 욕구를 지향한다고 가정하는 것은 바람직하지 않다.

예를 들어, 벤처기업의 구성원들은 '보유 기술을 실현하고 싶은 욕구', '해외시장에 진출하고 싶은 욕구', '자유롭고 몰입할 수 있는 직업 환경을 추구하는 욕구', '간섭받지 않고 주도적으로 일하고 싶은 욕구', '마음에 맞는 사람들과 함께 일하고 싶은 욕구', '경제적 자유를 확보하고 싶은 욕구' 등 매우 다양한 욕구를 가지고 만난다. 이러한 배경을 가진 창업 멤버들이 각자의 동기를 서로 잘 이해하고 조화롭게 팀워크를 발휘할 수 있도록 돕는 것이 중요하다.

결론적으로, 매슬로의 욕구위계이론은 벤처기업의 인적자원 관리에서 여전히 유효한 도구로 작용할 수 있다. 이 이론을 통해 조직은 직원들의 다양한 욕구를 충족시키고, 그들의 잠재력을 최대한 발휘하게 함으로써 높은 동기 부여와 성과를 끌어낼 수 있다. 이는 궁극적으로 조직의 혁신성과 지속 가능성에 기여할 것이다.

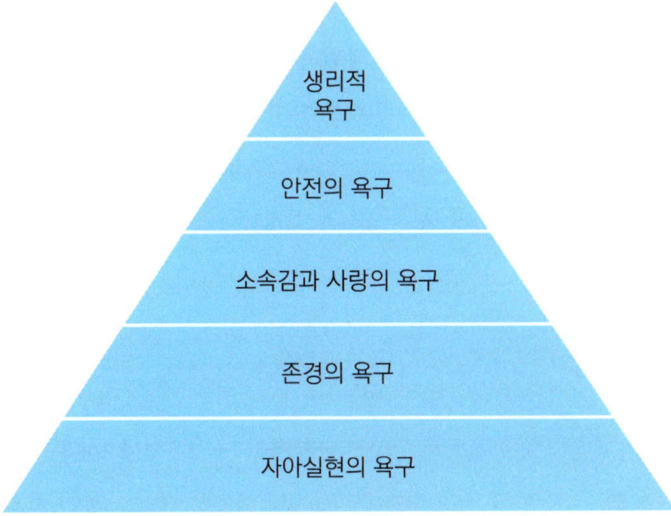

[그림 12-2] 매슬로의 욕구위계이론

3) 전략적 인적자원 관리

인적자원 관리 분야는 지난 수십 년 동안 노동 효율성과 성과 개선에 초점을 두는 것보다 전략적이고 전체적인 접근방식으로 전환하면서 크게 발전했다. 전략적 인적자원 관리(Strategic Human Resource Management, SHRM)는 조직의 인적자원을 전략적으로 관리하는 방식을 말한다. 기존 HRM(Human Resource Management)에서 SHRM으로의 전환은 직원을 단순한 자원으로 보는 것에서 직원을 비즈니스 목표 달성의 핵심 주체로 인식하는 것으로의 전환을 나타낸다. SHRM은 오늘날의 역동적인 비즈니스 환경에서 조직의 민첩성, 혁신 및 경쟁 우위를 육성하는 데 중요한 역할을 한다. 따라서 고성과 작업 관행(HPWP; High Performance Work Practices)이라는 이름하에 인적자원 관리를 위한 다양한 제도를 운영하며, 이 제도들 간의 시너지를 추구하고 있다. HPWP는 조직 성과 향상을 목표로 하는 일련의 인적자원 관행을 말한다.

HRM에서 SHRM으로의 전환

HRM은 조직 내 인적관리에 초점을 맞추었다면, SHRM은 직원이 조직의 장기적 목표와 전략적 방향에 어떻게 기여할 수 있는지에 초점이 맞추어져 있다.

효과적인 채용 및 선발, 포괄적인 교육 및 개발 프로그램, 공정하고 동기를 부여하는 보상 전략, 성과 관리 시스템이 이에 포함된다. HPWP는 직원 만족도 향상, 생산성 향상, 회사 성과 향상과 연결된다.

6. 무역벤처 펀딩

1) 벤처투자 기업의 이해

벤처기업은 분명한 목적지가 있고 거기에 다다르면 얻을 수 있는 보상이 크다는 장점이 있다. 건설적인 기업 공개나 성공적인 회사 매각은 창업자와 투자자를 부자로 만들어주는 동시에 성장 단계에서 리스크가 존재하므로 사업을 어떻게 만들어나가야겠다는 창업가의 5~7년의 기업 성장 지도가 존재해야 한다. 신사업의 성장 단계는 [그림 12-3]과 같이 설정할 수 있다.

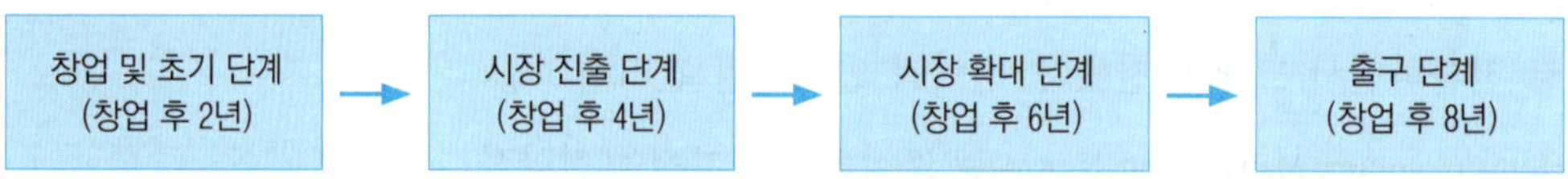

[그림 12-3] 신사업의 성장 단계

성장 단계 지도를 만들기 위해 사업 계획을 준비하면서 불가피하게 그려지는 사업의 발전상은 선형적이지 않은 성장 단계에 대한 접근방식을 강화해야 한다는 것을 의미한다. 이는 단순히 선형적인 관점으로는 기업의 진정한 가치를 평가하기 어렵다는 사실을 반영한다.

사업은 생동감 넘치는 독립체로서 기회와 위기로 가득 차 있으며, 가능한 목적지로 나아갈 수 있는 경로가 무수히 존재한다. 이에 따라 기업은 단일 경로가 아닌 다양한 가능성을 탐색하는 성장 단계 지도를 만들어야 한다.

이 지도는 사업이 직면할 수 있는 다양한 시나리오를 포함하며, 각 시나리오에서 회사가 어떻게 반응하고 기회를 활용하며 잠재적인 위험을 관리할 것인지를 구체화해야 한다. 이 과정에서 회사는 주요 목표를 명확히 정립하고, 경쟁사 대응이나 규제 변화와 같은 외부 상황 변화에 대응하여 더 큰 대안 목표를 모색한다. 성장의 각 단계에서 회사가 직면할 수 있는 주요 목표와 대안 목표를 미리 식별하고, 각 단계를 향해 나아가기 위해 필요한 자원을 정확히 계산한다.

특히 첫 단계에 필요한 자원에 대한 구체적인 계획은 투자자를 유치하는 데 결정적인 역할을 하며, 이를 통해 투자자에게 사업의 높은 가치를 인식시킨다. 또한 투자자와의 협상 과정에서는 사업의 리스크에 상응하는 보상을 제공함으로써 창업가에게 목표 달성을 위한 충분한 동기를 부여하게 된다.

창업가는 투자자들에게 자본을 투입하는 것이 장기적으로 큰 수익을 가져올 것이라는 믿음을 갖게 하는 중요한 요소로, 세 가지 명제들을 확신시켜야 한다.

창업가가 투자자에게 주어야 하는 확신

창업가는 투자자에게 높은 수익 가능성, 논리적이고 달성 가능한 성장 단계들로 구성되어 있다. 첫 번째 성장 단계가 투자할 가치가 있음을 확신시켜야 한다.

(1) 높은 수익 가능성

창업가는 사업이 초기 투자자에게 최소 10배에서 20배의 높은 수익을 가져다줄 좋은 기회라는 점을 확신시킴으로써 투자자들이 그 투자가 긍정적으로 장기적인 효과를 야기할 것이라고 믿게 만든다.

(2) 논리적이고 달성 가능한 성장 단계

창업에서 최종 목표에 이르기까지, 회사의 성장 과정은 논리적이고 달성 가능한 단계들로 구성되어 있어야 한다. 이는 회사가 성장함에 따라 위험이 줄어들고, 새로운 투자자들이 더 높은 가치를 위해 투자하게 되며, 초기 투자자들에게는 더 큰 이익을 보장한다.

(3) 첫 번째 성장 단계의 가치

창업가는 첫 번째 성장 단계가 이미 투자할 만한 충분한 가치가 있다는 것을 보여줘야 한다. 2차 투자자들이 1차 투자자보다 2배에서 4배 더 높은 가격으로 투자할 가능성이 있다는 것을 의미한다. 즉, 초기 투자자들이 나중에 더 높은 가치로 자신의 지분을 매각할 수 있는 잠재력을 가지고 있다.

2) 투자유치 전략

성공적인 투자유치를 위해서는 창업자가 명확한 전략을 가지고 접근해야 한다. 다음은 투자유치 과정에서 고려해야 할 주요 전략들이다.

투자유치

투자유치는 기업 자체, 기업의 미래가치를 상품화하여 자금 조달을 하는 것을 의미한다.

(1) 가치 제안 명확화

가치 제안 명확화는 사업 아이디어가 시장에서 제공하는 독특한 가치와 이점을 명확하게 표현하는 것으로, 투자자가 사업 모델의 잠재력을 쉽게 이해하고, 사업에 대한 신뢰를 구축할 수 있도록 하는 것이 중요하다.

(2) 시장 분석과 타깃 고객

시장 분석과 타깃 고객은 목표로 하는 시장의 크기, 성장 가능성, 타깃 고객층의 특성을 분석하는 과정을 의미하며, 사업의 성공 가능성을 입증하고, 투자자에게 사업이 타당한 투자임을 보여주는 것이 중요하다.

(3) 경쟁 분석

경쟁 분석은 시장 내 경쟁사들과 비교하여 자신의 사업이 가지는 경쟁 우위와 차별점을 분석하는 것이다. 사업의 경쟁력을 강조하고, 시장에서의 독특한 위치를 투자자에게 전달하는 것이 중요하다.

(4) 재무 계획과 예상 수익성

재무 계획과 예상 수익성은 사업의 초기 투자금 사용 계획과 중장기 재무 목표를 포함한 계획을 의미한다. 사업의 재무적 건전성과 수익 창출 능력을 보여줌으로써 투자의 매력도를 높이는 것이 중요하다.

(5) 경영 팀의 역량

경영 팀의 역량은 창업팀과 경영진의 경험, 지식, 이전 성공 사례를 강조하는 것으로, 팀의 역량과 사업을 성공으로 이끌 수 있는 능력을 투자자에게 보여주는 것이 중요하다.

이러한 전략들은 투자자에게 사업의 가치와 성공 가능성을 효과적으로 전달하기 위해 필수적이다. 창업자는 이러한 전략들을 기반으로 자신의 사업 계획을 체계적으로 준비하고, 투자자와의 미팅에서 확신을 가지고 전달해야 한다.

3) 펀딩 옵션의 다양성

사업을 시작하거나 확장하기 위해 자금을 확보하는 방법은 다양하다. 창업자는 자신의 사업 모델, 자금 필요 시점, 그리고 반환 조건 등을 고려하여 가장 적합한 펀딩 방법을 선택해야 한다. 주요 펀딩 옵션으로는 부트스트래핑, 크라우드펀딩, 엔젤 투자, 벤처 캐피털, 정부 보조금 및 대출 등이 있다.

펀딩 옵션
개인이나 기업이 사업을 시작하거나 확장하기 위해 자금을 조달할 수 있는 다양한 방법이나 수단을 말한다.

[표 12-4] 무역벤처 창업 펀딩 옵션

부트스트래핑	크라우드펀딩	엔젤 투자	벤처 캐피털	정부 보조금 및 대출
부트스트래핑(bootstrapping)은 창업자가 개인 자산이나 운영 수익을 재투자하여 사업을 성장시키는 방법이다. 자금 조달 한계로 인해 사업 성장이 느릴 수 있지만, 외부 투자자 없이 사업을 운영할 수 있어 회사의 통제권을 유지할 수 있다.	크라우드펀딩(crowdfunding)은 인터넷 플랫폼을 사용하여 대중으로부터 소액의 자금을 모으는 방법이다. 목표 금액을 모으지 못하면 펀딩에 실패할 수 있다는 단점이 있지만, 제품이나 서비스에 대한 시장 반응을 사전에 검증할 수 있다.	엔젤 투자(angel investment)는 개인 투자자로부터 초기 단계의 자본을 조달하는 방법이다. 투자자에게 회사 지분을 양도해야 할 수 있다는 단점이 있기도 하지만, 초기 단계에서 큰 금액의 자본을 유치할 수 있다.	벤처 캐피털(venture capital)은 전문 투자 회사로부터 대규모 자본을 조달하는 방법이다. 상당한 지분과 통제권을 포기해야 할 수 있다는 단점이 있지만, 큰 규모의 자본 조달이 가능하고, 투자자로부터 경영 지원을 받을 수 있다는 장점이 있다.	정부 보조금 및 대출은 정부 기관으로부터 재정 지원이나 대출을 받는 것이다. 신청 절차가 복잡하고 자격 요건이 엄격할 수 있지만, 이자율이 낮고 무상 지원을 받을 수 있다.

각각의 펀딩 옵션은 사업의 성격, 필요한 자금의 규모, 창업자의 목표 및 선호도에 따라 선택해야 한다. 효과적인 자금 조달 전략을 수립하기 위해서는 각 옵션의 장단점을 면밀히 분석하고, 사업 계획에 가장 적합한 방법을 선택하는 것이 중요하다.

4) 투자유치 과정

사업 계획서

사업 계획서는 사업의 내용을 정리하거나 사업 계획을 포함한 문서를 의미한다.

투자유치 과정은 여러 단계로 나뉘는데, 단계별로 창업자는 준비와 정교한 접근방식이 필요하다. 이 과정은 사업 아이디어의 초기 평가부터 실제 자금 조달에 이르기까지 다음과 같은 단계를 포함한다[표 12-5].

투자유치 과정은 단순히 자금을 확보하는 것 이상의 의미를 가진다. 이 과정을 통해 창업자는 사업 계획의 타당성을 검증하고, 사업 실행을 위한 중요한 파트너십을 구축한다. 따라서 각 단계를 신중하게 계획하고 실행하는 것이 중요하다.

[표 12-5] 무역벤처 투자유치 단계별 활동

사업 계획서 작성	투자자 발굴	피칭 및 프레젠테이션	협상 및 계약	자금 조달 및 실행
사업 계획서는 투자자가 사업의 가치와 잠재력을 이해할 수 있는 기초 자료를 제공하는 것이므로 사업의 비전, 목표, 시장 분석, 경쟁 분석, 마케팅 전략, 운영 계획, 재무 계획 등을 포함하여 작성한다.	잠재적 투자자를 식별하고, 그들의 투자 선호도와 이력을 조사함으로써 사업과 잘 맞는 투자자를 찾아 효율적인 접근을 가능하게 한다.	투자자의 관심을 끌고, 사업에 대한 신뢰를 구축하는 결정적 순간이므로 사업 계획과 비전을 투자자에게 전달하기 위한 구두 및 시각적 프레젠테이션을 준비할 필요가 있다.	양 당사자 모두에게 공정하고 지속 가능한 조건을 확보하는 단계로, 투자 조건, 지분 분배, 투자금의 사용 방법 등에 대해 투자자와 협상한다.	획득한 자금을 효과적으로 사용하여 사업 목표를 달성하는 단계로, 협상을 통해 확정된 조건에 따라 자금을 조달하고, 사업 계획에 따라 실행에 옮긴다.

5) 법적 고려 사항

무역벤처 펀딩 과정에서의 법적 고려 사항은 창업자와 투자자 모두에게 중요한 의미를 지닌다. 이러한 고려 사항은 투자의 성공적인 실행과 향후 발생할 수 있는 법적 분쟁을 방지하기 위해 필수적이다.

[표 12-6] 무역벤처 투자유치 관련 법적 고려 사항

투자 계약과 구조	지식재산권	규제 환경	개인정보 보호 및 데이터 보안
투자 계약서는 투자 조건, 지분 분배, 투자자의 권리와 의무 등을 명시한다. 계약 구조는 일반적으로 선호주, 전환주, 단순 지분 투자 등의 형태를 취할 수 있다. 각 구조는 투자자와 창업자에게 서로 다른 재정적 · 법적 결과를 초래하므로 이에 대한 이해가 필요하다.	창업기업의 가치 중 상당 부분은 지식재산권(IP)에 의해 결정된다. 특허, 상표, 저작권 등의 적절한 등록과 보호는 기업의 핵심 자산을 보호하고, 투자자로부터의 투자 가치를 높인다.	기업이 활동하는 산업 분야에 따라 다양한 규제와 법률이 적용될 수 있다. 특히 금융, 의료, 교육 등의 분야에서는 엄격한 규제 준수가 요구된다. 또한 국경 간 무역에서는 여러 국가의 법률과 규제가 적용될 수 있어 국제 법률에 대한 이해도 필요하다.	전자상거래와 관련하여 고객 데이터의 수집, 저장, 처리 방법은 GDPR(유럽 일반 데이터 보호 규정) 등 다양한 국제적 · 지역적 법률에 의해 규제된다. 데이터 보안과 개인정보 보호는 소비자 신뢰를 유지하고 법적 책임을 회피하는 데 중요하다.

6) 사례 연구

스타트업

스타트업이란 설립한 지 오래되지 않은 신생 벤처기업을 말한다.

사례 1: **성공적인 크라우드펀딩 캠페인**

XYZ 스타트업은 혁신적인 휴대용 충전기 개발을 위해 크라우드펀딩 플랫폼을 활용했다. 목표 금액의 200%를 조달하는 데 성공하며, 사전 주문, 시장의 관심, 초기 자본을 확보했다. 이 사례는 명확한 가치 제안, 효과적인 마케팅 전략, 그리고 투명한 커뮤니케이션이 크라우드펀딩 성공의 핵심임을 보여준다.

사례 2: **벤처 캐피털 투자유치**

ABC 테크놀로지는 인공지능 기반 소프트웨어 개발을 위해 벤처 캐피털로부터 투자를 유치했다. 투자유치 과정에서 강력한 사업 계획서, 체계적인 시장 분석, 그리고 경험 많은 경영진이 중요한 역할을 했다. 이 사례는 초기 단계 기업이 전문 투자자를 설득하는 데 필요한 요소들을 잘 보여준다.

무역벤처 창업은 글로벌 시장에서 지속 가능한 성장을 달성하기 위한 복잡한 과정이다. 이 과정은 다양한 단계와 전략을 포함하며, 창업자에게는 시장의 이해, 전략적 계획, 그리고 실행 능력을 요구한다. 본 장에서는 개인 무역 창업의 기초부터 시작하여 심화 수출입 전략, 수입 절차와 세금, 지역별 수입 상품 발굴, 국내 판매 전략, 해외 오픈마켓에서의 판매, 고객관리와 상품 배송 전략에 이르기까지 무역벤처 창업의 전 과정을 체계적으로 다룬다.

7. 사업 계획서의 작성

무역벤처 창업을 성공적으로 시작하기 위해서는 몇 가지 기본 조건을 충족시켜야 한다. 첫째로, 국제무역에 대한 기본적인 지식과 이해가 필수적이다. 이를 위해 무역 이론, 수출입 절차, 관세법, 국제 결제방식, 물류 관리 등에 대한 학습이 필요하다. 둘째로, 시장조사 능력을 갖춰야 한다. 목표시장의 수요, 경쟁 상황, 문화적 차이 등을 분석하여 상품과 시장 전략을 결정하는 것이 중요하다. 셋째로, 사업을 시작하기 위한 초기 자본을 확보함으로써 개인 저축, 대출, 투자자 유치 등 다양한 방법으로 조달될 수 있다. 마지막으로 사업자 등록, 수출입 라이선스 취득, 세관 규정 준수 등 필요한 법적 요건을 이해하고 준수할 필요가 있다. 무역벤처기업 사업 계획서에 포함되는 주요 내용은 다음과 같다.

관세법
관세의 부과 및 징수와 수출입 물품의 통관 절차를 적정하게 관리하고, 이를 통해 관세 수입을 확보하여 국민 경제의 발전에 기여하는 것을 목적으로 한다.

- 무역벤처 창업 아이템의 배경 및 필요성
- 무역벤처 창업 아이템의 목표시장 및 요구사항 분석
- 무역벤처 창업 아이템의 개발 및 개선 준비 현황
- 무역벤처 창업 아이템의 구현 방안
- 무역벤처 창업 아이템의 비즈니스 모델 및 추진 성과
- 무역벤처 창업 아이템의 시장 진입 등 국제화 전략
- 사업 추진 일정 및 자금 운용 계획
- 무역벤처 창업기업의 구성 및 보유 역량

8. 무역벤처 창업 지원사업

1) 재정 지원 프로그램

정부와 기관은 무역벤처 창업기업들을 지원하기 위해 창업 초기 자금 지원, 연구 개발 비용 지원, 시제품 제작 및 마케팅 비용 지원 등의 재정 지원 프로그램을 통해 스타트업들의 경쟁력을 향상시키고 성장을 도모하고 있다.

(1) 창업 초기 자금 지원

창업 초기 자금 지원은 스타트업이 사업 초기 단계에서 필요한 기본적인 자금을 확보할 수 있도록 돕는다. 이 프로그램의 주요 대상은 혁신적인 비즈니스 모델을 가지고 있으며, 상당한 성장 잠재력을 보유한 신생 기업이다. 스타트업은 사업 계획서와 함께 온라인 포털을 통해 이 프로그램에 신청할 수 있다. 신청을 위해서는 사업의 혁신성, 시장 내 경쟁력, 팀의 역량 및 실행 가능성 등이 평가된다. 선정 과정은 사업 계획의 타당성 검토와 함께 창업팀의 인터뷰를 포함할 수 있다.

(2) 연구개발(R&D) 비용 지원

연구개발 비용 지원은 기술 혁신을 목표로 하는 스타트업에게 제공된다. 지원 분야는 신제품 개발, 기존 제품의 개선, 새로운 서비스 모델 개발 등 다양하다. 예산 범위는 프로젝트의 규모와 중요도에 따라 결정되며, 일반적으로 몇만 달러에서 수십만 달러에 이른다. 성공 사례를 통해 이 프로그램의 효과를 볼 수 있다. 예를 들어, 특정 기술 스타트업이 R&D 지원을 받아 혁신적인 제품을 개발하고, 이후 해당 제품이 시장에서 큰 성공을 거둔 경우 등이 소개된다. 이러한 사례들은 신청

연구개발(R&D)

R&D는 'Research & Development'의 약어다. R&D는 연구와 개발 두 가지 활동을 의미한다.

자에게 프로그램의 잠재적 가치와 성공 전략에 대한 통찰을 제공한다.

(3) 시제품 제작 및 마케팅 비용 지원

시제품 제작 및 마케팅 비용 지원은 제품의 시장 테스트와 초기 마케팅 활동을 위해 필요한 자금을 제공한다. 대상 기업은 시장에 진입할 준비가 되어 있고, 혁신적인 제품이나 서비스를 가진 스타트업으로 선정된다. 기업의 시장 진입 전략, 제품의 혁신성, 마케팅 계획의 실현 가능성 등이 평가 기준이 된다. 지원 프로세스는 온라인 신청서 제출로 시작된다. 신청서에는 사업 모델, 시장 분석, 마케팅 전략, 예상 예산 등이 포함되어야 한다. 선정 과정은 신청서 검토, 프레젠테이션, 필요 시 추가 면접을 포함할 수 있다. 최종적으로 선정된 기업은 지원금을 받아 시제품 제작 및 마케팅 활동을 진행하게 된다.

시제품 제작
개발 중인 제품의 초기 버전을 만들어 기능과 디자인 등을 테스트하는 과정.

2) 인프라 구축 및 시설 지원

무역벤처 창업을 지원하는 데 필요한 인프라 구축과 시설 지원이 이루어지고 있다. 여기에는 창업 지원 센터, 연구시설, 무역 네트워크 구축 등이 포함된다. 스타트업이 필요로 하는 다양한 자원과 지원을 제공함으로써 사업의 성장과 글로벌 진출을 위한 기반을 마련해준다. 창업자들이 이러한 인프라와 시설을 어떻게 활용할 수 있는지 구체적인 정보를 제공하고자 한다.

(1) 창업 지원 센터

창업 지원 센터는 전국적으로 다양한 지역에 있다. 이 센터들은 온라인 포털을 통해 검색할 수 있으며, 예약 시스템을 통

창업 지원 센터
창업자들을 위한 다양한 서비스를 제공해준다. 각 창업 지원 센터는 다른 프로그램과 혜택을 제공한다.

해 방문 일정을 잡을 수 있다. 이용 방법은 간단하며, 대부분 온라인 등록 후 센터를 방문하여 다양한 서비스와 자원을 이용할 수 있다. 창업 지원 센터는 창업자들에게 사무 공간, 회의실, 고속 인터넷 연결 등의 기본적인 사무 인프라를 제공한다. 또한 법률, 회계, 마케팅 등 다양한 분야 전문가들로부터의 상담 서비스, 네트워킹 이벤트, 투자자 미팅, 교육 워크숍, 세미나 등 다양한 프로그램을 제공하여 창업자들이 사업을 성장시킬 수 있도록 지원한다.

(2) 연구시설 및 기술개발센터

연구시설 및 기술개발센터는 대학교, 연구 기관, 산업 단지 내에 위치해 있으며, 이곳에서 스타트업이 최신 연구 장비와 기술을 이용할 수 있다. 이용 조건은 센터마다 다를 수 있으나, 일반적으로 사업 계획서 및 연구 개발 계획의 제출이 요구된다. 일부 시설은 특정 산업 분야에 속한 스타트업에게 우선적으로 접근 권한을 제공한다. 이 시설들은 스타트업과의 협력을 통해 새로운 기술 개발, 공동 연구 프로젝트, 기술 이전 기회 등을 제공한다. 또한 대학교나 연구기관과의 파트너십을 통해 학계의 전문지식과 산업계의 실용적 경험을 결합하여 혁신을 촉진한다.

(3) 무역 네트워크 및 해외 지원 허브

무역 네트워크 및 해외 지원 허브는 스타트업이 글로벌 시장에 진출할 수 있도록 다양한 지원을 제공한다. 이에는 해외시장조사, 국제무역 규정 및 관세 정보 제공, 해외 파트너사와의 연결 등이 포함된다. 이 프로그램들은 국제 비즈니스 네트워킹 이벤트, 전시회 참가 지원, 해외 바이어와의 미팅 조직 등을 통해 스타트업이 글로벌 네트워크를 구축하고 신규 시장에 진출할 수 있도록 돕는다. 이러한 프로그램을 통해 스타트업은 해외시장의 요구사항을 이해하고, 국제적인 비즈니스 관계를 발전시킬 수 있다.

3) 교육 및 멘토링 프로그램

무역벤처 창업을 지원하기 위해 교육 및 멘토링 프로그램이 제공된다. 무역벤처 창업기업가의 입장에서는 적절한 교육 및 멘토링 프로그램에 참여함으로써 기업가정신을 함양하고 창업과 관련된 지식과 기술을 습득할 수 있다. 동시에 경험 있는 전문가들로부터 조언과 가이드를 받을 수 있다.

멘토링
특정 분야에 경험이 많은 사람이 그 분야에 경험이 적은 사람에게 조언해주는 것을 말한다.

(1) 기업가정신 교육 프로그램

기업가정신 교육 프로그램은 창업자와 예비 창업자를 대상으로 한다. 이 프로그램은 창업 기획, 사업 모델 개발, 재무관리, 마케팅 전략 수립 등 창업에 필수적인 주제들을 다룬다. 창업자들이 사업을 시작하고 운영하는 데 필요한 기본적인 기업가정신과 지식을 갖추도록 하는 것을 교육의 목적으로 두고, 온라인 교육 자료와 오프라인 워크숍을 통해 다양한 학습 기회를 제공한다.

온라인 플랫폼은 학습 자료, 비디오 강의, 인터랙티브 퀴즈 등을 통해 언제 어디서나 학습할 수 있는 유연성을 제공한다. 오프라인 워크숍은 실제 사례 연구, 그룹 토론, 네트워킹 기회 등을 통해 실질적인 경험을 제공한다.

(2) 전문가 멘토링 및 컨설팅

멘토링 프로그램은 경험 많은 전문가들이 창업자들에게 일대일 지도를 제공하는 구조로 운영된다. 멘토들은 자신의 경험, 지식, 네트워크를 공유하여 창업자들이 사업상의 도전 과제를 극복하고 성공적으로 사업을 성장시킬 수 있도록 지원한다.

컨설팅
어떤 이슈에 대해 분석해서 솔루션, 해결 방법을 컨설턴트가 제시해주는 것을 의미한다.

성공적인 멘토링 관계를 구축하기 위해서는 명확한 목표 설정, 정기적인 소통, 상호 존중의 태도가 필요하다. 창업자는 멘토에게 자신의 사업 목표, 기대하는 지원 사항, 그리고 직면한 도전 과제에 대해 명확하게 전달해야 한다. 정기적인 미팅과 소통을 통해 멘토링 관계를 강화하고, 서로에 대한 신뢰를 쌓아가는 것이 중요하다.

(3) 기술 및 비즈니스 스킬 개발 워크숍

기술 및 비즈니스 스킬 개발 워크숍은 최신 시장 동향, 기술 혁신, 비즈니스 전략 등 다양한 주제를 다룬다. 이 워크숍은 정기적으로 개최되며, 창업자들은 워크숍 일정과 주제를 온라인으로 확인하고 사전 등록할 수 있다.

일반적으로 창업 지원기관들이 이와 같은 워크숍을 개최하고 있다. 참여를 원하는 창업자들은 관련 웹사이트를 통해 등록할 수 있다. 워크숍은 보통 무료 또는 소정의 비용으로 제공되며, 창업자들에게 새로운 지식 습득과 전문가들과의 네트워킹 기회를 제공한다.

4) 네트워킹 및 해외시장 진입 지원

무역벤처 창업기업들은 국제적인 네트워크와 파트너십의 형성을 통해 글로벌 시장에 진출할 수 있다. 창업기업의 해외시장 진출은 지난한 과제이다. 따라서 이미 구축된 네트워크를 적극적으로 활용할 필요가 있으며, 단기적인 관점보다는 중장기적인 관점에서 접근하는 것이 바람직하다. 많은 무역 유관기관들은 해외시장 진출을 지원하는 프로그램을 운영하고 있으며, 기업들이 다양한 비즈니스 기회를 모색할 수 있도록 돕고 있다.

(1) 국제 비즈니스 네트워킹 이벤트

국제 비즈니스 네트워킹 이벤트는 창업자들에게 글로벌 시장의 동향을 이해하고, 해외 파트너와의 관계를 구축하는 기회를 제공한다. 이러한 행사에는 산업 전시회, 국제 콘퍼런스, 비즈니스 매칭 이벤트 등이 포함된다. 행사 참여를 통해 창업자들은 자신의 비즈니스를 국제무대에 소개하고, 잠재적인 고객, 투자자, 파트너와의 만남을 가질 수 있다.

비즈니스 네트워킹

전문적인 인맥을 구축하고 유지함으로써 비즈니스 기회를 창출하고, 정보와 자원을 교환하며, 상호 이익을 도모하는 활동을 의미한다. 이는 다양한 산업 분야의 사람들과 관계를 맺고, 협력 가능성을 모색하거나, 새로운 비즈니스 파트너, 고객, 투자자를 찾는 데 중요한 역할을 한다.

효과적인 네트워킹을 위해서는 명확한 목표 설정, 적극적인 참여, 지속적인 관계 구축이 중요하다. 이벤트 참가 전에는 자신의 비즈니스와 이벤트 참가자들 사이의 연관성을 분석하고, 관심이 맞는 참가자들에게 미리 연락을 취하는 것이 좋다. 이벤트에서는 명함 교환, 짧은 소개, 후속 조치를 위한 약속 등을 통해 의미 있는 연결을 형성해야 한다.

(2) 해외시장 진출 지원 프로그램

해외시장 진출 지원 프로그램은 창업자들이 새로운 시장에 진입할 수 있도록 다양한 자원과 정보를 제공한다. 이러한 프로그램에는 시장조사, 국제 마케팅 전략 개발, 해외 바이어와의 매칭 서비스, 수출 절차 및 규정에 관한 상담 등이 포함된다. 목표는 창업자들이 글로벌 시장의 기회를 파악하고, 수출 절차를 원활하게 진행할 수 있도록 하는 것이다.

해외시장 진출을 원하는 창업자는 특정 산업에서 개최하는 프로그램이나, 전자상거래 플랫폼 기업들이 주최하는 프로그램에 참여함으로써 그 효과를 높일 수 있다. 이러한 프로그램을 준비하기 위해서는 창업기업의 비즈니스 모델, 해외시장 진출 계획, 예상되는 시장 잠재력 등의 정보를 준비해야 한다. 일반적으로 프로그램의 선정 기준은 사업의 성장 가능성, 해외시장 진출 전략의 타당성, 제품 또는 서비스의 국제 경쟁력 등에 기반한다.

(3) 파트너십 및 협력 기회

파트너십 및 협력 기회는 창업자들이 비즈니스 성장을 가속화하고, 새로운 시장에서의 성공 가능성을 높일 수 있는 방법을 제공한다. 협력 모델에는 라이센싱, 공동 마케팅, 제품 공동개발 등이 있다. 이를 통해 기업은 자원을 공유하고, 위험을 분산하며, 시너지를 창출할 수 있다.

성공적인 파트너십 구축을 위해서는 상호 이익을 고려한 접근이 필요하다. 초기 단계에서는 잠재적인 파트너와의 신뢰 구축, 공동 목표의 설정, 명확한 역할 및 책임의 정의가 중요하다. 또한 정기적인 소통과 피드백을 통해 파트너십을 지속적으로 관리하고, 협력 관계를 강화해야 한다.

5) 정책 및 법률 지원

무역벤처 창업을 위해 관련된 정책과 법률 지원이 이루어지고 있다. 이는 관세 혜택, 무역 규제 완화, 지식재산권 보호 등의 측면을 다룰 수 있으며, 기업들이 안정적으로 사업을 운영하는 데 필수적인 법률적 지식과 지원을 이해하고 배울 수 있다.

(1) 관세 혜택 및 무역 규제 완화

관세 혜택 및 무역 규제 완화는 특정 상품의 수출입 과정에서 관세를 감소시키거나 면제해주며, 무역 절차를 단순화하여 기업의 국제 거래를 용이하게 한다. 이러한 혜택은 특정 산업 분야, 상품 종류, 또는 국가 간 자유무역협정(FTA)의 일환으로 제공될 수 있다. 대상 기업은 해당 규제와 협정의 조건을 충족해야 혜택을 받을 수 있다. 기업은 무역 혜택 및 규제 완화를 위해 관련 정부 부처에 신청해야 한다.

신청 과정에서 상품 설명, 수출입 계획, 협정 충족 여부 등의 문서가 요구될 수 있다. 정부기관은 신청서를 검토한 후, 기업이 조건을 만족하는 경우 관세 혜택을 적용하거나 무역 절차를 간소화한다.

(2) 지적재산권 보호

지적재산권 보호는 창업자의 혁신과 창작물을 법적으로 보호하는 중요한 수단이다. 정부 및 관련 기관은 특허, 상표, 저작권 등록을 위한 상담 서비스, 지적재산 교육 프로그램, 분쟁 해결 지원을 제공한다.

국제시장에서 사업을 운영하는 기업은 목표시장 국가의 지식재산권 법률에 대응해야 한다. 이를 위해 정부기관은 해외 지식재산권 등록 절차, 국제 법률 상담, 그리고 해외 분쟁 해결을 위한 지원을 제공한다.

(3) 법률 상담 및 지원 서비스

법률 상담 및 지원 서비스는 창업자가 법적 문제에 효과적으로 대응할 수 있도록 돕는다. 이 서비스는 계약서 작성, 법적 분쟁 조정, 사업 운영 관련 법률 조언 등을 포함한다. 제공 기관에는 정부 법률 지원 센터, 전문 법률 상담 기관 등이 있다. 법률 상담 서비스를 이용하려면 해당 기관에 직접 연락하거나 온라인으로 신청할 수 있다. 많은 정부기관에서 무료 또는 저렴한 비용으로 상담 서비스를 제공하지만, 서비스 범위나 지원 조건에 따라 비용이 발생할 수 있다.

• 평가문제 •

진위형(O, X 문제)

1	무역벤처 창업은 협업보다는 개인의 창의성을 바탕으로 추진하는 것이 바람직하다.	
2	무역벤처 창업의 개인적 동기는 기술, 전문성, 열정이다.	
3	페르소나 분석이란 목표하는 시장의 대표적인 고객을 묘사하는 과정을 의미한다.	
4	무역벤처 창업의 펀딩 옵션은 다양하다. 이때 엔젤 투자 방식은 지인과 친지들을 중심으로 창업자금을 마련하는 것을 말한다.	
5	무역벤처 창업의 시장과 제품의 격차를 분석하는 도표를 앤소프 매트릭스라고 하며, 이를 통하여 해외시장의 기회를 탐색하게 된다.	

단답식

6. 페르소나가 제품의 발견부터 구매, 사용, 가치 획득, 지불, 재구매에 이르기까지 어떻게 행동하는지를 자세하게 기술하는 표현방식은?

____

7. 다양한 소비자들로 구성된 큰 시장을 특정 기준에 따라 몇 개의 작은 시장으로 나누는 과정은?

____

8. 기본적인 생존 욕구를 충족하는 것으로 적절한 급여, 안전한 작업환경으로 적용할 수 있는 욕구는?

____

9. 투자자가 사업의 가치와 잠재력을 이해할 수 있는 기초 자료를 제공하는 것으로 사업의 비전, 목표, 시장 분석, 경쟁 분석, 마케팅 전략, 운영 계획, 재무 계획 등을 포함하여 작성하는 것은?

10. 창업자의 혁신과 창작물을 법적으로 보호하는 중요한 수단은?

주관식

11. BCG 매트릭스는 산업 성장률과 시장 점유율을 기반으로 평가하여 4가지 사업으로 분류한다. 각 사업을 제시하고 설명하시오.

12. 욕구의 5가지 단계를 제시하고, 이들을 각각 설명하시오.

정답

1. X **2**. O **3**. O **4**. X **5**. X **6**. 효용지도 **7**. 시장 세분화 **8**. 생리적 욕구 **9**. 사업 계획서
10. 지적재산권 보호

• 참고문헌 •

Blank, S.(2013). The Startup Owner's Manual: The Step-by-Step Guide for Building a Great Company. K&S Ranch Press.

Christensen, C. M., & Raynor, M. E.(2013). The Innovator's Solution: Creating and Sustaining Successful Growth. Harvard Business Review Press.

Cooper, B. & Vlaskovits, P.(2016). The Lean Entrepreneur: How Visionaries Create Products, Innovate with New Ventures, and Disrupt Markets. Wiley.

Graham, P.(2008). "What We Look for in Founders." Y Combinator Blog.

Haffernan, M.(2002). How to Find a Co-founder. Kauffman Foundation.

Kim, W. C., & Mauborgne, R.(2005). Blue Ocean Strategy: How to Create Uncontested Market Space and Make Competition Irrelevant. Harvard Business Review Press.

Kim, W. C., & Mauborgne, R.(2015). Blue Ocean Strategy, Expanded Edition: How to Create Uncontested Market Space and Make the Competition Irrelevant. Harvard Business Review Press.

Kotler, P., & Armstrong, G.(2017). Principles of Marketing(17th ed.). Pearson.

Levitt, T.(1983). The Marketing Imagination. Free Press.

Linton, I., & Morley, S.(1995). Product Marketing for Technology Companies. McGraw-Hill.

O'Reilly, C. A., & Tushman, M. L.(2016). Lead and Disrupt: How to Solve the Innovator's Dilemma. Stanford Business Books.

Osterwalder, A., & Pigneur, Y.(2010). Business Model Generation: A Handbook for Visionaries, Game Changers, and Challengers. Wiley.

Osterwalder, A., Pigneur, Y., & Bernarda, G.(2014). Value Proposition Design: How to Create Products and Services Customers Want. Wiley.

Pejman Pour-Moezzi(2016). "How to Find Your Co-Founder." Forbes.

Ries, A., & Trout, J.(1986). Positioning: The Battle for Your Mind. McGraw-Hill.

Ries, E.(2011). The Lean Startup: How Today's Entrepreneurs Use Continuous Innovation to Create

Radically Successful Businesses. Crown Publishing Group.

Roberts, E. B.(1991). Entrepreneurship in High Technology: Lessons from MIT and Beyond. Oxford University Press.

Scott, D. M.(2020). The New Rules of Marketing and PR(7th ed.). Wiley.

Tuten, T. L., & Solomon, M. R.(2018). Social Media Marketing(3rd ed.). Sage.

Zecchini, H.(2010). Five Rules for Co-founder Heaven. Startup Digest.

제13장

무역벤처 창업 실무 (II): 마케팅

제13장에서는 무역벤처 창업 실무의 마케팅 분야를 학습한다. 해외시장 진출을 위한 창업기업의 전략을 수립할 때 고려해야 할 사항들을 학습한다.

1. 구매효용지도

구매효용지도
시장 내에서 각 제품이나 브랜드가 소비자에게 제공하는 상대적 가치와 인식을 비교 분석하기 위해 사용되는 시각적 도구로, 마케팅 전략, 소비자의 선호와 요구를 파악하는 데 유용하다.

구매효용지도란(혹은 제품 포지셔닝 맵; product positioning map) 시장 내에서 각 제품이나 브랜드가 소비자에게 제공하는 상대적 가치와 인식을 비교 분석하기 위해 사용되는 시각적 도구를 말한다. 이 도구는 마케팅 전략을 계획하고, 경쟁사와 비교하며, 소비자의 선호와 요구를 파악하는 데 유용하다.

구매효용지도의 기본 요소는 일반적으로 2차원의 X, Y축을 이용하여 표현한다. 이때 X, Y축은 각각 두 가지 주요 속성들(attributes)이나 혜택 혹은 이점들(benefits)을 축으로 사용한다. 예를 들면 X축은 '가격'이고 Y축은 '품질'일 수 있다. 이 지도에서 시장에 있는 각 경쟁 제품이나 서비스는 지도 위에 점으로 표시한다. 이 점들은 제품의 위치를 나타내며, 제품 간의 상대적인 차이를 비교할 수 있게 한다. 다른 기준을 활용하여 유사한 방법으로 작성할 수 있다.

1) 구매효용지도 작성 절차

(1) 시장조사

소비자 설문조사, 포커스 그룹, 판매 데이터 등을 통해 정보를 수집한다.

(2) 중요 속성 선정

소비자에게 중요한 제품 속성을 결정하는 단계이다. 예를 들어 자동차에 있어서 연비, 가격, 디자인, 안전성 등이 중요 속성인 것처럼 제품의 구매와 연관된 속성을 선정한다.

(3) 데이터 분석 및 시각화

수집된 데이터를 바탕으로 각 제품의 위치를 지도상에 표시한다.

(4) 전략 수립

이 지도를 바탕으로 시장의 틈새를 찾거나 경쟁 우위를 확보하기 위한 전략을 수립한다.

2) 구매효용지도의 활용 목적

구매효용지도의 활용 목적
- 제품 개발, 캠페인 전략, 가격 전략 수립
- 해외시장 진입 전략 수립
- 경쟁사 대비 우위 요소 도출

구매효용지도의 활용 목적은 첫째, 제품 개발, 광고 캠페인, 가격 전략 설정 등 다양한 마케팅 활동에 활용한다. 둘째, 효과적인 해외시장 진입 전략을 수립한다. 마지막으로 경쟁사 대비 우위를 확보할 수 있는 통찰력을 획득할 수 있다.

2. 고객의 생애주기별 구매효용지도

고객 생애주기별 구매효용지도
소비자의 생애 단계에 따른 서비스의 가치와 선호도를 비교해서 평가하기 위한 도구.

생애주기별 구매효용지도는 특정 소비자의 생애 단계에 따른 제품이나 서비스의 가치와 선호도를 비교해서 평가하기 위한 도구이다. 즉, 사람들이 다양한 생애 단계를 거치면서 그들의 요구, 우선순위, 구매력이 변화하기 때문에 마케터는 이를 이해하고 대응하는 데 구매효용지도를 사용한다.

생애주기별 구매효용지도가 중요한 이유는 첫째, 고객 세분화 및 타깃팅에 유용하기 때문이다. 생애주기별 구매효용지도는 특정 생애 단계에 있는 소비자들의 구매 행태와 선호를 파악하여 그에 맞춤화된 제품이나 서비스를 제공할 수 있도록 지원한다. 둘째, 다양한 생애 단계의 소비자들에게 어떤 특성이 중요한지 이해함으로써 더욱 효과적인 광고와 프로모션 전략을 수립할 수 있다. 마지막으로 소비자의 생애주기 단계에 맞춘 제품 개발을 가능하게 하며, 이러한 전략은 소비자의 니즈를 정확히 만족시킬 수 있도록 지원한다.

생애주기 단계
소비자를 유아기, 청소년기, 성인 초기, 중장년기, 노년기 등으로 구분하는 것.

결론적으로 생애주기별 구매효용지도를 통해 기업들은 자신들의 제품이나 서비스가 각 생애 단계별 소비자에게 어떤 가치를 제공하는지 정확히 파악하고, 그에 적합한 마케팅과 제품 개발 전략을 최적화한다.

고객 생애주기별 구매효용지도 작성 방법

① 생애주기 단계 구분: 유아기, 청소년기, 성인 초기, 중년기, 노년기 등 소비자의 생애 단계로 나눔

- 생애주기별 고려 요소
  - 유아기: 제품의 안전성과 부모의 사용 용이성
  - 청소년기: 스타일, 기술의 현대성, 패션 트렌드
  - 성인 초기: 가격, 효율성, 다기능성
  - 중년기: 품질, 내구성, 브랜드 신뢰도
  - 노년기: 접근성, 사용의 편리함, 서비스 지원

② 단계별 중요 속성 결정: 각 생애 단계별로 중요하게 여기는 제품 속성을 지정함. 예를 들어, 성인 초기 단계는 경제성이나 디자인이 중요할 수 있으며, 노년기에는 편리성이나 안전성이 더 중요하게 파악됨

③ 데이터 수집 및 분석: 각 생애 단계별 소비자들의 구매 데이터, 선호도 조사 등을 수집하고 분석함

④ 지도 작성: 분석된 데이터를 바탕으로 각 생애 단계에 해당하는 소비자 그룹의 제품 속성에 따른 선호도를 지도상에 시각화함으로써 완결됨

[그림 13-1] 생애주기별 구매효용지도 작성 방법

3. 상품의 수명주기별 구매효용지도

고객의 생애주기별 구매효용지도를 묘사하듯이 상품의 수명주기별 구매효용지도를 고려할 수 있다. 특히 국내시장과 해외 목표시장과의 격차에서 발생하는 기회를 포착하고자 할 때 유용한 방법이다. 상품의 수명주기별 효용지도는 제품이 시장에서 거치는 단계별로 소비자가 지각하는 가치와 속성을 시각적으로 정리한 도구이다. 제품의 수명주기는 일반적으로 도입기, 성장기, 성

상품의 수명주기
상품의 도입기, 성장기, 성숙기, 쇠퇴기로 구분.

숙기, 쇠퇴기의 네 단계로 구분된다. 각 단계에서는 소비자의 요구와 기대가 다르므로, 시기별 변화를 이해하고 알맞은 마케팅 전략을 수립하는 데 효용지도가 많은 도움을 줄 수 있다.

[표 13-1] 상품의 수명주기별 구매효용지도

	도입기	성장기	성숙기	쇠퇴기
중요 속성	• 혁신성, 기술적 특징, 초기의 시장 수용성	• 브랜드 이미지, 가격 대비 가치, 지속적인 개선	• 품질, 서비스, 가격 경쟁력	• 비용 절감, 재배치, 제품 대체 가능성
중점 활동	• 시장에서 상품의 인지도를 높이고, 초기 소비자들(혁신자, 조기 수용자) 사이에서의 수요 촉진을 목표로 함	• 이 시기에는 경쟁이 치열해지기 시작하므로, 시장 점유율 확대와 브랜드 충성도 강화에 주력함 • 광고와 프로모션 활동을 강화하는 것이 일반적임	• 시장 내에서의 포화 상태를 관리하고, 브랜드를 차별화하여 경쟁 우위를 유지함 • 소비자 충성도를 높이고, 재구매를 유도하는 전략이 중요함	• 상품의 수명이 점차 끝나감에 따라 비용 효율적인 운영과 함께 새로운 혁신이나 대체 상품 개발에 집중할 수 있음 • 쇠퇴기 이후의 신제품 개발에 대한 개념 설정과 기존 고객에게 신제품을 도출하는 전략이 필요함

[표 13-2] 무역벤처 창업기업의 제품 차별화 요소

혁신성	가격 대비 가치	사용자 경험	시장 접근성	브랜드 인지도
• 기존 제품과 비교하여 창업기업의 제품이 제공하는 새로운 기술이나 혁신적인 특징을 분석 도출함 • 이는 소비자에게 새로운 가치를 제공할 수 있는 중요한 요소로 식별됨	• 창업기업 제품이 기존 제품과 비교했을 때 가격 대비 더 나은 가치를 제공하고 있는지? • 소비자는 종종 비용 효율성을 중요하게 고려하고 있음(Value, Revenue, Cost의 비교)	• 사용의 편리성, 디자인, 고객 서비스 등 사용자 경험의 전반적인 측면에서 어떠한 차별점을 제공하고 있는지를 식별함 • 탁월한 고객 서비스와 효율적인 사후관리를 통해 고객의 충성도를 높일 수 있음	• 창업기업 제품이 특정 시장 또는 소비자 그룹에 더 잘 도달하고 있는가? • 대상 시장의 접근성이 더 높다면 이는 큰 경쟁력이 될 수 있음을 시사함	• 기존 제품과 비교해 창업기업의 브랜드가 가지는 인지도와 시장에서의 신뢰도를 평가해볼 수 있음 • 일반적으로 창업기업의 브랜드 인지도는 기존 기업에 비교하여 떨어짐

무역벤처 창업기업의 제품과 기존 제품의 비교분석 및 차별화 요소를 도출하는 것은 중요하다. 창업기업의 제품과 기존 시장에 잘 자리 잡은 제품을 비교분석하고 차별화 요소를 파악하는 것은 창업기업이 시장에서 성공적으로 자리를 잡기 위한 중요한 단계이기 때문이다. 비교분석을 위한 차별화 요소는 [표 13-2]와 같다.

4. 무역벤처 창업기업 마케팅과 전통적 마케팅

1) 접근방식에 대한 이해

무역벤처 창업기업의 마케팅은 전통기업의 마케팅과 비교할 때 조직의 규모, 자원, 기업 문화, 시장 접근방식 등에서 다른 특성을 가지고 있다. 이러한 차이는 마케팅 전략과 실행에서도 두드러지게 나타나고 있다.

(1) 전통기업 마케팅의 특징

첫째, 일반적으로 마케팅에 더 많은 자원을 투입한다. 큰 규모의 캠페인, TV 광고, 프린트 미디어 광고 등을 실행할 수 있는 능력을 보유하고 있다.

둘째, 브랜드 이미지가 높다. 이미 시장에서 잘 알려진 브랜드를 가지고 있으므로, 브랜딩 활동은 브랜드 이미지를 강화하고 유지하는 데 중점을 두게 된다.

셋째, 전통기업의 의사결정은 종종 여러 단계를 거쳐야 하며, 이로 인해 마케팅 전략의 변경이나 적용 속도가 느려질 수 있다. 이는 장단점 모두로 작용할 수 있다.

넷째, 다양한 마케팅 채널을 활용한다. 전통적인 마케팅 방법(예: 전단지, 포스터, 스폰서십)과 디지털 마케팅 방법을 함께 활용하는 통합 마케팅 커뮤니케이션을 추구하는 것이 일반적이다. 반면, 창업기업의 입장에서는 공격적인 마케팅을 전개하는 것이 한계가 있다.

마지막으로 전통기업은 시장 점유율을 유지하거나 확장하는 것이 주요 목표 중 하나이다. 이를 위해 시장조사와 분석을 통한 전략적 기획이 중요하게 작용한다.

디지털 마케팅
온라인 기반으로 디지털 기술을 사용하여 제품이나 서비스를 홍보하는 마케팅 방법을 말한다.

(2) 무역벤처 창업기업 마케팅의 특징

첫째, 자원의 제한성을 극복하는 노력이 필요하다. 즉, 스타트업은 일반적으로 제한된 자원 때문에 더 창의적이고 비용 효율적인 마케팅 전략을 개발하는 데 초점을 맞춰야 한다.

둘째, 유연성과 실험을 신속하게 추진하여야 한다. 무역벤처 창업기업은 새로운 아이디어를 빠르게 실행하고 결과에 따라 신속하게 전략을 조정할 수 있는 유연성을 가지고 있다.

셋째, 디지털 중심의 마케팅을 수행해야 한다. 디지털 기술을 활용한 마케팅(예, 소셜 미디어 마케팅, 콘텐츠 마케팅, SEO 등)을 중심으로 전략을 수립한다. 그 이유는 비용이 효율적이고 타깃 오디언스(수신자)에게 직접 다가갈 수 있기 때문이다.

또한 데이터를 기반으로 마케팅 결정을 내리며, 이를 통해 고객 행동과 반응을 실시간으로 분석하고 최적화하는 데 유리하다. 그 결과 니치 마켓(틈새시장) 타깃팅을 추진하는 것이 일반적이다. 즉, 스타트업은 특정 니치 시장을 노리고 그들의 특정 문제를 해결하는 제품이나 서비스를 제공하는 것에 초점을 맞추고, 이를 점차 확산하는 전략이 바람직하다.

소셜 미디어 마케팅
소셜 미디어 플랫폼과 웹사이트를 활용하여 제품 및 서비스를 제고하는 것을 의미한다.

콘텐츠 마케팅
기업에서 자신의 목표 고객들에게 가치 있는 콘텐츠를 제공함으로써 관심을 유도하고 장기적인 관계를 구축하는 마케팅 전략이다.

2) 무역벤처 창업기업의 성공적인 마케팅 전략

무역벤처 창업기업의 성공적인 마케팅 전략을 수립하기 위해서는 글로벌 시장의 특성을 이해하고, 다양한 지역과 문화에 맞춰 효과적으로 전략을 조정할 필요가 있다. 다음은 무역벤처 창업기업의 성공적인 마케팅 전략 수립을 위한 몇 가지 포인트를 제시하고 있다.

SEO 검색 엔진 최적화
검색 엔진으로부터 웹사이트나 웹페이지에 대한 웹사이트 트래픽의 품질과 양을 개선하는 과정을 말한다.

[표 13-3] 무역벤처 창업기업의 성공적인 마케팅 전략

시장조사 및 대상 선정	문화적 적합성	디지털 마케팅	네트워킹 및 파트너십	제품 차별화 및 유연성 강화
• 경쟁업체, 잠재 고객, 시장 규모, 성장 가능성, 규제 환경 등을 포괄적으로 조사 • 제품이나 서비스가 가장 필요로 하거나 소비될 가능성이 높은 시장	• 광고, 제품 패키징, 고객 서비스 접근방식을 그 지역의 문화와 관습에 맞춰 조정 • 제품 설명, 웹사이트, 마케팅 자료를 현지 언어로 번역하고, 현지 문화에 맞게 조정	• SEO, SEM, SNS 등을 활용하여 브랜드 인지도를 높이고 고객과의 상호작용을 강화 • 각 국가 및 지역에서 인기 있는 소셜 미디어 플랫폼을 파악하고, 그에 맞는 콘텐츠를 제작하여 공유	• 국제무역박람회 및 전시회 참여를 통하여 파트너를 만나고, 제품을 소개하며, 시장 트렌드를 파악 • 현지 유통업체, 대리점과의 협력을 통해 시장 진입장벽을 낮추고 물류 및 배송, 현지 마케팅을 용이하게 함	• 경쟁 제품과 비교하여 고유한 가치를 제시할 수 있는 제품의 특징을 차별화하여 강조 • 고객 피드백과 시장 변화를 주시하고, 필요에 따라 제품이나 서비스를 신속하게 조정하는 유연성을 강화함

무역벤처 창업기업이 실패하는 마케팅 사례 연구를 통해 흔히 발생할 수 있는 실수들과 그 원인을 이해함으로써 함정을 피하는 방법을 학습하도록 한다. 몇 가지 실패 사례와 그 원인, 그리고 예방책을 제시한다.

(1) 문화적 적응성이 부족하여 발생한 사례

미주 지역의 식품 회사가 아시아 국가에 진출할 때, 기존 제품의 브랜딩과 포장을 그대로 사용한다. 이 제품의 포장 디자인이 현지 문화에서 부정적인 상징을 가진 이미지를 포함하고 있었고, 이로 인해 큰 반발을 사게 되었다. 그 원인을 살펴보면 첫째, 현지 문화에 대한 충분한 조사와 이해가 부족하였고, 둘째, 문화적 차이를 고려하지 않은 채로 마케팅 전략을 수립한 결과로 생각된다.

(2) 타깃 시장의 잘못된 이해로 인한 매출 실적 부진 사례

한 유럽 기반의 의류 브랜드가 중동 시장에 진출하려 했지만, 현지 소비자들의 기호와 패션 스타일을 잘못 파악하여 서구 스타일의 자유분방한 의류를 그대로 출시했다. 그 결과 예상보다 훨씬 낮은 판매량을 기록했다. 그 원인을 살펴보면 우선 시장조사의 부족과 그로 인한 소비자의 선호도와 구매 행태에 대한 잘못된 가정을 지적할 수 있다.

시장조사

특정 시장이나 산업에 대한 데이터를 체계적으로 수집하고 분석하는 것을 의미한다. 시장조사는 마케팅의 1차적인 과정으로서 마케팅 전략 수립과 관련한 의사결정을 지원하기 위한 소비자 관련 정보 수집 방법이기도 하다.

자원 배분

한정된 자원을 다양한 용도로 효과적으로 배분하고 조절하는 과정을 의미한다.

(3) 비효율적인 자원 배분으로 인한 자원 투입 과다 사례

새로운 기술 제품을 개발한 스타트업이 유럽과 아시아의 여러 국가에 동시에 시장 진출을 시도했다. 하지만 마케팅 예산을 너무 많은 시장에 분산시키게 되었으며, 각 시장에 충분한 영향력을 발휘하지 못하고 자원을 낭비하게 되는 결과를 초래했다. 창업기업이 한정된 마케팅 자원을 비효율적으로 분배하였고, 각 지역의 시장 특성을 충분히 고려하지 않은 전략을 설정, 추진한 결과라고 생각된다.

(4) 부적절한 가격 전략으로 시장의 수용성을 저하시킨 사례

전기차를 제조하는 창업기업이 비교적 가격 민감성이 높은 국가에 고가의 모델만 출시하여 시장 반응이 저조한 결과를 초래했다. 현지 시장의 구매력과 가격 민감도를 고려하지 않은 가격을 설정했기 때문에 시장의 반응을 유발시키지 못했다. 결국 상품의 특성과 시장의 요구사항이 불일치함을 보여주는 사례이다.

이에 대한 해결 및 예방 방법은 첫째, 심층적인 시장조사를 통하여 목표시장의 문화, 특성, 소비자 행태를 철저히 조사하여야 한다. 둘째, 지속적인 피드백 수집 및 분석을 하여야 한다. 시장 반응을 모니터링하고, 소비자 피드백을 적극적으로 수집하여 전략에 반영하여야 한다. 셋째, 탄력적인 마케팅 접근방식을 추진하여 시장 상황에 따라 유연하게 마케팅 전략을 조정하여야 한다. 마지막으로 현지화 전략을 강화하여야 하는데, 제품, 서비스를 현지 문화와 요구에 맞게 조정하는 것이 바람직하다.

5) 무역벤처 창업기업의 현지화 방안

무역벤처 창업기업이 해외에 진출할 때 많은 질문을 하게 된다. 예를 들면, "무역벤처 창업기업이 해외시장에 진출할 때 현지화를 반드시 해야만 할까?", "국내에서 판매하고 있는 제품을 외국에서도 그대로 사용하면 되지 않을까?", "언어는 현지국의 언어를 사용해야 하나? 서비스 채널을 해외시장에서 어떻게 구축해야 할까?" 등 많은 질문을 하게 된다. 이 질문에 대한 답은 목표시장 국가에 대한 해외시장조사 및 포지셔닝을 통하여 현지화 필요성과 방안을 고려해야 한다.

현지화는 제품, 서비스, 마케팅 메시지를 각 지역의 문화, 언어, 법규, 소비자 기대에 맞춰 조정하는 과정을 포함한다. 현지화를 위한 구체적인 방법을 고려하면 다음과 같다.

현지화(localization)
제품, 서비스, 마케팅 메시지를 각 지역의 문화, 언어, 법규, 소비자 기대에 맞춰 조정하는 과정을 포함한다.

(1) 해외 현지 시장 분석 및 연구

현지 시장의 철저한 조사 및 분석이 필요하다. 소비자 행동, 선호도, 구매력 등을 조사해야 한다. 동시에 경쟁사의 분석이 이루어져 현지의 지역기업, 글로벌 기업 등의 활동과 강점과 약점을 파악해야 한다. 해당 제품의 관세율, 특혜관세 적용 여부, 비관세장벽 등의 규제를 파악해야 한다. 이외에도 해당 국가의 법규, 규제, 트레이드 정책들을 이해하고 준수하는 방안을 모색해야 한다.

(2) 제품 및 서비스의 현지화

현지 소비자의 취향과 필요에 맞춰 제품을 수정하거나 새로운 기능을 추가하여 제품을 현지화하는 것을 고려할 수 있다. 그 결과, 리브랜딩을 통하여 현지 시장에 적합한 제품을 출시할 수 있다.

또 다른 대안은 서비스의 현지화 문제이다. 국경 간 전자상거래 플랫폼에서 영어로 제공할 것인지, 현지 언어로 서비스를 제공할지 결정하는 것은 간단한 것 같지만 창업기업의 입장에서는 쉽지 않은 문제이다. 이와 함께 고객 서비스를 현지 언어로 제공하고, 현지 휴일 및 근무시간에 맞춰 서비스를 조정할지에 대한 결정도 필요하다.

(3) 언어 및 문화적 적응

언어 번역 및 현지 언어 사용을 할 것인가의 문제이다. 웹사이트, 제품 설명서, 마케팅 자료 등 모든 커뮤니케이션을 현지 언어로 번역하고 적절히 표현식을 조정할 필요가 있다. 한편으로 광고 캠페인, 브랜딩, 제품 포장을 현지 문화에 맞춰 디자인할 것인가 하는 결정도 필요하다.

(4) 마케팅 및 판매 전략의 현지화

현지의 마케팅 채널을 활용하는 것을 말한다. 해외 현지의 인기 있는 소셜 미디어 플랫폼, TV 채널, 라디오 등을 통해 광고를 계획하는 것을 생각할 수 있다. 또한 현지 인플루언서 및 브랜드 앰배서더를 활용하는 것을 고려할 수 있다. 현지의 유명 인플루언서와 협업하여 제품의 신뢰도와 인지도를 높일 수 있기 때문이다.

(5) 현지 네트워크 및 파트너십 구축

현지 비즈니스 파트너와의 협력을 말한다. 유통업체, 공급업체, 서비스 제공업체와의 협력을 통해 비즈니스 운영을 원활하게 하는 목표를 달성하고자 한다. 동시에 지역사회와의 관계 구축을 위해 지역사회의 이벤트나 활동에 참여하고, CSR(Corporate Social Responsibility) 활동을 통해 긍정적인 이미지를 높이며, 현지 직원을 채용하여 운영상의 문제를 해결할 수 있다.

CSR(기업의 사회적 책임)

기업 활동에 의해 영향을 받거나 영향을 주는 직·간접적 이해관계자들에 대하여 발생 가능한 제반 이슈들에 대한 법적·경제적·윤리적 책임을 감당할 뿐 아니라, 기업의 리스크를 줄이고 기회를 포착하여 중장기적 기업가치를 제고할 수 있도록 추진하는 일련의 '이해관계자 기반 경영 활동'이라고 할 수 있다.

(6) 지속적인 모니터링 및 조정

현지 시장의 반응을 모니터링하는 것을 말한다. 제품 출시 및 진출 후 지속해서 시장 반응을 모니터링하고 소비자 피드백을 수집해야 한다. 이때 효과적인 방법은 소비자들의 리뷰를 분석하여 이들의 반응을 파악하는 것이다. 그 결과, 시장의 반응 및 변화에 따라 전략을 빠르게 조정하고 혁신을 지속적으로 추구할 수 있다.

5. 무역벤처 창업기업의 리브랜딩

무역벤처 창업기업이 해외시장에서 성공하려면 때로는 기존의 브랜드 이미지, 메시지, 디자인 등을 재정비하는 리브랜딩 과정이 필요할 수 있다. 리브랜딩은 제품이나 서비스의 시장 위치를 재조정하고, 브랜드 가치를 강화하여 소비자의 관심을 끌고 선호를 증대시키는 데 중요한 역할을 한다.

리브랜딩의 역할

제품이나 서비스의 시장 위치를 재조정하고, 브랜드 가치를 강화하여 소비자의 관심을 끌고 선호를 증대시키는 역할.

1) 리브랜딩의 필요성 진단

(1) 타깃 시장의 변화 파악

현지 시장의 트렌드, 소비자의 기대, 경쟁사의 움직임 등을 면밀히 조사하고 분석한다.

(2) 브랜드 인식 조사

현재 브랜드에 대한 소비자의 인식과 감정을 평가하여 리브랜딩의 필요성을 정확하게 판단한다.

2) 명확한 리브랜딩 목표 설정

(1) 브랜드 포지셔닝 재정립

브랜드의 새로운 포지셔닝을 명확히 하고, 어떠한 감정이나 가치를 소비자에게 전달할 것인지를 결정한다.

(2) 구체적인 목표 수립

예를 들어, 시장 점유율 증대, 타깃 고객층 확장, 제품 라인 확장 등 리브랜딩으로 달성하고자 하는 목표를 명료하게 한다.

3) 브랜드 아이덴티티 개발

(1) 로고, 슬로건, 색상 재설계

브랜드의 본질을 잘 표현할 수 있는 새로운 로고, 슬로건, 색상 팔레트를 개발한다.

(2) 통합 브랜드 메시지

모든 마케팅 자료와 커뮤니케이션에서 일관된 이미지와 메시지를 사용하여 브랜드의 일관성을 강화한다.

4) 현지화 전략과 결합

(1) 문화적 적합성 강화

리브랜딩 과정에서 현지 문화와 더욱 깊게 연결될 수 있도록 문화적 요소를 포함한다.

(2) 현지 파트너와의 협력

현지 미디어, 마케팅 에이전시 또는 파트너와 협력하여 브랜드 리브랜딩을 지역적으로 적합하게 조정한다.

5) 효과적인 커뮤니케이션 전략

(1) 리브랜딩 캠페인 실행

대대적인 리브랜딩 캠페인을 통해 새로운 브랜드 이미지를 소개하고 시장에 널리 알려야 한다.

(2) 고객 참여 유도

이벤트, 프로모션, SNS 인터랙션 등을 활용하여 소비자와의 커뮤니케이션을 강화한다.

6) 리브랜딩의 효과 모니터링 및 유지 관리

(1) 성과 모니터링

리브랜딩 이후의 시장 반응과 성과를 주기적으로 모니터링한다.

(2) 지속적인 브랜드 관리

브랜드 이미지와 인식이 시간이 지나면서 일관되게 유지되도록 계속해서 관리하고 조정한다.

6. 무역벤처 창업기업의 옴니채널

무역벤처 창업기업이 글로벌 시장에서 경쟁력을 갖추기 위해 옴니채널 전략을 효과적으로 구현하는 것은 매우 중요하다. 옴니채널 전략은 여러 판매 및 커뮤니케이션 채널을 통합하여 고객에게 일관되고 매끄러운 쇼핑 경험을 제공하는 접근방식이다.

이 전략은 오프라인 매장, 온라인 웹사이트, 모바일 앱, 소셜 미디어 플랫폼, 콜센터 등 다양한 채널 간의 경계를 허물고 고객 서비스를 최적화하는 데 목표를 둔다. 옴니채널 전략은 모든 채널을 통해 일관된 고객 경험을 제공하여 브랜드 충성도와 고객 만족도를 향상시키는 데 기여할 뿐만 아니라 시장 변화에 유연하게 대응하고 새로운 기회를 포착하는 데 중요한 역할을 한다.

1) 고객 중심의 접근방식 채택

(1) 고객 여정 분석

고객이 제품이나 서비스를 검색, 비교, 구매, 사용, 서비스를 받는 전 과정을 파악한다. 이 분석을 통해 고객의 니즈와 행동 패턴을 이해할 수 있다.

(2) 맞춤형 경험 제공

고객 데이터를 분석하여 개인화된 제품 추천, 맞춤형 마케팅 메시지, 특별 프로모션을 제공한다.

2) 통합된 기술 인프라 구축

(1) CRM 및 ERP 시스템 채택

고객 관계 관리(CRM) 및 기업 자원 계획(ERP) 시스템을 사용하여 고객 데이터와 재고 정보를 중앙에서 관리한다.

(2) 데이터 동기화

모든 채널에서 발생하는 거래와 고객 상호작용 데이터를 실시간으로 통합하고 동기화한다.

3) 다채널 판매 전략 강화

(1) 멀티플랫폼 접근

웹사이트, 모바일 앱, 소셜 미디어, 오프라인 매장 등 여러 채

CRM
고객 관계 관리(Customer Relationship Management)의 줄임말로 고객 만족도를 높여 조직의 매출 증대를 이끄는 전략.

ERP
전사적 자원 관리(Enterprise Resource Program)의 줄임말로 기업의 주요 자원과 업무 프로세스를 관리하는 데 사용하는 소프트웨어 유형.

널을 통해 제품을 판매한다.

(2) 채널 간 일관성 유지

브랜드의 메시지, 가격 정책, 프로모션 및 고객 서비스가 모든 채널에서 일관되게 유지되어야 한다.

4) 국제시장의 특성 고려

(1) 현지화 전략

각 국가의 문화, 언어, 법률 및 소비자 행동 특성에 맞게 콘텐츠와 서비스를 현지화한다.

(2) 글로벌 로지스틱스 관리

다국적 배송 옵션, 통관 절차 간소화 및 현지 배송 네트워크를 확립한다.

5) 소셜 미디어와 온라인 광고 최적화

(1) 활발한 소셜 미디어 활동

페이스북, 인스타그램, 트위터, 위챗 등 지역별 인기 소셜 네트워크에서 활발한 마케팅 활동을 수행한다.

(2) 타깃팅 및 리타깃팅 광고

고객의 온라인 행동 데이터를 사용하여 더욱 정확하게 타깃팅하고, 이탈 고객을 다시 유인하는 리타깃팅 광고를 실행한다.

6) 지속적인 성과 모니터링 및 개선

(1) KPI 설정 및 모니터링

핵심 성과 지표(KPI)를 설정하고, 이를 정기적으로 모니터링하여 성과를 평가한다.

핵심 성과 지표(KPI)

Key Performance Indicator는 중요한 비즈니스 목표 대비 팀 및 조직의 진행 상태를 나타내는 정량적인 지표를 의미한다.

(2) 피드백과 데이터 분석을 통한 개선

고객 피드백을 신속하게 수집하고 분석하여 서비스 개선 방안을 지속해서 도출해 나간다.

7. AI를 활용한 온라인 리뷰 분석

AI 기술을 활용하여 경쟁사의 온라인 리뷰를 분석하는 것은 브랜드의 강점과 약점을 파악하고, 시장에서의 위치를 이해하는 데 매우 유용한 수단을 제공한다. AI 기반의 텍스트 분석 도구들은 대규모 데이터에서 인사이트를 추출하고, 소비자의 감정과 의견을 정량화하는 데 도움을 줄 수 있다. 그 절차는 다음과 같다.

1) 데이터 수집

(1) 리뷰 소스 식별

경쟁사 제품의 리뷰가 있는 주요 플랫폼을 식별한다. 예를 들어, Amazon, Yelp, Google Reviews, 소셜 미디어 등이 있다.

(2) 데이터 스크래핑

웹 스크래핑 도구를 사용하여 이러한 플랫폼에서 리뷰 데이터를 수집한다. API를 제공하는 플랫폼의 경우 API를 통해 데이터를 추출한다.

2) 데이터 전처리

(1) 데이터 정제

비어 있는 리뷰, 중복 리뷰 제거, 오타 수정 등의 과정을 통해 데이터를 정제한다.

(2) 텍스트 정규화

텍스트를 표준 형태로 변환시킨다. 예를 들어, 동의어를 통일하고, 대소문자를 통일하는 등의 작업을 포함할 수 있다.

3) 자연어 처리(NLP; Natural Language Processing)

자연어 처리(NLP)

NLP는 인공지능 유형에 속하며, 컴퓨터 프로그램이 인간의 언어를 해석하는 데 사용할 수 있는 방법을 말한다.

(1) 토큰화

리뷰 텍스트를 개별 단어 또는 표현으로 분리한다.

(2) 감정 분석

리뷰 텍스트의 긍정적·중립적·부정적 감정 등을 분석한다. 이를 위해 사전에 학습된 감정 분석 모델을 사용할 수 있다.

(3) 키워드 추출 및 주제 모델링

중요한 키워드를 추출하고, 리뷰 데이터에서 반복되는 주제나 패턴을 인식한다.

4) 인사이트 도출

인사이트

제품이나 판매 상황 등을 통해 숨겨진 제품의 개선 사항이나 고객들의 소비 성향 등을 확인하는 과정을 말한다. 이는 문제 해결이나 전략 수립에 중요한 역할을 한다.

(1) 경향성 분석

시간에 따른 리뷰의 추세를 분석하여 제품의 개선이나 시장 반응의 변화를 측정한다.

(2) 비교 분석

자사 제품과 경쟁사 제품의 리뷰를 비교하여 강점과 약점을 도출한다.

5) 결과 시각화 및 보고

(1) 대시보드 제작

분석 결과를 이해하기 쉽게 시각화한다. 그래프, 차트 및 히트맵을 사용하여 주요 인사이트를 하이라이트화한다.

(2) 보고서 작성

분석 결과를 문서화하여 경영진 또는 의사 결정자와 공유하고, 결과를 바탕으로 전략을 수립한다.

6) 사용할 수 있는 도구와 기술

(1) Python 라이브러리

NLTK, SpaCy, TextBlob 등이 NLP 작업에 널리 사용된다.

(2) 감정 분석 도구

IBM Watson, Google Cloud Natural Language, Microsoft Azure Text Analytics 등을 사용한다.

(3) 데이터 시각화 도구

Tableau, Power BI, Matplotlib 등을 활용한다.

8. 인플루언서 마케팅

무역벤처 창업기업이 인플루언서 마케팅을 통해 성공을 창출하기 위해서는 몇 가지 중요한 요소를 고려해야 한다. 인플루언서 마케팅은 적절한 인플루언서를 선정하고 효과적인 캠페인을 설계하여 목표 고객층에게 브랜드를 알릴 수 있도록 하는 전략을 구현해야 한다.

인플루언서 마케팅

인플루언서 마케팅은 인플루언서(영향력 있는 개인)를 활용한 마케팅을 의미한다. 대형 유통 시장에서 인플루언서의 매출 점유율이 높아지면서 인플루언서를 활용한 마케팅의 산업화가 빠르게 이루어지고 있다.

1) 타깃 오디언스와 메시지를 정의

(1) 고객 이해

목표 고객의 행동, 선호, 소셜 미디어 사용 패턴을 분석한다.

(2) 시장 연구

시장에 대한 깊은 이해를 바탕으로 인플루언서 마케팅이 효과적일지 여부를 평가한다.

2) 적합한 인플루언서 선택

(1) 도달 범위와 관련성

인플루언서의 팔로워 수, 참여율, 그리고 타깃 오디언스와의 관련성을 종합적으로 평가한다.

(2) 진정성과 이미지

인플루언서의 이미지가 브랜드의 가치와 일치하는지 확인한다.

(3) 이전 캠페인 분석

인플루언서가 과거에 진행한 캠페인의 성공 사례를 분석하여 그 효과를 평가한다.

3) 명확한 메시지와 캠페인 목표 설정

(1) 브랜드 메시지

명확하고 일관된 브랜드 메시지를 개발하여 인플루언서 콘텐츠에 반영한다.

(2) 캠페인 목표

브랜드 인지도 향상, 특정 제품 홍보, 트래픽 증가 등 구체적인 캠페인 목표를 설정한다.

4) 창의적이고 상호 작용하는 콘텐츠 제작

(1) 인플루언서와 협업

인플루언서와 긴밀히 협력하여 그들의 창의성을 살린 콘텐츠를 생성한다.

(2) 고객 참여

인터랙티브한 요소(예: 경품 추첨, 질문과 답변, 설문조사)를 포함하여 오디언스의 참여를 유도한다.

5) 성과 측정 및 분석

(1) KPI 설정

도달 범위, 참여율, 웹사이트 트래픽, 전환율 등 주요 성과 지표(KPI)를 설정한다.

(2) 지속적인 모니터링

캠페인의 진행 상황을 지속해서 모니터링하고, 필요에 따라 조정한다.

(3) ROI 분석

캠페인의 투자 대비 수익(ROI)을 계산하여 그 효과를 평가한다.

투자 수익률(ROI)
ROI는 투자한 자금에 대한 수익률을 나타내는 지표이다.

6) 지속 가능한 관계 구축

(1) 장기적 파트너십

성공적인 인플루언서와는 장기적인 관계를 유지하며 지속적으로 협력한다.

(2) 상호 이익 고려

인플루언서가 브랜드를 자연스럽게 추천할 수 있도록 지원하고 동기를 부여한다.

9. 동영상 마케팅

동영상 마케팅은 시각적이고 인터랙티브한 매체의 특성을 활용하여 강력한 메시지와 광범위한 도달력을 제공하는 장점이 있다.

비디오 마케팅
비디오 콘텐츠를 사용하여 잠재고객에게 브랜드와 상품을 프로모션하거나 알리는 것을 의미한다.

1) 목표 설정

(1) 브랜드 인지도 증가

새 시장에서의 브랜드 인지도를 높이기 위한 목적을 가지고 기획한다.

(2) 리드(lead) 생성

잠재고객을 유치하고 구매를 이끌어내려는 목적으로 동영상을 사용한다.

(3) 교육 및 정보 제공

제품 사용 방법, 기능 등을 교육하기 위한 동영상을 제작한다.

2) 타깃 오디언스 분석

(1) 오디언스 이해

동영상을 통해 어떤 오디언스를 대상으로 할 것인지 명확히 한다. 소비자 연령, 성별, 지역, 관심사 등의 변수를 고려한다.

(2) 경쟁사 분석

비슷한 제품이나 서비스를 제공하는 경쟁사의 동영상 콘텐츠를 분석한다.

3) 콘텐츠 기획

(1) 스토리라인 개발

감동적이거나 인상적인 이야기 구조를 개발하여 시청자의 감정을 자극한다.

(2) 에듀테인먼트

교육과 오락을 결합한 콘텐츠로 시청자의 관심을 유지한다.

(3) 현지화

다양한 문화권의 시청자에게 맞는 현지화된 콘텐츠를 제작하여 더 넓은 시장에 도달한다.

4) 제작 및 배포

(1) 플랫폼 선택

YouTube, Vimeo, TikTok 등과 같은 동영상 공유 사이트와 소셜 미디어 플랫폼을 활용한다.

(2) SEO 최적화

동영상 제목, 설명, 태그 등을 최적화하여 검색 엔진 결과에서 높은 순위를 얻도록 추진한다.

• 평가문제 •

진위형(O, X 문제)

1	생애주기별 구매효용지도를 통해 기업들은 자신들의 제품이나 서비스가 각 생애 단계별 소비자에게 어떤 가치를 제공하는지 정확히 파악하고, 그에 적합하게 마케팅과 제품 개발 전략을 최적화한다.	
2	전통적인 마케팅 방법과 디지털 마케팅 방법을 함께 활용하는 통합 마케팅 커뮤니케이션을 추구하는 데 한계가 있다.	
3	스타트업은 일반적으로 제한된 자원 때문에 더 창의적이고 비용 효율적인 마케팅 전략을 개발하는 데 초점을 맞춰야 한다.	
4	현지화는 제품, 서비스, 마케팅 메시지를 각 지역의 문화, 언어, 법규, 소비자 욕구에 맞춰 조정하는 과정을 포함한다.	
5	ERP는 고객 만족도를 높여 조직의 매출 증대를 이끄는 전략을 말한다.	

단답식

6. 시장 내에서 각 제품이나 브랜드가 소비자에게 제공하는 상대적 가치와 인식을 비교 분석하기 위해 사용되는 시각적 도구는?

____

7. 투자한 자금에 대한 수익률을 나타내는 지표는?

____

8. 리뷰 텍스트의 긍정적 · 중립적 · 부정적 감정을 분석하고 이를 위해 사전에 학습된 감정 분석 모델을 사용할 수 있는 방법은?

____

9. 여러 판매 및 커뮤니케이션 채널을 통합하여 고객에게 일관되고 매끄러운 쇼핑 경험을 제공하는 접근방식은?

10. 검색 엔진으로부터 웹사이트나 웹페이지에 대한 웹사이트 트래픽의 품질과 양을 개선하는 과정은?

주관식

11. 상품의 수명주기별 구매효용지도를 설명하시오.

12. 무역벤처 창업기업의 성공적인 마케팅 전략을 제시하고 설명하시오.

정답

1. O **2.** X **3.** O **4.** O **5.** X **6.** 구매효용지도 **7.** 투자 수익률(ROI) **8.** NLP(자연어 처리)
9. 옴니채널 **10.** 검색 엔진 최적화

참고문헌

Aaker, D. A.(1991). Managing Brand Equity: Capitalizing on the Value of a Brand Name. Free Press.

Berger, J.(2013). Contagious: How to Build Word of Mouth in the Digital Age. Simon & Schuster.

Chaffey, D., & Ellis-Chadwick, F.(2019). Digital Marketing: Strategy, Implementation and Practice(7th ed.). Pearson.

Fill, C., & Turnbull, S.(2016). Marketing Communications: Discovery, Creation and Conversations(7th ed.). Pearson.

Fishkin, R., & Høgenhaven, T.(2013). Inbound Marketing and SEO: Insights from the Moz Blog. Wiley.

Holliman, G., & Rowley, J.(2014). "Business to Business Digital Content Marketing: Marketers' Perceptions of Best Practice." Journal of Research in Interactive Marketing. 8(4). pp. 269~293.

Kotler, P., & Keller, K. L.(2016). Marketing Management(15th ed.). Pearson.

Lee, K., & Ma, L.(2020). "Artificial Intelligence (AI)-Enabled Review Analytics for Marketing: A Bibliometric Review." Journal of Business Research. 121. pp. 50~68.

Levitt, T.(1965). "Exploit the Product Life Cycle." Harvard Business Review. 43(6). pp. 81~94.

Linton, I., & Morley, S.(1995). Product Marketing for Technology Companies. McGraw-Hill.

Moran, M., & Hunt, B.(2014). Search Engine Marketing, Inc.: Driving Search Traffic to Your Company's Website(3rd ed.). IBM Press.

Paley, N. (2005). The Manager's Guide to Competitive Marketing Strategies(3rd ed.). Thorogood.

Ries, A., & Trout, J.(1986). Positioning: The Battle for Your Mind. McGraw-Hill.

Scott, D. M.(2020). The New Rules of Marketing and PR(7th ed.). Wiley.

Solomon, M. R.(2018). Consumer Behavior: Buying, Having, and Being(12th ed.). Pearson.

Tuten, T. L., & Solomon, M. R.(2018). Social Media Marketing(3rd ed.). Sage.

제14장

무역벤처 창업 실무 (III): 재무관리

창업기업(스타트업)의 재무관리는 전통적인 기업의 재무관리와 접근방식이 다르다. 제한된 자원으로 의사결정을 내려야 하기에 자본의 사용을 극대화하고 현금흐름을 주의 깊게 관리해야 하는 특징을 가지고 있다. 이런 이유로 스타트업 재무관리는 그만큼 중요하고 복잡하다고 할 수 있다. 스타트업 창업자는 이러한 재무관리의 중요성에 대한 깊은 이해가 필요하며, 현명한 결정을 내려야 할 것이다. 장기적인 성장과 지속 가능성을 위해서는 스타트업 재무관리의 기본 원칙을 숙지하고 적용하는 것이 필수다. 다음은 스타트업들이 반드시 숙지해야 할 기초적인 지식에 대하여 설명하고자 한다.

스타트업의 재무관리
제한된 자원으로 의사결정을 내려야 하는 스타트업은 자본의 사용을 극대화하고 현금흐름을 주의 깊게 관리해야 하는 특징을 가지고 있다.

가장 중요한 요소는 현금흐름 관리이다. 이는 창업기업 재무관리의 핵심적인 부분이다. 현금흐름은 돈이 들어오는 것과 지출하는 것에 대한 내역을 시간별(보통 월별)로 작성하는 것이다. 창업기업으로서는 투자자나 고객, 혹은 정부지원금이나 차입으로부터 들어오는 돈과, 지출하는 제 비용 및 세금 등 나가는 돈을 추적해야 할 것이다. 결국 수입의 세부항목과 현금지출의 세부항목을 살펴보는 것이 바람직하다. 만일 창업 후 현금 부족 상황이 발생하면 유동성 리스크에 노출된다. 즉, 스타트업 초기에는 수익을 창출하지 못하고, 수년간 손실만 보게 되는 경우에 발생하는 리스크이다. 결국 현금흐름 관리는 생존과 성장에 관한 중요한 자료를 제공하므로 반드시 작성하고 관리해야 할 내용이다.

1. 무역벤처 창업기업의 재무제표

무역벤처 창업기업의 재무제표는 일반적인 기업의 재무제표와 마찬가지로 주로 세 가지 주요 문서로 구성된다. 즉 현금흐름표(Cash Flow Statement), 손익계산서(Profit and Loss Statement), 대차대조표(Balance Sheet)이다. 각각의 문서는 기업의 재정 상태와 성과를 평가하는 데 필요한 중요 정보를 제공한다.

1) 현금흐름표(Cash Flow Statement)

현금흐름표는 일정 기간의 현금 유입과 유출을 나타내며, 다음 세 부류로 구분된다.

① 영업 활동으로 인한 현금흐름: 주요 거래에서 발생한 현금흐름
② 투자 활동으로 인한 현금흐름: 설비 투자, 투자자산 매각 등
③ 재무 활동으로 인한 현금흐름: 자본금 증가, 차입금의 상환 등

무역벤처 창업기업의 경우, 국제 거래로 인해 환율 변동, 특정 국가의 규제 변경 등 외부 요인에 민감할 수 있다. 따라서 이러한 변동성을 관리하고 예측하기 위해 세밀한 재무제표 분석이 요구된다. 또한 관세, 수출입 규제 및 국제 무역정책의 변화에 따른 영향을 주시해야 한다.

2) 손익계산서(Profit and Loss Statement)

손익계산서는 일정한 기간의 수익과 비용을 보여준다. 주요 항목은 다음과 같다.

① 매출액(Revenue/Sales): 무역벤처의 경우, 해외에서 발생한 매출도 포함

② 매출원가(Cost of Goods Sold, COGS): 제품을 생산 또는 구매하고 판매하기 위해 발생한 직접 비용

③ 판매관리비(SG&A; Selling, General and Administrative Expenses): 판매관리비, 일반관리비 등 운영 비용

④ 영업이익(Operating Income): 매출액에서 매출원가, 판매비, 관리비를 제외한 이익

⑤ 기타 수익 및 비용: 금융 수익, 금융 비용 등 기타 요인

⑥ 세전 순이익(Earnings Before Tax, EBT): 세금을 제외한 순이익

⑦ 당기순이익(Net Income): 세금을 공제한 이후의 순이익

손익계산서 주요 항목

- 매출액
- 매출원가
- 판매비와 관리비
- 영업이익
- 기타 수익 및 비용
- 세전 순이익
- 당기 순이익

3) 대차대조표(Balance Sheet)

대차대조표는 특정 시점의 기업 자산, 부채, 자본을 나타낸다.

대차대조표 주요 항목

- 자산
- 부채
- 자본

(1) 자산(Assets)

- 유동자산: 현금, 매출채권, 재고자산 같은 단기 자산
- 비유동자산: 기계, 설비, 부동산, 지적재산권 등 장기 자산

(2) 부채(Liabilities)

- 유동부채: 단기 차입금, 매입채무, 미지급금 등
- 비유동부채: 장기 차입금, 연금 및 기타 장기 부채

(3) 자본(Equity): 주식자본, 이익잉여금 등

2. 무역벤처 창업기업의 리스크 및 대응 전략

무역벤처 창업기업은 국제무역의 특성상 다양한 리스크에 직면하게 된다. 이러한 리스크를 인식하고 대응할 수 있는 전략과 실천은 안정적인 성장을 도모할 수 있다. 다음은 무역벤처 창업기업이 직면할 수 있는 몇 가지 리스크와 이에 대한 대응 전략 사례들을 살펴보고자 한다.

1) 유동성 리스크

현금흐름표 주요 항목

- 영업 활동으로 인한 현금흐름
- 투자 활동으로 인한 현금흐름
- 재무 활동으로 인한 현금흐름

무역벤처 창업기업이 현재 또는 미래의 지급의무를 이행하지 못하거나, 거래량 부족 또는 시장 붕괴 등에 따른 시장가치 하락으로 회사가 보유한 자산을 현금화하는 과정에서 손실 발생이 불가피해지는 리스크를 의미한다. 스타트업이 직면하는 가장 큰 리스크이다. 특히 경제 여건이 좋지 않을 경우, 자금경색 등 자금 조달이 어려워진다. 대응방안은 원론적인 이야기이겠지만 현금흐름의 추이를 상시 진단하고, 이에 대한 유동성을 충분히 확보하는 것이다.

2) 환율 변동 리스크

환율 변동으로 인한 리스크를 의미한다. 무역 계약 체결 시점과 결제 시점의 차이에서 발생하는 리스크로서, 환율 변동은 수익성에 큰 영향을 미칠 수 있다. 수출자의 경우, 자국 표시 환율이 상승할(평가절하, depreciation) 때는 더 많은 자국 화폐를 가져올 수 있지만, 반대의 경우(평가절상, appreciation)에는 더 적은 돈을 가져오게 된다.

따라서 첫째, 헤지 전략을 사용하여 환율 변동으로부터 보호할 수 있다. 예를 들어, 선물 계약이나 옵션 계약을 통해 외환 파생상품을 활용하여 미래의 특정 시점이나 범위에서 환율을 고정할 수 있다. 둘째, 무역보험을 활용하는 것이다. 환차손으로 인한 손실을 보전하기 위한 무역보험을 활용하는 방법이 있다. 환율 변동으로 인한 리스크 대응은 평가절하 및 평가절상 대응으로 구분하여 후에 논의한다.

3) 신용 리스크

해외 수입자가 수출대금을 지불하지 않는 경우에 발생하는 위험을 의미한다. 만일 사전에 수출대금을 결제하는 방식으로 진행할 경우 리스크는 적지만, 사후 결제방식을 취할 경우 위험에 노출될 수 있다.

우선 무역 계약 체결 전 파트너의 신용에 대하여 조사를 실시해야 한다. 이에 대한 대응 전략은 결제방식으로 위험이 적은 방법을 이용하는 것이다. 예를 들면, 신용보험을 사용하거나 은행이 발간하는 신용장(letter of credit)을 이용하여 대금결제를 수행하는 방법을 취하게 된다. 이는 수출자가 구매자로부터 대금을 확실히 받을 수 있도록 보장해주는 금융 도구이다.

4) 비관세장벽 리스크

비관세장벽이란 무역 장벽 중 관세를 제외한 무역 제한조치를 의미한다. 수출하는 절차를 복잡하게 하거나(행정규제), 위생검역 절차(동식물 위생검역) 조치를 부가하거나, 서로 다른 기술 규정 및 표준을 요구하거나(기술무역 장벽), 수입물량을 제한하는 조치(수량 제한조치) 등 종류는 매우 다양하다. 최근에는 무역협정 등을 통하여 관세장벽의 수준은 낮아지고 있지만, 비관세장벽은 증가하는 추세를 보이고 있다.

무역벤처 기업가의 입장에서는 수출입 전에 무역 상대국의 무역 장벽의 종류와 대상을 숙지할 필요가 있다. 최근에는 데이터에 대한 국경 간 이동의 디지털 무역 장벽 및 제한조치 등이 발표되고 있는데, 이들의 범위와 수준을 고려하여 자사 수출대상의 준수성 여부를 사전에 진단할 필요가 있다. 동시에 시장 다변화 전략을 통하여 무역 장벽의 영향성이 적은 나라로의 진입을 고려할 수 있다.

5) 글로벌 공급망 리스크

글로벌 공급망의 변화로 인하여 발생하는 위험을 의미한다. 글로벌 공급망의 재편은 다양한 원인에서 출발한다. 미국과 중국의 무역전쟁, 자국 수출 규제, 무역 안보 통제, 동맹외교로 인한 공급망 규제 등 국제정치, 국가, 민간 차원에서 발생한다. 세계경제가 선순환으로 성장을 지속했던 이른바 골디락스(Goldilocks) 시대(1990년 중반~2008년 글로벌 금융위기)에는 글로벌 공급망이 확대되었고, 국제무역 활성화로 인하여 물가안정이 지속되었다.

골디락스 경제
(Goldilocks economy)

경제가 높은 성장을 이루고 있더라도 물가상승이 없는 이상적인 상황을 지칭하는 개념이다. 미국 경제는 수년간 4% 이상의 고성장을 달성하면서도 낮은 실업률과 인플레이션 상태를 유지하는 이례적인 호경기를 누렸다.

글로벌 공급망의 리스크는 지진, 홍수 등과 같은 자연재해에 기인한 공급망 훼손, 특정 국가의 정책 변화로 인한 인위적 충격으로 크게 구분할 수 있다(정인교, 2022). 글로벌 공급망의 리스크는 무역업에 관여하는 모든 사람에게 영향을 미친다. 원론적인 이야기겠지만 그 대응방법은 다각화이다. 글로벌 공급망 전략으로 인바운드 및 아웃바운드를 다각화하고, 신뢰할 수 있는 파트너를 확보하는 것이다.

3. 평가절하 환율 리스크 및 대응

무역기업이 외화를 다루는 과정에서 겪게 되는 주요 리스크 중 하나는 환율 리스크이다. 특히 평가절하 리스크는 자국 화폐 가치가 하락함으로써 외화 표시 자산의 가치가 상대적으로 높아지는 현상을 말한다. 이는 수입 비용의 증가, 해외 부채의 상환 부담 증대 등의 문제를 낳을 수 있다. 따라서 무역기업은 이러한 환율 리스크를 효과적으로 관리하기 위한 전략을 마련해야 한다. 하지만 현실적으로 무역벤처 창업기업이 리스크에 대응할 수 있는 인력과 체계를 마련하는 일은 쉽지 않다. 따라서 전문가들과의 협업체계를 증진하고, 이에 대응할 수 있는 방안을 효과적으로 마련해야 한다.

환율 리스크
무역기업이 외화를 다루는 과정에서 겪게 되는 주요 리스크 중 하나로 평가절하 리스크와 평가절상 리스크가 있다.

1) 포워드 계약(Foreign Exchange Forward Contract)

포워드 계약을 통해 미래의 특정 시점에 특정 환율로 통화를 교환할 것을 미리 약속함으로써 환율 변동의 영향을 줄이는 것을 말한다. 예를 들어, 수입 상품의 대금을 미래에 결제할 예정이라면, 현재의 환율로 포워드 계약을 체결하여 미래의 환율 변동으로부터 보호받을 수 있다.

2) 옵션 계약(Foreign Exchange Options)

환율 옵션은 환율이 일정 수준 이상 또는 이하로 움직였을 때 이익을 보장하는 계약이다. 이 계약을 통해 기업은 비용을 지불하고 환율이 특정 범위를 벗어났을 때 손실을 보상받을 수 있다.

3) 자연 헤지(Natural Hedging)

수출입을 동시에 수행하고 있는 기업의 경우, 수출을 통해 얻은 외화 수익을 수입 지불에 사용함으로써 자연스럽게 환율 리스크를 관리할 수 있다. 이러한 자연 헤지는 통화의 노출을 상쇄시켜주는 효과를 가지게 된다.

4) 통화 다양화(Currency Diversification)

모든 거래를 한 통화로만 처리하는 것이 아니라, 여러 통화를 사용하여 거래함으로써 환율 변동에 대한 노출을 분산시키는 방법이다. 이는 특정 통화에 대한 의존도를 줄이고, 환율 변동의 리스크를 다각화하는 것이다.

5) 시장 및 환율 모니터링

지속적으로 금융시장과 환율 변동을 모니터링하며, 필요한 경우 전략을 조정한다. 시장 동향에 밝은 분석팀을 운영하고, 외환시장의 변화에 신속하게 대응할 수 있는 체계를 갖추는 것이 중요하다.

4. 평가절상 리스크 및 대응

자국 통화가 평가절상될 때, 즉 자국 통화의 가치가 상승할 때, 무역기업 특히 수출 중심의 기업은 여러 가지 리스크에 직면하게 된다. 자국 통화의 가치 상승은 해외시장에서의 가격 경쟁력을 약화시키고, 결국 수출 감소로 이어질 수 있다. 이러한 환율 변동 리스크를 관리하기 위한 전략은 다음과 같다.

1) 시장 다변화

단일 시장에 대한 의존도를 줄이고 다양한 국가에 수출함으로써 특정 지역의 경제 상황이나 통화 변동의 영향을 분산시킬 수 있다. 이는 특정 국가의 통화 가치 변동에 따른 리스크를 완화하는 데 도움이 된다. 무역벤처 창업기업의 경우 다변화 전략은 반드시 유용하지 않을 수 있다. 하지만 다변화 전략을 마련하고 특정 시장에 집중하는 경우와 그렇지 않은 경우는 그 결과가 다르다는 점을 생각해야 한다.

2) 제품 다변화

다양한 종류의 제품을 개발하고 판매함으로써 시장과 소비자의 변화에 민감하게 반응할 수 있다. 이는 일부 제품의 수요가 감소할 때 다른 제품으로 손실을 상쇄할 기회를 제공한다.

3) 비용 절감 및 효율성 향상

제조 및 운영 과정에서 비용을 절감하고 효율성을 높임으로써 최종 제품의 가격 경쟁력을 유지할 수 있다. 이는 자국 통화 가치 상승에 따른 수출 가격 상승을 어느 정도 상쇄할 수 있다.

4) 헤징 전략

포워드 계약, 옵션 계약 등 금융 파생상품을 활용하여 환율 변동에 따른 리스크를 헤지하는 방법을 말한다. 헤징 전략은 미래의 환율 변동성에 대비하여 더 안정적인 수익 계획을 가능하게 한다.

헤징(Hedgeing) 전략

환율 변동으로 인한 위험을 최소화하기 위해 관리하는 전략으로, 현재 환율과 비슷한 가격으로 미리 매수하거나 매도하는 것을 말한다.

5) 가격 조정 정책

시장 및 환율 상황에 따른 유연한 가격 조정 정책을 수립하는 것을 망한다. 환율 변동에 따라 제품 가격을 조정하여 수출 시장에서의 경쟁력을 유지할 수 있다.

6) 현지 생산

현지에서 생산 시설을 구축하여 생산을 진행하면, 현지 통화로 비용을 지불하고 자국 통화 강세의 영향을 줄일 수 있다. 또한 현지 생산은 현지 시장에 대한 접근성을 높이고 비관세 장벽의 리스크를 낮춤과 동시에 물류비용을 낮추게 하는 장점이 있다.

7) 금융 및 시장 모니터링

평가절하의 경우와 같이 금융 시장과 환율을 계속 모니터링하고, 경제 상황에 따라 전략을 수시로 조정할 수 있는 유연성을 유지하는 것이 중요하다. 자료 분석 및 전문가와의 상담을 통해 주요 정보에 기초하여 의사결정을 내릴 수 있도록 한다.

5. 해외시장 다변화 전략

"무역벤처 창업기업의 입장에서 필요한 전략은 집중화인데, 다변화가 필요할까?"라는 질문에 여러분은 어떻게 생각하는가? 부정론적 입장에서는 벤처 창업기업이 자원과 인력의 부족 등으로 시장을 다변화하는 것은 힘든 일이므로 다각화는 유효하지 않고, 페르소나 및 거점시장을 확보해서 이를 확산시키는 것이 리스크를 줄일 수 있다는 결론을 도출할 수 있을 것이다.

반대로 세계경제의 동조화 현상이 크고, 네트워크 효과가 크기 때문에 다각화를 통하여 해외시장을 다변화시킴으로써 효과를 극대화하는 전략이 필요하다는 생각을 할 수 있다.

앞의 논의를 요약하면 첫 번째 전략이 '집중화'라면 두 번째는 '다각화'이다. 창업기업의 입장에서는 집중화 전략이 유효하지만, 언젠가는 시장 다변화 및 다각화 문제에 직면하게 된다. 해외시장 다변화에 기여한 대표적인 학자로는 마이클 포터(Michael E. Porter)를 들 수 있다. 포터는 국제 비즈니스와 전략 분야에서 가장 영향력 있는 학자 중 한 명으로, 그의 이론들은 많은 기업이 국제 시장 전략을 수립하는 데 중요한 틀을 제공하고 있다.

1) 마이클 포터의 이론과 관점

(1) 경쟁 우위 이론(Competitive Advantage)

포터는 그의 저서 『국제 경쟁의 우위(The Competitive Advantage of Nations)』에서 각 나라가 특정 산업에서 경쟁력을 갖는 이유를 설명하고 있다.

이 이론에 따르면, 국가는 다른 국가들과는 다른 독특한 '경쟁 우위'를 갖고 있으며, 이는 그 나라가 국제무대에서 어떻게 성공할 수 있는지를 설명해준다.

(2) 다이아몬드 모델(Diamond Model)

포터의 다이아몬드 모델은 국가 경쟁력의 요소를 설명하며, 기업들이 어떻게 해외시장에서 성공적으로 경쟁할 수 있는지에 대한 틀을 제공한다. 이 모델은 요인 조건, 수요 조건, 관련 및 지원 산업, 기업 전략, 구조 및 경쟁, 그리고 정부와 기회라는 네 가지 주요 요소를 중심으로 구성된다.

다이아몬드 모델
(Diamond Model)

마이클 포터가 처음으로 제시한 모델로, 특정 시장 혹은 산업에서 한 국가가 갖는 경쟁력의 요소들을 설명하는 모델. 해당 요소들로 요인 조건, 수요 조건, 관련 및 지원 산업, 기업 전략·구조 및 경쟁이 있으며 이를 보완할 요소로는 정부와 기회가 있다.

(3) 가치사슬 모델(Value Chain Model)

해외시장에서 다변화를 추구할 때 기업의 내부 운영 방식을 최적화하는 것이 중요하다. 글로벌 구매, 생산, 판매를 형성하는 가치사슬 모델은 기업이 어떻게 가치를 창출하고, 그 과정에서 경쟁 우위를 얻을 수 있는지를 분석하는 데 유용하다.

가치사슬 모델
(Value Chain Model)
기업이 가치를 창출하며, 경쟁적 이점을 가지는 활동들을 분석하는 모델로 효율성을 극대화하는 데 활용할 수 있다.

2) 앤소프의 전략 매트릭스(Ansoff's Matrix)

이고르 앤소프(H. Igor Ansoff)는 '전략적 관리(Strategic Management)'의 선구자 중 한 명이다. 그의 앤소프 매트릭스(Ansoff's Matrix)는 기업의 성장 전략을 규정하는 데 종종 사용된다.

앤소프 매트릭스는 시장 침투, 시장 개발, 제품 개발, 다각화 등 네 가지 전략을 제안한다. 이 중 시장 개발 전략은 기업이 새로운 시장에 진출함으로써 시장 다변화를 추구하는 방법을 설명하고 있다.

시장 다변화 전략은 기업이 지리적 및 소비자 다변화를 통해 시장 리스크를 분산하고 새로운 성장 기회를 추구하는 방법으로, 글로벌 경제에서 중요한 전략 중 하나이다. 학계뿐만 아니라 실무에서도 많은 기업이 이 전략을 적용하고 있다.

시장 다변화 전략
기업이 지리적 및 소비자 다변화를 통해 시장 리스크를 분산하고 새로운 성장 기회를 추구하는 방법.

3) 제프리 무어의 크로싱 더 캐즘

제프리 무어(Geoffrey Moore)는 기술 마케팅 분야에서 중요한 이론가로, 특히 그의 저서 『크로싱 더 캐즘(Crossing the Chasm)』을 통해 널리 알려졌다. 이 책에서 무어는 기술 제품이 대중시장에서 성공하기 위해 겪는 과정을 설명하며, 기술 수용 주기(technology adoption life cycle)와 관련된 독창적인 이론을 제시하고 있다.

기술 수용 주기 이론
(technology adoption life cycle)
시장에서 신기술 및 신상품이 출현했을 때 고객들은 수용 주기의 형태를 갖는다는 이론. 즉, 주기적 순환이 이루어지고, 소수의 혁신자 및 초기 수용자 그룹들, 다수의 수용자, 그리고 맨 마지막으로 수용하는 그룹들로 구분할 수 있다고 설명한다. 각 그룹 사이에는 이른바 캐즘(chasm)이 존재하고, 이를 뛰어넘어야 다수의 집단이 수용할 수 있다고 주장한다.

(1) 혁신자(Innovators)

새로운 아이디어나 제품에 가장 빠르게 반응하는 소수의 사람들로, 위험을 감수할 준비가 되어 있다.

(2) 조기 수용자(Early Adopters)

혁신자 다음으로 새로운 기술을 받아들이는 그룹으로, 비전을 가지고 있으며 새로운 제품을 통해 경쟁 우위를 확보하려고 한다.

(3) 조기 다수(Early Majority)

혁신자와 수용자를 비교할 때, 좀 더 보수적이지만 새로운 기술을 받아들일 준비가 되어 있는 사람들로, 크게 확산되기 전에는 기술을 채택하지 않는다.

(4) 후기 다수(Late Majority)

이들은 더욱 보수적이고 리스크를 회피하는 경향이 있다. 많은 사람이 이미 사용하고 있을 때 기술을 수용한다.

(5) 지각(늦은) 수용자(Laggards)

기존 방식에 매우 충실하고 새로운 기술에 대해 매우 회의적이며, 다른 선택지가 거의 없을 때만 새로운 기술을 받아들인다.

제프리 무어는 조기 수용자와 조기 다수 사이에 이른바 '캐즘'이라고 불리는 깊은 격차가 존재한다고 주장하고 있다. 이 격차는 많은 기술 기반 기업들이 시장에서 성공적으로 자리 잡지 못하는 주된 이유 중 하나로, 초반의 열정적인 수용자와 더 넓은 대중 시장 사이의 심리적 · 문화적 차이 때문에 발생한다.

결론적으로 캐즘 넘기 전략이 필요한데, 제프리 무어는 캐

크로싱 더 캐즘
(Crossing the Chasm)
조기 수용자와 조기 다수 사이에는 심리적 · 문화적 차이로 인해 '캐즘'이라는 격차가 발생한다. 이를 넘어서기 위해서는 특정 시장의 조기 다수에게 완전히 수용된 후 다른 시장으로 확장해야 한다.

즘을 넘기 위해서는 틈새시장(niche market)에 집중하여 해당 시장에서 제품이 불가결한 것으로 인식되게 만드는 전략을 사용해야 한다고 밝히고 있다. 즉, 제품이 특정 시장에서 완전히 수용된 후, 그 경험과 신뢰를 바탕으로 다른 시장으로 확장하는 전략을 추구하는 것이 바람직하다는 것이다.

이 이론은 기술 스타트업뿐만 아니라 더 큰 기업들에도 널리 적용되며 제품 개발, 마케팅 전략, 시장 진입 전략 등 다양한 비즈니스 결정에 영향을 미친다. 제프리 무어의 접근방식은 혁신적인 제품이 빠르게 변화하는 시장에서 성공하기 위해 어떻게 집중적이고 다각화된 전략을 취해야 하는지에 대한 실질적인 통찰을 제공하고 있다.

6. 다각화 vs 집중화

무역벤처 창업기업의 입장에서 다각화와 집중화는 각각 장단점을 가지고 있으며 회사의 자원, 시장 상황, 성장 단계 등에 따라 적합한 전략이 달라질 수 있다. 다각화와 집중화 전략에 대해 비교하고 적용하는 것이 바람직하다.

1) 다각화 전략(Diversification Strategy)

다각화는 기업이 여러 다른 제품, 서비스, 시장 또는 산업에 걸쳐 활동을 확장함으로써 리스크를 분산시키고 성장 기회를 확대하는 전략이다. 이에 대한 장단점을 논의하면 다음과 같다.

다각화(Diversification)

기업이 활동을 다양한 제품, 서비스, 시장 또는 산업으로 확장하며 리스크를 분산시키고 성장 기회를 확대하는 전략. 리스크 분산, 수익원 확대, 시장 기회 증가 등의 장점이 있다.

(1) 장점

① 리스크 분산: 특정 시장과 제품에 대한 의존도가 줄어들면서 잠재적으로 발생할 수 있는 특정 시장이나 제품의 실패가 기업 전체에 미치는 영향이 감소한다.
② 수익원 확대: 해외시장 다변화를 통하여 서로 다른 시장이나 제품에서 발생하는 수익을 통해 더욱 안정적인 수익 구조를 만들 수 있다.
③ 시장기회 증가: 새로운 시장이나 기술에 진입함으로써 장기적인 성장 가능성을 확보할 수 있다. 무역벤처 창업기업의 경우 시장의 다변화는 반드시 수행해야 할 명제와도 같다. 단지 초기에 이를 추진할 것인지, 시간을 두고 필요자원을 확보하여 추진할 것인지에 대한 선택사항을 고려해야 한다.

(2) 단점

① 관리의 복잡성: 다양한 분야에 걸친 활동은 관리의 복잡성을 증가시켜 실행 오류의 가능성을 높일 수 있다.
② 자원의 분산: 제한적인 자원을 여러 분야에 분배해야 하므로 각 분야에서의 투자 효율이 낮아질 수 있다.
③ 브랜드 일관성 저하: 다양한 영역에 진출하면 브랜드의 정체성이 모호해질 수 있다.

2) 집중화 전략(Focus Strategy)

집중화는 기업이 특정 제품, 시장, 또는 기술에 모든 자원과 노력을 집중함으로써 해당 분야에서의 경쟁력을 극대화하는 전

집중화(Focus Strategy)
기업이 특정 제품, 시장 또는 기술에 모든 자원과 노력을 집중함으로써 해당 분야에서의 경쟁력을 극대화하는 전략. 장점으로는 전문성 강화, 자원 최적화, 명확한 브랜드 포지셔닝을 들 수 있다.

략이다.

(1) 장점

① 전문성 강화: 특정 분야에 집중함으로써, 해당 분야에 대한 전문성과 경쟁력이 강화된다.
② 자원 최적화: 제한된 자원을 하나의 목표에 집중하여 사용함으로써 효율적인 자원 배분이 가능하다.
③ 명확한 브랜드 포지셔닝: 제한된 범위 내에서 활동함으로써 브랜드 메시지가 명확해지고, 소비자에게 강력한 브랜드 이미지를 구축할 수 있다.

(2) 단점

① 리스크 집중: 한 분야에 모든 것을 의존하기 때문에 그 분야에서 문제가 발생하면 회사 전체에 큰 타격을 줄 수 있다.
② 성장 한계: 집중한 분야에서의 성장 잠재력이 한계에 도달하면 새로운 성장 기회를 찾기 어려울 수 있다.

일반적으로 무역벤처 창업기업인 스타트업이라면, 초기 단계에서는 집중화 전략을 통해 명확한 시장 포지셔닝과 경쟁력을 확보하는 것이 일반적이다. 그러나 성장함에 따라 다각화 전략을 통해 리스크를 분산하고 새로운 기회를 탐색하는 것을 고려해야 한다.

만일 기업의 펀딩이 효과적으로 이루어져서 충분한 재원이 확보된다면 다각화 전략을 고려해볼 수 있다. 스타트업의 시행착오는 줄일 수 있으면 좋지만, 시도하지 않는 것은 결국 성장의 한계를 드러내기 때문이다. 특히 해외시장 진출에 대한 로드맵이 없는 무역벤처 창업기업의 경우에는 그 성장의 질문에 답을 내지 못할지도 모른다. 결국 어떤 전략을 선택하든 기업의 목표, 자원, 시장 상황 등을 철저히 분석하고 이에 맞는 전략을 수립해야 한다.

7. 무역벤처 창업기업의 재무적 성장지표

무역벤처 창업기업의 재무적 성장을 평가하는 데 중요한 지표들이 존재한다. 이러한 지표들은 기업의 성장성, 안정성, 수익성을 확인하고 투자자들에게 핵심 정보를 제공하는 데 사용된다.

(1) 매출 성장률(Revenue Growth Rate)

일정 기간 매출의 증가율을 나타낸다. 지속적인 매출 증가는 시장 수요가 존재하고, 회사가 성장하고 있다는 신호로 해석될 수 있다.

(2) 순이익 성장률(Net Profit Growth Rate)

순이익이 증가하고 있는지, 감소하고 있는지를 나타낸다. 순이익의 성장은 기업의 수익성과 경영 효율성의 개선을 의미한다.

(3) 자산 성장률(Asset Growth Rate)

기업 총자산의 증가율을 측정한다. 자산 증가는 기업이 확장하고 있으며, 장기적인 성장을 위한 투자를 하고 있음을 나타낸다.

(4) 자본 적정성(Capital Adequacy)

해당 기업이 충분한 자본을 유지하고 있는지를 나타내는 지표이다. 무역벤처 창업기업은 해외시장에서의 리스크를 관리하기 위해 충분한 자본이 필요함을 보여준다.

(5) 주당 이익 성장률(Earnings Per Share Growth, EPS Growth)

기업이 주당 얼마의 이익을 창출하고 있는지에 대한 성장률 지표이다. EPS 성장은 주주들에게 반환하는 가치가 증가하고 있음을 보여준다.

(6) 현금흐름(Cash Flow)

영업 활동, 투자 활동, 재무 활동으로 인한 현금의 유입과 유출을 측정한다. 현금흐름은 기업이 안정성, 성장성, 수익성 모두를 보여주는 지표이다.

• 평가문제 •

진위형(O, X 문제)

1	무역벤처 창업기업의 중요한 재무관리 항목은 현금흐름이다.	
2	현금흐름 중 현금 유입은 영업 활동과 투자유치 활동에 국한한다.	
3	무역벤처 창업기업의 리스크란 사업의 전개과정 중에 발생하는 것으로서 유동성 리스크를 가장 중요하게 관리하여야 한다.	
4	앤소프의 매트릭스는 기존 시장과 새로운 시장, 기존 제품과 새로운 제품의 결합 관계를 고려하여 4가지 전략을 제시하고 있다.	
5	제프리 무어의『크로싱 더 캐즘』에서 조기 수용자와 후기 수용자들 사이에는 이른바 격차라는 캐즘이 존재하는데, 신규 기술이나 신규 제품을 창시한 기업이 이 격차를 넘지 못하면 실패하기 마련이라고 주장한다.	

단답식

6. 무역벤처기업의 성장성을 보여주는 재무 성장지표는 매출 성장률, 순이익 성장률, (　　), 자산 성장률, 자본 적정성, 주당 이익 성장률, 현금흐름표이다.

7. 기술 수용 주기의 (　　)는 가장 먼저 기술을 수용하고 시험해보는 혁신성을 가진 집단이다.

8. 포워드 계약, 옵션 계약 등 금융 파생상품을 활용하여 환율 변동에 따른 리스크를 헤지하는 방법은 무엇인가?

9. 자국 통화가 평가절상될 때, 즉 자국 통화의 가치가 (　　)할 때, 무역기업 특히 수출 중심의 기업은 여러 가지 리스크에 직면하게 된다. 자국 통화의 가치 상승은 해외시장에서의 가격 경쟁력을 (　　)시키고, 결국 수출 감소로 이어질 수 있다.

10. (　　)는 미래의 특정 시점에 특정 환율로 통화를 교환할 것을 미리 약속함으로써 환율 변동의 영향을 줄이게 하는 계약을 말한다.

주관식

11. 다각화 전략과 집중화 전략의 장단점을 비교 논의하시오.

12. 제프리 무어가 주장하는 '크로싱 더 캐즘'의 기술 수용 주기의 특징에 대하여 논의하시오.

정답

1. O **2**. X **3**. O **4**. O **5**. X **6**. 자산 성장률 **7**. 조기 수용자 **8**. 헤징 **9**. 상승, 약화
10. 포워드 계약

• 참고문헌 •

정인교(2022). "글로벌 공급망의 리스크 및 대응 전략." 아시아브리핑. 서울대학교 아시아연구소.

Ansoff, H. I.(1965). Corporate Strategy: An Analytic Approach to Business Policy for Growth and Expansion. McGraw-Hill.

Moore, G. A.(1991). Crossing the Chasm: Marketing and Selling High-Tech Products to Mainstream Customers. HarperBusiness.

Porter, M. E.(1980). Competitive Strategy: Techniques for Analyzing Industries and Competitors. Free Press.

Porter, M. E.(1990). The Competitive Advantage of Nations. Free Press.

Moore, G. A.(1995). Inside the Tornado: Strategies for Developing, Leveraging, and Surviving Hypergrowth Markets. HarperBusiness.

제15장

무역벤처 창업 실무 (IV): 인적자원 관리와 협력

본 장은 무역벤처 창업 실무를 다루며, 창업자가 직면하는 핵심 과제와 그 해결 방안을 설명한다. 현대 글로벌 비즈니스 환경은 빠르게 변화하고 있으며, 이러한 환경에서 성공적으로 무역벤처 창업을 하기 위해서는 전략적이고 체계적인 접근이 필요하다. 본 장에서는 인적자원 관리, 파트너십과 협력 관계, 성공과 실패의 파트너십 사례, 협력 과정에서의 갈등 요소, 긍정적 심리자본의 중요성을 다룬다.

본 장을 통해 학습자는 무역벤처 창업에서의 인적자원 관리가 중요한 이유와, 초기 단계에서 인재를 효과적으로 확보하고 유지하는 방법을 배울 수 있다. 또한 파트너십과 협력 관계를 성공적으로 구축하는 방법과 실패 사례를 통해 파트너십 관리의 중요성을 이해할 수 있다.

협력 과정에서 발생하는 갈등을 어떻게 관리하고 해결할 수 있는지에 대한 실질적인 방법을 배우며, 창업 성공에 필수적인 협력 역량을 강화할 수 있다. 마지막으로, 긍정적 심리자본이 창업자의 회복력과 동기 부여에 미치는 긍정적 영향을 통해 창업 과정에서 이를 효과적으로 활용하는 방법을 이해하게 될 것이다.

1. 무역벤처 창업기업의 인적자원 관리

무역벤처 창업기업의 가장 어려운 문제는 인적자원 관리이다. 창업가의 정신과 뜻과 실천을 같이하는 인적자원이야말로 창업기업에게는 가장 중요한 자원이기 때문이다. 초기에 뜻을 같이하는 사람들이 창업하여 업력이 증가하면서 여러 가지 문제에 직면하게 되는데, 이때 가장 어려운 문제는 사람들에 관한 문제이다. 초기의 참여자들이 이직하고, 직원들 사이에서 부정적인 조직문화가 형성되며, 리더십에 대한 회의감 등이 발생한다. 또한 앞 장에서 논의한 유동성을 포함한 재무관리의 어려움이 발생하면 그 문제는 더욱 증폭된다. 결국 계속적이면서도 효과적인 인적자원 관리야말로 무역벤처 창업기업의 핵심적인 주제이다.

무역벤처 창업기업의 인적자원 관리(Human Resources Management, HRM)는 조직의 성장을 촉진하고, 다양한 문화와 규제 환경에서 효과적으로 운영될 수 있게 하는 필수적인 역할을 한다. 효과적인 인적자원 관리 전략은 다음 요소들을 포함해야 한다.

인적자원 관리의 필수 요소

인재 채용과 선발, 교육 및 개발, 직원 성과 관리, 보상 및 복지, 근무 환경과 조직 문화, 법적 준수와 윤리 기준 등이 있다.

1) 인재 채용과 선발

무역벤처 창업기업의 인재 채용은 중요하다. 글로벌 마인드와 국제화 역량을 갖춘 인재를 채용하는 것이 바람직하다. 즉, 다양한 문화와 전문지식을 갖춘 글로벌 인재를 채용하여 회사의 국제적 역량을 강화해야 한다.

글로벌 인재를 채용할 때 어려운 점은 초기에 부족하다고 느낄 수 있는 성과와 보상이다. 또한 본인이 지각하고 있는 보상의 수준과 회사가 평가하고 있는 특정 인재에 대한 역량의 차이가 존재할 수 있기 때문이다. 따라서 무역벤처 창업기업의 인재 채용은 상호보완적이면서도 때때로 배치되는 성격을 가지게 된다.

결국 무역벤처 창업기업의 입장에서는 효율적인 선발 프로세스를 갖추어야 한다. 지원자의 기술, 경험뿐만 아니라 그들의 국제적 마인드셋과 문화적 적응성을 평가하는 체계적인 선발 프로세스를 개발하고 운영하여야 한다. 동시에 후에 논의하고자 하는 긍정적 심리자본을 육성하기 위해서는 참여자들의 동료 효과를 긍정적으로 유도할 필요가 있다.

2) 교육 훈련 및 역량 개발

준비된 인재를 활용하는 것이 우선적인 방법이겠지만, 장기적으로는 인재 양성이 필요하다. 인적자원을 정기적으로 교육하는 프로그램이 필요하다. 직원들의 기술과 지식을 최신 상태로 유지하고 향상하기 위해 정기적인 교육과 전문가 개발 프로그램을 제공해야 한다. 무역벤처 창업기업의 역사가 오래되지 않을 경우 다소 이 기능의 필요성을 느끼지 못할 수도 있지만, 업력 경과 연수가 늘어날수록 교육 및 개발 기능은 매우 중요한 역할을 한다. 따라서 인적자원 운용의 탄력성이 중요한 요소로 자리 잡게 된다. 따라서 국제 환경에서 효과적으로 작업하기 위해서는 다문화 이해 및 소통을 위한 교육이 바람직하다.

3) 임직원 성과 관리

명확한 성과 지표를 설정하고, 정기적인 성과 평가를 통해 직원의 성과를 관리해야 한다. 이를 통해 구성원들에게 지속적인 피드백을 제공하고, 성과에 따른 인센티브를 통해 동기를 부여해야 한다. 무역벤처 창업기업의 경우 대부분 스스로 동기 부여가 높은 참여자들일 수 있지만, 시간이 지날수록 피로감이 누적되고, 자신의 성과에 대한 회의감이 생길 수 있으므로 임원진들의 정기적인 피드백은 매우 중요하다. 특히 직원 개개인의 자존감과 몰입을 북돋울 수 있는 감성적 리더십 또한 고려해야 한다.

4) 보상 및 처우

업계 표준에 맞춰 경쟁력 있는 임금과 혜택을 제공하여 우수한 인재를 유치하고 유지할 수 있는 보상 체계를 마련해야 한다. 벤처기업으로서 직원의 건강과 스트레스를 해소하는 다양한 프로그램을 마련하여 직장 내 만족도와 충성도를 높일 수 있도록 운영해야 한다.

5) 근무 환경과 조직문화

벤처기업의 특성상 다양성을 존중하고 각 직원이 가치를 인정받는 포용적인 조직문화를 조성하는 것이 중요하다. 이와 연관하여 원격 근무, 유연한 근무시간 등을 통해 균형 잡힌 일과 삶의 균형을 지원하는 것도 바람직하다. 물론 이는 회사의 선택사항이겠지만, 일의 속성과 구성원의 직무 몰입도를 고려하여 추진하는 것이 바람직하다.

6) 법적 준수와 윤리 기준

각 국가의 노동 법규를 준수하며, 국제 노동 기준에 따라 행동해야 한다(ESG: E는 환경요소, S는 인권, 노동기준, G: 국제적 거버넌스 기준). 투명성과 책임을 기본 원칙으로 삼고, 모든 직원이 윤리적으로 행동할 수 있도록 교육과 지침을 제공한다.

ESG

ESG는 Environmental, Social, Governance의 줄임말로 환경적 요소, 사회적 요소, 지배구조를 모두 고려하고 준수한 지속 가능한 윤리적 경영을 의미한다.

결론적으로 인적자원의 효율적인 운영을 넘어서 회사의 글로벌 비전과 전략을 지원하는 중추적인 역할을 담당한다. 효과적인 인적자원 관리 전략은 회사의 규모 확장, 시장 다변화, 지속 가능한 성장을 위한 필수 요소이다.

2. 무역벤처 창업기업의 협력

무역벤처 창업기업의 협력은 부족한 인적자원 확보에 매우 효과적일 수 있다. 다양한 파트너십이나 협력 관계를 통해 기업은 리소스, 네트워크, 지식과 경험을 공유하면서 인재 풀에 접근할 수 있게 된다. 협력이 인적자원 확보에 효과적인 이유와 방법은 다음과 같다.

1) 넓은 네트워크 접근

다른 기업이나 조직과의 협력을 통해 그들의 인적 네트워크에 접근할 수 있으며, 이는 새로운 인재 발굴로 이어질 수 있다. 협력 기업들은 서로의 인재를 추천할 수 있으며, 이는 인력 채용 프로세스의 효율성과 효과를 높일 수 있다.

2) 전문지식 및 기술의 활용

협력 기업과의 파트너십을 통해 특정 분야의 전문가나 고급 기술 인력을 공유할 기회를 얻게 된다. 공동 교육 프로그램을 개발하거나 실시함으로써 서로의 직원에게 새로운 기술과 지식을 제공할 수 있다.

3) 비용 효율성 및 리소스 최적화

프로젝트 기반 작업 또는 계절적 업무에 공동으로 인력을 사용함으로써 인적자원의 효율성을 높일 수 있다. 특히 인력 교육 및 개발에 있어 협력을 통해 교육 비용을 나누어 부담할 수 있다.

4) 문화적 다양성 및 혁신 증대

다국적 협력을 통해 다양한 문화적 배경을 가진 인재를 얻을 수 있으며, 이는 조직 내 혁신과 창의성을 촉진할 수 있다. 서로 다른 국가의 조직과 협력하면서 글로벌 비즈니스에 필수적인 국제적인 마인드셋을 강화할 수 있다.

글로벌 마인드셋

다양한 문화와 국가, 그리고 시장에서 다른 문화적 배경, 요소들을 이해하고 존중하는 능력을 말하며, 국제적 환경에서 기회를 식별하고 이를 활용할 줄 아는 능력이 포함된다. 글로벌화된 현대사회에서 중요한 자질 중 하나이다.

5) 지속 가능한 성장 지원

장기적인 협력 관계는 안정적인 인력 풀을 유지하고, 조직의 지속 가능한 성장을 지원하는 데 도움을 준다. 협력적 관계를 통해 학습한 새로운 지식이나 기술은 지속적인 비즈니스 혁신을 가능하게 하며, 이는 조직 성과에 긍정적인 영향을 미칠 수 있다.

3. 성공하는 협력과 실패하는 파트너십

성공적인 협력과 실패하는 파트너십 사이에는 많은 요인이 작용한다. 이러한 관계는 비즈니스 성과에 큰 영향을 미칠 수 있으므로, 협력을 구축하고 관리하는 방법을 이해하는 것이 중요하다. 다음은 성공하는 협력과 실패하는 파트너십의 주요 차이점을 살펴본다.

1) 성공하는 협력의 특징

성공하는 협력의 특징

- 공동의 목표 및 비전
- 상호 이익
- 투명한 소통
- 유연성과 적응성
- 공유된 리소스와 책임

첫째, 모든 파트너가 공유하는 명확하고 구체적인 목표와 비전이 있어야 하며, 이는 협력의 기반이 된다. 성공적인 협력은 모든 당사자가 상호 이익을 얻을 수 있도록 설계되어 있다. 이는 관계를 지속할 수 있게 만들고, 파트너들이 어려움을 함께 헤쳐나가도록 동기를 부여한다.

둘째, 정기적이고 투명한 소통을 통해 파트너들 사이의 오해를 줄이고, 신뢰를 구축해야 한다. 이는 의사결정 과정에서 중요한 역할을 담당한다.

셋째, 유연성과 적응성이다. 시장 변화나 도전적인 상황에 대응하기 위해 유연하게 대처할 수 있는 능력은 협력 관계에서 필수적이다.

넷째, 자원과 책임을 공유함으로써 파트너십의 부담을 분산시키고, 전반적인 리스크를 관리한다.

마지막으로 서로 다른 기업 문화를 이해하고 존중하는 것은 다양성을 강점으로 전환할 수 있다.

2) 실패하는 파트너십의 특징

첫째, 파트너십의 목표가 불분명하거나, 파트너 간에 목표가 일치하지 않을 때 협력이 효과적으로 이루어지지 않는다.

둘째, 이익의 불균형 상태이다. 한쪽 파트너만이 대부분 이익을 얻고 다른 쪽은 손해를 보는 관계는 지속 가능하지 않다.

셋째, 소통의 부재이다. 효과적인 소통이 부족하면 오해와 불신이 증가하며, 이는 결국 파트너십의 실패로 이어질 수 있다.

넷째, 유연성이 부족한 경우이다. 시장 변화나 예상치 못한 상황에 유연하게 대응하지 못하면 파트너십이 위험에 처할 수 있다.

다섯째, 리소스와 책임의 분배가 적절하지 못한 경우이다. 리소스나 책임이 적절히 분배되지 않으면 일부 파트너가 과중한 부담을 느낄 수 있다.

마지막으로 문화적 충돌이 발생할 경우 이를 적절하게 해결하지 못할 때다. 서로 다른 기업 문화가 충돌하고, 이해와 존중이 부족한 경우 팀워크와 협력이 저하된다.

실패하는 협력의 특징

- 불분명한 목표
- 이익의 불균형
- 소통의 부재
- 유연성 부족
- 리소스와 책임의 분배 문제
- 문화적 충돌

3) 파트너십에 문제가 있을 때 나타나는 현상

(1) 소통의 변화

소통이 감소한다. 정기적이고 투명한 의사소통이 줄어들거나, 의사소통 자체가 형식적이고 간단하게 변하게 된다. 그 결과 오해와 불신이 생겨난다. 파트너 간의 불충분한 정보 공유로 오해가 생기며, 이는 불신으로 이어질 수 있다.

(2) 목표와 전략의 불일치

상충하는 목표가 발생한다. 파트너십의 초기 목표와 비전이 시간이 지남에 따라 상충하기 시작한다. 또한 파트너가 서로 다른 방향으로 나아가려 할 때, 전략적인 결정에 대한 의견 충돌이 발생한다.

(3) 성과 지표 하락

성과 목표 수준을 달성하지 못하는 경우이다. 합의된 성과 지표나 목표를 지속적으로 달성하지 못한다. 프로젝트나 공동 작업의 진행이 느려지거나 비효율적으로 운영되기 시작한다.

(4) 법적 및 계약적 문제 발생

계약 위반 사례가 발생한다. 계약 조건이 무시되거나 계약에 명시된 의무가 제대로 이행되지 않는 경우가 발생한다. 더 나아가 계약 조건의 해석에 대한 이견이 법적 분쟁으로 발전할 수 있다.

(5) 인간관계의 긴장

조직의 규모가 커지면서 팀 간 갈등이 일어난다. 파트너 기업의 팀원들 사이에 긴장이 고조되고, 협력적인 관계가 훼손된다. 또한 파트너십을 이끄는 리더들 사이의 의견 차이가 강하게 드러나고 분열이 발생한다.

(6) 재정적 문제 발생

파트너십 운영과 관련된 비용이 계획했던 것보다 증가한다. 그 결과 예상했던 수익이 발생하지 않거나 파트너십에서 기대했던 이익이 줄어든다.

(7) 해결책

이러한 증상들을 조기에 파악하고, 적극적으로 개입하여 문제를 해결하려는 노력이 중요하다.

첫째, 파트너와의 관계를 회복하거나 개선하기 위한 소통 증진, 목표 재조정, 중재 절차 도입, 계약 재검토 등의 조치를 고려해야 한다.

둘째, 때로는 전문가의 도움을 받아 파트너십 관리 전략을 재정립하는 것이 필요하다.

4) 훼손된 파트너십을 복구하는 방법

(1) 문제의 근본 원인 식별

투명한 평가가 중요하다. 문제가 발생한 주요 원인을 분석하고 이해하는 데 초점을 맞춘다. 진솔한 대화를 통해 각 파트너의 우려사항과 불만을 발굴한다. 또한 중립적 입장을 유지해야 한다. 감정이 아닌 사실에 기반하여 문제를 평가하고, 모든 파트너의 관점에서 문제를 바라본다.

(2) 적극적인 의사소통

파트너십을 유지하기 위해서는 정기적인 소통이 중요하다. 정기적인 회의나 대화를 통해 지속적으로 상황을 점검하고, 각 파트너의 입장과 의견을 공유해야 한다. 이를 위해 사안에 따라 개방적인 대화의 장을 마련하여 서로의 의견을 자유롭게 나눌 수 있게 한다. 이는 의사소통의 장벽을 낮추는 데 도움을 준다.

(3) 신뢰 재구축

작은 약속부터 시작하여 신뢰를 다시 쌓기 위해 작고 구체적인 약속을 지키며 서로의 믿음을 점차 회복하도록 한다. 또한 투명성을 증진시켜야 한다. 모든 결정과 절차에서 투명성을 확보하여 어떠한 의사결정에도 숨겨진 의도가 없다는 것을 보여준다.

(4) 유연성과 적응성 강화

중재 제도

갈등을 해결하기 위해 중재자를 활용하는 방법으로, 법적 구속력을 가진다. 법적인 분쟁(소송) 절차보다 신속하며, 비공식적이므로 기밀성을 가진다는 특징이 있다.

파트너십의 유연성을 높이려면 조정 가능한 목표를 설정하는 것이 바람직하다. 시장이나 운영 상황의 변화에 따라 유연하게 목표를 조정할 수 있는 능력을 개발한다. 필요에 따라서는 중재자를 활용한다. 객관적인 제3의 중재자를 도입하여 갈등을 해결하고 공정한 해결책을 모색한다.

(5) 협력 강화

팀 빌딩

조직 간 신뢰와 협력을 쌓아 팀워크를 개선하는 활동과 과정을 말한다.

공동의 목표를 재설정해야 한다. 파트너십의 목표와 기대치를 재조정하고, 모두가 동의하는 바를 명확히 한다. 또한 목표 실천을 위하여 팀 빌딩 활동이 이루어져야 한다. 예를 들면 공동 워크숍이나 팀 빌딩 세션을 통해 파트너 간의 관계를 개선하고 팀워크를 강화해야 한다.

(6) 계약 및 합의 사항 재검토

계약 조건을 재검토하는 것이 바람직하다. 기존의 계약 조건이 현재 상황에 적절한지 평가하고 필요한 경우 조정한다. 세부적으로 명확한 이행 조건을 설정하여 각 파트너의 책임과 역할이 명확하게 문서화되고, 모든 파트너가 이에 동의하도록 한다.

4. 무역벤처 창업기업 협력의 갈등 요소

1) 문화적 차이

다양한 문화적 배경으로 인한 차이가 존재한다. 또한 이질적인 직장문화에서 발생하는 차이가 있다. 그 결과 작업 스타일, 의사소통 방식, 가치관의 차이가 발생한다. 이때 주의할 점은 협력 기업들 간에 존재하는 인식과 편견이다. 이는 문화적 오해를 발생시키고 스테레오타입에 기반한 편견을 초래하기도 한다.

스테레오타입(Stereotype)
특정 집단에 대한 일반화된 고정관념이나 선입견을 의미한다.

2) 리더십 스타일

협력기관의 관리 방식과 리더십의 차이로 인하여 팀원들의 기대나 선호와 맞지 않는 경우가 발생한다. 이로 인해 의사결정이 불투명해질 수 있고, 일관성이 없을 때는 구성원들 사이에 불만이 생겨난다.

3) 목표와 우선순위의 충돌

부서 간 갈등이 생긴다. 서로 다른 부서의 목표가 충돌하거나 자원 분배에 대한 경쟁이 있을 때 갈등이 발생한다. 또한 개인의 경력 목표와 조직의 목표가 충돌할 경우 갈등이 발생한다.

4) 해결 방법

(1) 문화적 통합 프로그램

다양성 교육 및 문화적 이해를 증진하는 프로그램을 도입 · 운영한다.

(2) 효과적인 의사소통 채널

의사소통 장벽을 최소화하기 위한 다양한 채널과 기법을 구축한다.

(3) 명확한 역할과 목표 설정

각 직원의 역할과 목표를 명확히 하고, 적절한 리소스를 제공한다.

(4) 공정한 성과 관리 체계

객관적이고 투명한 성과 평가 시스템을 마련해 운영한다.

5. 무역벤처 창업기업과 긍정적 심리자본

1) 긍정적 심리자본의 구성요소

긍정적 심리자본

개인 및 조직 차원이 가지고 있는 자신감, 희망, 회복력, 낙관성으로 이루어져 있다. 직무 만족도를 향상시키고 직원들의 동기 부여를 이끌어내 성과를 증진하는 데 핵심적인 역할을 한다.

긍정적 심리자본은 개인 및 조직 차원에서 자신감, 희망, 회복력 및 낙관성 등의 특성을 포함한다. 이러한 특성들이 조직의 직원들을 동기 부여하고, 성과를 증진하며, 변화와 위험을 효과적으로 관리할 수 있게 도와준다. 긍정적 심리자본의 구성요소와 역할은 [표 15-1]과 같다.

[표 15-1] 긍정적 심리자본의 구성 요소와 역할

자신감(Self-efficacy)	희망(Hope)	회복력(Resilience)	낙관성(Optimism)
직원들이 자신의 역량을 믿고, 복잡한 문제를 해결하거나 어려운 목표를 달성할 수 있는 능력이 있다는 믿음을 갖게 한다. 이는 특히 새로운 시장에서의 불확실성과 경쟁에서 생존하고 성공하기 위해 필수적이다.	희망은 직원들이 목표를 향해 나아갈 때 긍정적인 동기를 부여해 기대하고 행동하게 만든다. 위기 상황이나 실패 후에도 새로운 경로를 모색하고 문제를 해결하려는 유연성을 제공한다.	회복력은 실패나 역경에 직면했을 때 원래 상태로 회복하고, 그 과정에서 더 강해질 수 있는 능력을 의미한다. 무역벤처 창업기업에서는 시장 변화나 경제적 충격과 같은 외부 요인에 효과적으로 대응하는 데 필수적인 요소이다.	낙관성은 미래에 대한 긍정적인 전망을 유지하며, 이는 조직 전체의 동기 부여와 긍정적인 분위기를 조성하는 데 중요하다. 낙관적인 태도는 리스크를 감수하고 혁신적인 결정을 내리는 데 도움을 줄 수 있다.

2) 긍정적 심리자본의 특성

긍정적 심리자본은 주로 네 가지 핵심 구성요소로 이루어져 있으며, 각각의 요소들은 조직 내 개인의 성과와 안정에 기여한다. 이 구성요소들에는 다음과 같은 특성이 있다.

(1) 자신감(Self-efficacy)

자신감은 자신의 능력에 대한 믿음을 나타낸다. 특정 작업이나 목표를 성공적으로 완수할 수 있다는 강한 신념이 있을 때, 개인은 의도적으로 도전적인 상황에 맞설 수 있는 용기와 동기를 얻게 된다. 자신감이 높은 개인은 문제를 해결하고 어려움을 극복하는 능력이 뛰어나며, 직면한 도전에 적극적으로 참여하는 경향이 있다.

(2) 희망(Hope)

희망은 목표를 설정하고 달성하기 위해 경로를 계획하고 동기를 유지하는 능력을 말한다. 희망이 높은 개인은 미래에 대해 긍정적인 기대를 하며, 어려움에 부딪혔을 때 대안적인 해결 방안을 찾아내고 추구하는 특징이 있다. 이들은 불확실성과 변화에 직면하더라도 목표에 도달하기 위한 새로운 방법을 모색한다.

(3) 회복력(Resilience)

회복력은 실패하거나 부정적인 상황에 직면했을 때 원래 상태로 복귀하고, 그 과정에서 성장하며 강해질 수 있는 능력을 의미한다. 회복력이 뛰어난 개인은 역경을 이겨내고 더 나은 결과를 위해 노력하는 내적 힘을 가지고 있다. 그들은 스트레스나 압력 속에서도 성과를 유지하고 개선할 수 있다.

(4) 낙관성(Optimism)

낙관성은 미래의 일들을 긍정적으로 전망하고 긍정적인 결과를 기대하는 태도이다. 낙관적인 개인은 어려움에 부딪혔을 때 긍정적인 결과에 집중한다. 그러한 태도는 일상적인 문제 해결 과정에서도 효과를 발휘한다. 낙관성은 또한 직면한 문제와 위기를 기회로 전환하는 데 도움을 준다.

3) 긍정적 심리자본의 효과

(1) 성과 향상

긍정적 심리자본이 높은 조직은 생산성, 효율성, 직원 만족도가 더 높다고 보고되고 있다.

(2) 직원 유지에 기여

긍정적인 심리 상태는 직원들의 이직률을 낮추고, 직원 참여도와 몰입도를 높여 장기적인 직원 유지에 기여한다.

(3) 혁신과 창의성

낙관성과 회복력은 직원들이 불확실성을 통해 새로운 기회를 탐색하고 창의적인 해결책을 모색하도록 격려한다.

4) 긍정적 심리자본의 성과지표

(1) 직무 성과

조직과 개인의 생산성이 향상한다. 긍정적 심리자본이 높은 직원들은 대체로 더 높은 작업량과 품질을 보이게 된다. 이는 생산성의 향상으로 직접 연결될 수 있다. 설정된 목표에 도달하는 빈도와 정도를 측정하여 긍정적 심리자본의 영향을 평가할 수 있다.

(2) 직무 만족도와 직원 참여

직원의 만족도가 높아진다. 직원들의 만족도를 정기적으로 측정하여 긍정적 심리자본이 직무 만족에 미치는 영향을 관찰한다. 예를 들어 직원 참여도를 측정하여 회사에 대한 직원의 애착과 기여도를 나타낸다. 반대로 이직률이 감소하고 있는지를 측정한다. 긍정적 심리자본은 직원의 이직률을 감소시킬 수 있으며, 이는 조직 안정성과 지속 가능성에 긍정적으로 기여한다.

(3) 혁신성과 창의성

창의적 결과물의 수가 증가한다. 프로젝트나 제품 개발에서 직원의 창의적 기여를 측정한다. 혁신적 해결책 구현을 위한 프로젝트를 추진한다. 새로운 아이디어나 프로세스가 실제 작업 환경에서 얼마나 효과적으로 실행되고 있는지 평가한다.

(4) 팀워크와 협업

팀 기반 성과를 높일 수 있도록 프로그램과 이에 대한 보상 체계를 마련한다. 팀 작업의 성과를 통해 긍정적 심리자본과 팀 역동성 사이의 관계를 분석한다. 서로 다른 부서나 팀 간의 성공적인 협업 사례 수를 통해 조직 내 협업 문화의 건전성을 평가한다.

(5) 리더십 개발

리더의 긍정적 심리자본이 팀과 조직에 미치는 영향을 평가한다. 직원들로부터 리더의 장단점에 대한 피드백을 받아 리더

긍정적 심리자본의 성과지표

직무 성과, 직무 만족도와 직원 참여, 혁신성과 창의성, 팀워크와 협업, 리더십 개발로 나누어 확인할 수 있다.

십 개발에 반영한다.

5) 부정적 심리자본

부정적 심리자본을 긍정적 심리자본으로 변환하는 방법

부정적 심리자본은 긍정적 심리자본으로 변환할 수 있다. 그 방법으로는 인식의 변화 및 교육, 건강한 조직문화 조성, 긍정적 심리자본 개발 프로그램, 인적자원 관리, 리더십의 역할 등이 있다.

무역벤처 창업기업에서 부정적 심리자본이 조직에 미치는 영향은 심각할 수 있다. 부정적 심리자본은 자신감 결여, 절망, 취약성, 비관주의 등의 특성을 포함하며, 이러한 심리적 상태는 직원의 성과, 동기 부여, 팀워크, 그리고 전체적인 조직 건강에 악영향을 미치는 것으로 파악된다.

사례 1: **신생 IT 벤처기업**

한 신생 IT 벤처기업에서 직원들의 자신감 결여가 심각한 문제로 대두되었다. 프로젝트 초기 단계에서 실패 경험을 겪은 후, 팀원들 사이에서 자신들의 기술적 능력을 심각하게 의심하는 상황이 발생했다. 이는 창의적인 문제 해결을 시도하지 않고, 단순히 기존 방식을 반복하려는 경향으로 이어졌다. 그 결과, 경쟁업체보다 혁신 속도가 현저히 느려졌고, 시장에서 뒤처지게 되었다.

사례 2: **무역 회사**

이 회사는 경쟁이 심화되고 업계 변화가 잦아 지속적인 스트레스 환경이 조성되었다. 관리자들이 회사의 전망과 비전에 대하여 부정적 태도를 보임에 따라 직원들 사이에 비관적인 분위기가 확산되었다. 이는 업무에 대한 전반적인 만족도 하락과 높은 이직률로 이어졌고, 최종적으로 회사의 전반적인 생산성 감소로 나타났다.

부정적 심리자본이 높은 조직에서는 이와 반대되는 긍정적 심리자본을 증진해야 하며, 이를 위해 조직 전반에 걸친 전략적인 개입이 필요하다. 부정적 심리자본을 개선하는 방법은 다음과 같다.

(1) 심리상담 프로그램과 워크숍

직원들의 자신감을 높이고, 절망감을 줄이며, 회복력을 키울 수 있도록 지원한다.

(2) 긍정적 태도의 리더십

리더들이 모범을 보이며 직원들의 낙관적인 시각을 장려한다.

(3) 정기적인 피드백과 커뮤니케이션

직원들이 자신의 노력이 인정받고 있다는 느낌을 받을 수 있도록 한다.

부정적 심리자본을 긍정적 심리자본으로 전환하는 것은 가능하며, 이를 위해서는 조직 및 개인 차원에서 다양한 전략과 노력이 필요하다. 이러한 전환 과정은 구성원들의 개인적인 성장과 안정을 증진하고, 동시에 조직의 전반적인 성과와 분위기를 개선할 수 있다. 이때 리더십은 핵심적인 역할을 담당하게 된다.

평가문제

진위형(O, X 문제)

1	무역벤처 창업기업에서 인적자원 관리는 가장 중요한 문제 중 하나로, 시간이 지날수록 더욱 어려워진다.	
2	긍정적 심리자본은 개인과 조직 차원에서 자신감, 희망, 회복력, 낙관성의 네 가지 요소로 구성된다.	
3	무역벤처기업의 인재 채용 시 국제적 마인드와 문화적 적응성은 덜 중요한 요소이다.	
4	성공적인 협력 관계는 모든 파트너가 상호 이익을 얻을 수 있도록 설계되어야 한다.	
5	부정적인 조직문화가 형성되면 리더십에 대한 신뢰가 강화된다.	

단답식

6. 무역벤처 창업기업에서 효과적인 인적자원 관리를 위해서는 직원 성과 평가와 정기적인 (   )이 필요하다.

7. 협력 기업 간의 인재 추천과 공유를 통해 넓은 (   )에 접근할 수 있다.

8. 파트너십 문제 해결의 첫 단계는 문제의 (   )을 식별하는 것이다.

9. 글로벌 마인드셋은 다양한 (　　)를 이해하고 존중하는 능력을 포함한다.

10. 부정적 심리자본의 한 가지 예로, 직원들이 자신의 능력을 신뢰하지 못하고 (　　)에 빠지는 경우가 있다.

주관식

11. 무역벤처 창업기업에서 긍정적 심리자본이 기업 성과에 미치는 영향에 대해 설명하시오.

12. 파트너십이 실패할 때 나타나는 현상들과 그 해결 방법을 구체적인 사례를 들어 논의하시오.

정답

1. O **2.** O **3.** X **4.** O **5.** X **6.** 피드백 **7.** 네트워크 **8.** 근본 원인 **9.** 문화 **10.** 절망

참고문헌

Barney, J. B.(1991). "Firm Resources and Sustained Competitive Advantage." Journal of Management. 17(1). pp. 99~120.

Boxall, P., & Purcell, J.(2016). Strategy and Human Resource Management(4th ed.). Palgrave Macmillan.

Hofstede, G., Hofstede, G. J., & Minkov, M.(2010). Cultures and Organizations: Software of the Mind(3rd ed.). McGraw-Hill.

Luthans, F., Avolio, B. J., Avey, J. B., & Norman, S. M.(2007). "Positive Psychological Capital: Measurement and Relationship with Performance and Satisfaction." Personnel Psychology. 60(3). pp. 541~572.

Luthans, F., Youssef, C. M., & Avolio, B. J.(2007). Psychological Capital: Developing the Human Competitive Edge. Oxford University Press.

Porter, M. E.(1980). Competitive Strategy: Techniques for Analyzing Industries and Competitors. Free Press.

Robbins, S. P., & Judge, T. A.(2019). Organizational Behavior(18th ed.). Pearson.

Schuler, R. S., & Jackson, S. E.(1987). "Linking Competitive Strategies with Human Resource Management Practices." Academy of Management Executive. 1(3). pp. 207~219.

Thomas, D. C., & Peterson, M. F.(2017). Cross-Cultural Management: Essential Concepts(4th ed.). Sage.

Wright, P. M., & McMahan, G. C.(1992). "Theoretical Perspectives for Strategic Human Resource Management." Journal of Management. 18(2). pp. 295~320.

국경 간 전자상거래와 무역벤처 창업

초판1쇄 인쇄 2024년 12월 20일
초판1쇄 발행 2024년 12월 30일

지은이 김학민
펴낸이 김진상

펴낸곳 경희대학교 출판문화원
주소 서울시 동대문구 경희대로 26
전화 02-961-0106~8
팩스 02-961-0291
설립 1960년 9월 16일 제5-8호
등록 1977년 11월 8일 제6-5호
홈페이지 www.khupress.com
전자우편 press@khu.ac.kr

ISBN 978-89-8222-783-7 (93320)

* 이 연구는 2024학년도 경희대학교 교비 연구비 지원에 의한 결과임
(KHU-20231276)